평민이 된 왕 이은의 천하
—마지막 황태자 4

평민이 된 왕 이은의 천하
송우혜 지음

2012년 4월 15일 초판 1쇄 인쇄
2012년 12월 14일 초판 3쇄 발행
펴낸이 · 박혜숙 | 펴낸곳 · 도서출판 푸른역사
주소 우 110-040 서울시 종로구 통의동 82
전화: 02)720 - 8921(편집부) 02)720 - 8920(영업부) | 팩스: 02)720 - 9887
E-Mail: 2013history@naver.com | 등록: 1997년 2월 14일 제13-483호

디자인 · 이보용 | 영업 및 제작 · 변재원 | 인쇄 · 백왕
제본 · 정원 | 종이 · 화인페이퍼

ⓒ 송우혜, 2012
ISBN 978 - 89 - 94079 - 63 - 9
       978 - 89 - 94079 - 42 - 4 (세트)

· 잘못 만들어진 책은 교환해드립니다.

평민이 된 왕 이은의 천하
마지막 황태자 4

| 송우혜 지음 |

푸른역사

일러두기

1. 본문에 인용한 옛 자료들은 가능한 현대식으로 바꿔서 표기했다.
2. 일본 인명과 지명은 우리 한자음으로 읽고 한자를 병기했다. 예를 들어, 이토 히로부미는 이등박문伊藤博文으로, 도쿄는 동경東京으로 표기했다.

작가의 말
평민이 된 왕 이은의 천하

제4권 《평민이 된 왕 이은의 천하》는 '마지막 황태자' 시리즈의 마지막 권이다. 대한제국의 마지막 황태자 이은李垠과 그를 둘러싼 사람들과 그의 시대에 깊은 관심을 갖고 그 실체를 찾는 동안, 여러 해에 걸친 긴 시간이 흘렀다. 실제 역사의 맨 얼굴을 찾는 작업은 고됐지만 보람이 컸다. 첩첩 두텁게 쌓인 역사의 어두운 잿더미 속을 파헤치고 있노라면 아득하게 잊혀졌던 이은의 시대와 당시 사람들의 진정한 모습이 밝은 햇살 아래 홀연히 드러나서 그때마다 눈이 부셨다. 그렇게 찾아낸 사료들을 소재로 이은과 그의 시대를 담은 대하소설 쓰기에 뛰어들었던 것이 어제 일 같다.

  형식이 내용을 규제한다고 하지만 목적 또한 형식을 규정하는 법이어서, 이은의 이야기를 풀어가기 위해서 소설의 여러 장르 중에서 '다큐멘터리 소설'이라는 형태를 선택했다. 심하게 왜곡되어 있거나 제대로 알려지지 않은 역사적 사실들이 워낙 많았기 때문이다. 그 시대의 실체를 제대로 드러내기 위해서는 다큐멘터리적 기법을 사용하는 것이 아주 효과적이었고, 또 그 실체가 지닌 진정한 의미를 제대로 소화하기 위해서는 소설이라는 형식에 담는 것이 매우 요긴했다. 게다가 출판사에서 관련 사진들을 다양하게 배치하는 편집을 함으로써 역사소설에 동원된 다큐멘터리 기법의 효과를 더욱 크게 보강했다.

굳이 그처럼 다큐적 서술기법까지 동원해 실제의 역사적 사실을 충실하고 정확하게 반영하는 역사소설을 쓰려고 노력한 것에는 이유와 목적이 있다. 굳이 따지자면 세 가지로 설명할 수 있다.

먼저, 요즘 크게 유행하고 있는 '역사소설'들과 전혀 다른 '역사소설'도 있다는 것을 세상에 보여주고 싶었다. 현재 '역사소설'이란 명칭을 사용하면서도 그 내용은 실제 역사와 상관없이 서술하는 이른바 '팩션'이 크게 유행하고 또 널리 읽히고 있다. 그러나 진정한 '역사소설'이려면, 실제 역사에 바탕을 두는 서술이 정도正道에 해당한다. "정도를 걷는다!"는 것이 어떤 것인지를 자타自他에 확인하고자 했다.

다음으로는, 소설이란 장치를 통해서 대중들에게 보다 쉽고 입체적으로 '우리의 진정한 역사'를 알리고 싶었다. 그러기 위해서는 당연히 실제 역사를 아주 충실하고 정확하게 반영한 역사소설을 만들어야 했다.

마지막으로, '재미'라는 측면의 문제이다. 실제의 역사적 사실에 충실한 '역사소설'이 머릿속 상상에 의해 멋대로 꾸며진 '역사소설'보다 훨씬 더 재미있고 스케일도 크다는 것을 독자들에게 보여주고 싶었다. 어떤 역사적 인물과 그의 시대가 실제로 지녔던 함축과 격동의 폭과 의의는 대부분 인간의 보편적 상상을 크게 뛰어넘는 것이기 때문이다.

'좋은 뜻'을 세우고 노력한다고 다 성공하는 것은 아니다. 그러나 좋은 뜻은 그것만으로도 이미 충분한 가치가 있다. 나는 '마지막 황태자' 시리즈를 쓰면서 스스로 세운 '좋은 뜻'이 선사하는 기쁨과 보람을 크게 누렸고, 그래서 내내 행복했다.

제4권 《평민이 된 왕 이은의 천하》에서는 이은을 비롯한 대한제국 황실의 마지막 사람들의 삶을 다룬다. 나라가 멸망해 일본의 식민지가 된 후에도 계속된 조선인들의 삶과 역사는 조선을 식민지로 단단하게 묶어두려는 일본 당국자들의 의지와 계략에 강렬하게 부딪히면서 또는 그에 비굴하게 굴복해 부화뇌동하면서 흘러갔다.

사료를 보면서, 일제강점기에 일본이 식민지 조선을 보전하기 위해서 쏟은 노력과 고심이 대단했다는 것을 확인하고 놀람을 금할 수 없었다. 일제 당국은 일본 황족들에게 주는 세비歲費(생활비)보다 훨씬 많은 세비를 조선의 왕족과 공족에게 지불했고, 일본 황족에 못지않은 깍듯한 예우를 그들에게 베풀었다. 이는 일본이 미일전쟁에서 져서 1945년 8월에 무조건 항복으로 멸망하는 순간까지 이어졌다. 조선의 왕공족을 식민지 조선을 대표하는 인물로 보고 조선과 일본을 연결하는 존재로 여겼기 때문이다.

'마지막 황태자'의 주인공인 이은의 실체에 대한 확인 작업에 따라온 부수적 성과들도 많았다. 그중 가장 중요한 사례로서 그의 이복동생인 덕혜옹주의 생애를 바르게 찾아내고 조명한 점을 꼽을 수 있다.

지금까지 대부분의 연구자나 저술가들은 덕혜옹주가 정신분열증을 앓게 된 이유로 '생모 양귀인의 죽음'이나 '일본어가 서툴러서 학습원 교육에 제대로 적응하지 못한 점' 등을 들었다. 그러나 그것은 모두 사실에 맞지 않는 지레짐작에 불과할 뿐, 전혀 실제 사실이 아니다.

덕혜옹주는 일반적인 짐작과 달리 반일 정서에 전혀 노출된 일이 없이 한결같은 친일 정서 속에서 성장했다. 그녀는 네 살 때부터 고종이 덕수궁에 세운 유치원에서 일본인 교사에게서 배우기 시작했고, 일본에 유학 가기 전까지 계속 일본인 교사에게서 배워서 일본어에 매우 능숙했다. 머리 좋은 그녀는, 일본인 학교인 일출소학교에 다닐 때는 일본어 동시들을 써서 "동시의 천재!" "시의 여왕!"이라는 칭송까지 받았고, 그 동시들에 유명한 일본인 동요 작곡가들이 곡을 붙여서 조선은 물론 일본에서까지 널리 불렸었다. 일본 학습원에 유학한 뒤에도 공부를 잘해 당당한 우등생이었다.

그러나 그녀가 학습원에 재학 중이던 1926년 8월부터 추진되어 신문에도 널리 보도되었던 일본 황족 산계궁 등마왕과의 결혼설이 1929년에 깨지자 그 충격과 실망으로 신경쇠약 증세가 생겼고, 끝내 정신분열증으로 악화된 것이었다.

그녀가 우여곡절 끝에 정신질환을 앓고 있는 몸으로 1931년 5월 8일에 대마 번주 가문의 종무지 백작과 결혼했을 때, 조선의 신문들은 모두 그들의 결혼을 보도하면서도 제대로 된 결혼사진조차 싣지 않았다. 《동아일보》는 아예 사진을 싣지 않았고, 《조선일보》는 신랑의 사진을 삭제하고 신부 혼자 서있는 사진을 실었다. 심지어 총독부 기관지인 《매일신보》는 두 사람이 각자 따로 찍은 평상복 차림의 명함판 사진을 실었다. 그 결혼에 대한 조선 민중의 강한 반감을 감안한 결과라고 추정된다. 그런데 두 사람이 웨딩드레스 차림으로 같이 찍은 결혼사진을 찾아내어 이 책에서 독자들에게 소개하게 되어 보람이 크다.

대한제국 마지막 황태자 이은.

이제 이 긴 대하소설을 마무리하는 자리에 서서 주인공의 신분과 그

굴곡진 생애를 생각하니, 새삼 '일본은 어떤 나라인가', 생각하게 된다.

흔히들 한국은 붓의 나라이고 선비의 나라이며, 일본은 칼의 나라이며 무사의 나라라고 한다. 우리나라가 겪었던 1910년의 국치國恥는 군사력을 강국의 척도를 삼던 폭력의 시대에 붓과 선비의 나라가 당할 수밖에 없는 치욕이었을까. "너의 적을 사랑하라. 너의 결점을 알려주기 때문이다"라는 경구에 따르자면, 일본은 우리가 늘 사랑할 수밖에 없는 이웃이다. 연년세세 우리가 지니고 있는 결점을 다각도로 드러내어 극명하게 증명해 보이기 때문이다.

"해 아래 새로운 것은 없다"는 성서의 탄식은 두렵게도 늘 진실이어서, 가까이 들여다보면 왕조시대의 군주제도가 드러냈던 폐해가 오늘날 우리의 눈에 결코 낯설지 않다. 겉모습만 바꾼 채 지금, 여기, 우리 속에 그대로 존재하기 때문이다. 또한 예전에 대한제국을 강타해서 멸망시켰던 외세의 탐욕스러운 폭력 역시 겉모습만 바꾼 채 지금, 여기, 우리 곁에 현존하고 있다. 그런 의미에서 대한제국 마지막 황태자 이은의 일생이 우리에게 시사하는 교훈은 오늘을 사는 우리에게 오히려 더욱 절실한 바가 있다.

2012년 4월
송우혜

차례 | 평민이 된 왕 이은의 천하 | 마지막 황태자 4

작가의 말 _ 5

화려한 약혼시절 _ 21
아름다운 봄날의 결혼 _ 39
조선 민중의 매서운 반발 _ 53
아기 전하의 이름은 '진晉' _ 65
3인의 조선행 _ 73
숭인원의 깊은 슬픔 _ 87
조선의 어린 왕공족들이 가는 길 _ 101
관동대진재와 왕족의 천막 살이 _ 125
순종의 쓸쓸한 승하 _ 141
대망의 유럽 여행 _ 155
무엇이 덕혜옹주를 미치게 했나 _ 171
추녀의 깊은 정 _ 219
혼혈결혼을 거부하다 _ 229
이구 왕세자 태어나다 _ 235
마지막 평화 _ 243
전쟁의 세월 시작되다 _ 255
다가오는 멸망의 시간 _ 269
이우 공의 아까운 죽음 _ 293
일본의 항복과 이은의 황망한 처신 _ 303
누드화를 그리는 이은 전하 _ 313
'신적강하'로 평민이 되다 _ 321
한국 정부와의 갈등 _ 331
이구의 도미와 이은의 일본 귀화 _ 347
고독과 고통과 가난의 나날 _ 361
따뜻한 화해 _ 369

참고문헌 _ 397

차례 | 못생긴 엄상궁의 천하 | 마지막 황태자 1

작가의 말 _ 5

황실 최고의 응석받이 어린아이 _ 19
엄상궁이 승은하다 _ 33
명민하고 잔혹한 스승, 민비 _ 45
궁궐, 그 너른 심연 _ 71
치욕의 을미년 _ 103
밤에는 잠들지 못하는 임금 _ 121
재입궁한 엄상궁 _ 129
새로운 권력자의 등장 _ 139
궁궐 높은 담 안의 고뇌 _ 151
엄상궁의 거사, '아관파천' _ 161
엄상궁이 막은 새 왕후의 가례 _ 193
아라사 공관이 준 선물, 엄상궁의 임신 _ 215
꽃길 따라 환궁하다 _ 225
왕국에서 제국으로 _ 235
최초의 황제, 등극하다 _ 241
엄상궁, '황제의 아들'을 낳다 _ 255
엄귀인의 고속 출세 _ 267
사재로 여학교 세운 엄귀비 _ 287
영친왕비의 초간택 _ 315
재간택 대상 규수는 누구? _ 335

차례 | 황태자의 동경 인질살이 | 마지막 황태자 2

작가의 말 _ 5

명치천황의 제갈공명, 이등박문 _ 19

비운의 정미년 밀사들 _ 37

광무황제의 비통한 퇴위 _ 61

영친왕 이은, 황태자 되다 _ 85

종이 위의 전쟁 '가례'와 '일본 유학' _ 91

이등박문의 간계, 인질대작전 _ 103

일본 황태자의 4박 5일 방한 _ 119

만주환은 바다 위를 달리고 _ 147

남은 이들의 비애 _ 157

태황제의 친필, 참을 '인忍' 자 _ 185

엄귀비의 강인한 대응책, 민갑완 _ 193

동경에 도착한 어린 인질 _ 213

이등박문의 유명한 저택, 창랑각 _ 227

명치천황의 독 묻은 사랑 _ 235

낙선재 뜰의 조약돌 _ 243

압류된 여름방학 _ 257

어린 인질의 제1차 일본 순유 — 1908년 여름 _ 279

이등박문의 간계, 융희황제의 처연한 겨울 순행 _ 291

어린 인질의 제2차 일본 순유 — 1909년 여름 _ 321

안중근 의사, 덤덤탄으로 이등박문을 사살하다 _ 335

안중근은 누구인가 _ 349

어린 인질의 제3차 일본 순유 — 1910년 여름 _ 367

1910. 8. 29. 끝없이 흐르는 등불의 강물 _ 371

차례 | 왕세자 혼혈결혼의 비밀 | 마지막 황태자 3

작가의 말 _ 5

야박한 칙지 _ 19
저택 한 채, 마차 세 량, 말 네 마리 _ 31
공부 잘하는 어린 인질 _ 39
엄귀비의 처연한 승하 _ 49
너무도 고통스러운 군사교육 _ 71
명치 시대가 막을 내리다 _ 95
1차 세계대전 중에 나온 혼담 _ 105
일본 황실의 일방적인 약혼 발표 _ 117
일본 황가의 규수, 방자 여왕 _ 129
이본궁 방자 여왕의 가문 _ 145
2대 조선 총독 장곡천호도 장군의 새 임무 _ 157
몰이꾼들의 참혹한 간지 _ 165
검광 속에서 길 떠난 임금 _ 179
명고옥역에 흐른 네 줄기 눈물 _ 187
아! 치욕의 1917년 6월 14일 _ 193
보라! 창덕궁이 타고 있다! _ 207
뒤로 미뤄진 결혼식 _ 217
착잡한 최초의 공식 귀향 _ 235
'나의 운명이 빛을 잃던 날', 비운의 약혼녀 민갑완 _ 247
《매일신보》의 야무진 저항 _ 271
동경 이본궁의 화려한 혼사 준비 _ 283
마지막 승부처 '파리강화회의' _ 301
고종은 독살되지 않았다! _ 315

참고문헌 _ 362

1922년 순종 근현식 기념사진. 왼쪽부터 덕혜옹주, 영친왕비,
윤황후, 순종, 영친왕과 이진.

"내 지위는 어떻게 되는 것입니까? 아무쪼록 지금까지와 마찬가지의 대우를 해줄 수 없습니까?"…… 이은의 의식이 얼마나 철저하게 일본화되어 있었는지를 극명하게 드러낸다. 그는 자신의 뿌리를 잃은 것이다. 뿌리 없는 자는 나약하고 초라해질 수밖에 없다. 뿌리 깊은 데서부터 치고 올라가서 줄기와 가지를 뻗고 잎과 꽃을 피우는 생명의 힘이 없기 때문이다. 뿌리 없는 나무와 같았던 이은에게는 조국이 독립했다는 사실과 그 조국에서 자신이 어떤 역할이나 기여를 해야 한다는 것에 대한 진정한 의식이나 각오가 없었다. 그저 이전과 같이 일본에 살면서 융숭한 대우와 풍요로운 생활을 보장받을 수만 있다면 더 바랄 것이 없는 한 사람의 가엾은 퇴역 장군에 불과했다. -〈일본의 항복과 이은의 황망한 처신〉중에서

화려한 약혼시절

≡ ☷ ☲ ☳

1919년 3월 하순, 동경의 청산靑山.

이랴! 이랴! 이랴!

마부가 소리 내어 말을 제어하면서 마차가 달리는 속도를 늦추었다. '조선 왕세자 이은'은 눈길을 들어 앞을 바라본다. 눈앞에 높은 담장과 커다란 대문이 다가오고 있다. 담장 너머로 잘 지은 대저택의 높은 지붕이 둥실 떠올라 있다. 대지가 1만 7,000평에 달해 담장은 끝없이 길다. 동경의 새로운 요지로 떠오른 청산 일대에 드문드문 늘어선 고관대작의 대저택들 중의 하나다.

이본궁梨本宮.

눈앞의 대저택에는 '궁' 자가 붙어 있다. '황족 11가문' 중 하나인 궁가宮家로서, 궁의 주인은 수정왕守正王. 저 담장 안에 수정왕의 장녀이자 그의 약혼녀인 방자方子 여왕이 살고 있다. 지금 방자를 만나러 가는 길이다.

'방자 여왕, 잘 지내고 있어요?'

마음속에서 저도 모르게 다정한 말이 솟구친다. 어느새 그처럼 친밀한 감정이 마음에 확고하게 자리 잡았다. 중국 왕양명王陽明의 말이 떠오른다. "그 꽃을 보기 전, 꽃은 그대와 더불어 적막 속에 침잠하였더니, 그대가 그 꽃을 보러 오니 꽃의 색깔이 뚜렷해졌구려!" 그렇다! 그런 말로나 표현할 수 있는 싱그러운 감흥이 마음을 쳤다. 지금 그의 마음속에 자리 잡은 '방자'라는 여인은 살구꽃 빛깔로 눈부시게 피어나고 있다.

이은이 서울에서 부친의 장례를 치르고 동경으로 돌아오자마자 즉각 방자 여왕 모녀가 위로 인사차 집에 찾아왔었다. 그날 방자는 자신이 지은 화가和歌(와까, 우리나라의 시조와 같은 일본 특유의 독특한 형식의 시)를 가져와 보여 주었다. 놀랍게도 돌아가신 이은의 부친 고종을 두고 지은 시였다.

어화상御畵像 모셔 놓고 날마다 배례拜禮하네
뵈온 일 없건마는 인자하신 그 모습을
마음에 새기고자 정성 다해 우러르네.

이 마음 이리 슬퍼 가눌 길 모르거늘
그 땅에 서린 슬픔 오죽인들 사무치리
만백성 맺힌 한을 나 어이 모르오리.

(이방자, 《지나온 세월》)

고운 글씨체였다. 방자의 시를 읽으면서 그는 문득 가슴이 뜨거워짐을 느꼈다. 어화상 모셔 놓고 날마다 배례하네……. 약혼했다는 사실 하나만으로 돌아가신 자신의 부친에게 한가족과 같은 애정과 존경을 바치고 있는 방자의 모습이 시의 문면에 생생하게 드러나 있다. 그는 한겨울 추운 벌판에 있다가 따뜻한 집 안에 들어선 듯 안온함과 위로를 느꼈다. 그리고 삶에 대한 애착과 열정이 힘 있게 솟구치는 것을 느꼈다.

일본 황족 여성과의 결혼…….

돌아보면 그 일이 이은에게 의미하는 것은 시기와 상황에 따라 자꾸 변해 갔다. 지난 1916년 8월 3일에 신문에 느닷없이 보도된 '약혼' 기사를 보았을 때는 정말 어처구니가 없었다. 고국에 모친 엄귀비가 정해준 약혼녀 민갑완이 있기 때문에 더욱이나 그러했다. 그러나 그런 생각은 시일이 흐름에 따라 점차 변해 갔다.

먼저 다가온 것은 인질살이를 하고 있는 자신의 처지로서는 일본 측에서 결정하고 강요하는 대로 살아갈 수밖에 없다는 데서 오는 무력한 체념이었다. 그런데 이상한 일이었다. 일단 체념하고 보니 그 혼혈결혼을 바라보는 시각이 변했다. 앞으로도 일본제국이라는 견고한 억압 체제 안에서 살아가야 하는 자신의 입장에서 볼 때, 그 결혼이 결코 부담스러운 것만은 아니라는 생각이 들었다. 일본 황족 여성과의 결혼이 자신에게 부여해 줄 편리함과 혜택의 크기가 점점 크게 눈에 들어왔다.

현재 일본제국에서 천황을 정점으로 가지를 뻗어 군림하고 있는 11개 황족 가문들의 권위와 위세는 막강하기 그지없다. '방자 여왕'과의 결혼은 그가 그러한 최고위 권력층과 단단하게 맺어져서 그 보호막 안으로 들어감을 뜻했다. 그런 정치적 역학관계에 대한 깨달음이 뒤늦게 일었다.

　게다가 그녀의 실물을 직접 본 뒤로는 마음 한쪽에 완강하게 남아있던 혼혈결혼에 대한 거부감마저 소리 없이 녹아버렸다. 그녀의 어머니가 일본 황실 여성들 중에서 가장 뛰어난 미모라고 일컬어진다고 하더니, 딸 역시 몹시 아름다웠다. 다른 조건은 다 그만두고 외모만 본다고 쳐도 아내로 맞고 싶은 마음이 절로 우러날 정도의 미모였다.

　그래서 1919년 1월 25일로 결혼일이 정해진 뒤로는 솔직히 말해서 마음이 아주 편했고 줄곧 결혼식이 기다려졌다. 그런데 결혼식을 눈앞에 둔 1월 21일에 부황父皇(고종)이 위독하다는 전보가 왔고, 이튿날에는 돌아가셨다는 소식이 전해졌다. 그가 22일 오전 8시발 기차로 서울에 가려고 동경역에 나갔을 때는 이미 소식이 전해져서 황족들과 정부의 고관들을 위시한 배웅객들이 많이 나왔다. 그리고 방자도 직접 나와주었다.

　"뜻하지 않은 일을 당해서……, 기다려 주십시오."

　낮은 소리로 인사를 건너자 그녀는 애달픈 눈초리로 그를 바라보며 얼른 대답했다.

　"돌아오실 때까지 기다리고 있겠습니다."

　마음이 찡할 정도로 애틋한 음성이었다.

　서울에서 부황의 장례를 치른 것은 3월 3일이었다. 금곡릉에 부황을 모셨으나, 정신을 차릴 수 없도록 시국이 소란했다. 국장國葬인 부친의 장례일 이틀 전인 3월 1일에 갑자기 독립만세운동이 세차게 일어나서 금세 활활 타는 들불처럼 전국을 휩쓸었기 때문이다. 한때는 궁중 사람들조차 독립만세운동으로 정말 독립이 된다고 믿고 크게 감격했다. 그래서 너도나도 한일합방 이래 '이왕李王'이라고 불리고 있는 형님(순종)

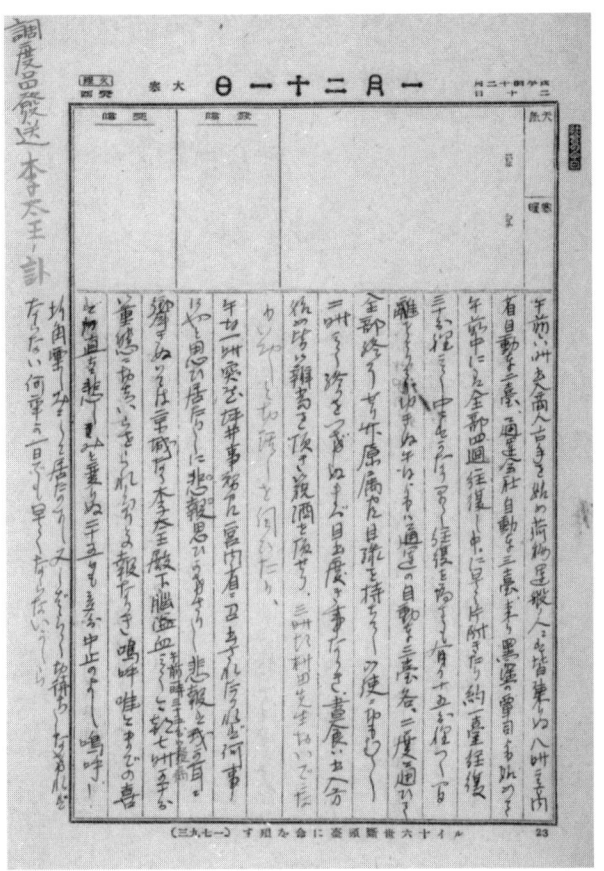

↑ **이방자의 일기.** 평소 일기를 세심하게 쓰는 습관이 있었던 이방자는 1919년 1월 21일 고종이 위독하다는 소식을 듣고 다음과 같이 기록했다. "오후 1시…… 비보, 생각하지 못한 비보가 내 귀에 울려 퍼졌다. 그것은 경성에 계시는 이태왕 전하께서 뇌일혈로 오전 1시 35분에 발병해 오전 7시 50분에 중태에 빠지셨다는 보고였다. 아아, 지금까지의 기쁨은 이내 슬픔으로 변했다."

앞에 나아가서 "우리나라가 이제 독립하게 됨을 진심으로 축하하옵니다!"고 하례 드리는 말씀을 올렸을 정도였다. 그런 상황과 분위기를 극도로 꺼린 일본 당국자들은 이은이 일본에 빨리 돌아가도록 조치했다. 그래서 부친의 장례를 치른 지 7일 만인 1919년 3월 10일에 그는 서울을 떠나서 일본으로 가야 했다.

서울에서 부산으로, 부산에서 현해탄을 건너 하관으로, 하관에서 동경으로…….

부친의 붕어 소식을 듣고 급박하게 달려갔던 길을 거꾸로 되짚어서 동경 저택으로 돌아오면서 그는 마음이 마냥 허전하고 시렸다. 지내놓고 보니까 이제야 알 수 있었다. 세상을 모두 가진 듯 호기로운 때와 세상에서 온통 버림받은 듯 외로운 때, 그 차이를 만드는 요인은 오직 하나 '사람'이었다. 주위에 그를 진심으로 사랑하는 사람이 있을 때는 세상이 모두 밝고 따뜻했고, 그렇지 않은 때는 온통 춥고 고통스러웠다. 어머니 엄귀비와 아버지 광무황제의 뜨거운 사랑 속에서 보냈던 어린 시절의 즐겁고 환하고 기운찬 날들, 돌아볼수록 참기 어려운 그리움이 솟구쳤다.

그러나 이제는 조선에서건 일본에서건 진심으로 그를 사랑해 주던 사람들은 모두 사라지고 각종 제도만 냉엄하게 남아 있다. 그리고 그런 제도들에 꼼짝 못하게 묶여있는 자신이 있다. 그의 나이 이제 만 22세, 그동안 뼈저리게 깨달은 것이 있다. 인간 세상은 각종 '제도'로 견고하게 틀이 지어져 있다는 것, 개인의 힘으로 그런 제도의 제약을 넘어선다는 것은 결코 용이한 일이 아니라는 것이었다. 그렇기 때문에 이미 확정되어 있는 제도 곧 '황족'과 같은 신분의 사람들과 '가족'으로 맺어지는

평민이 된 왕 이은의 천하

것이 어떤 의미인지, 이제는 눈 밝게 확실히 알아볼 수 있었다.

가족……. 그토록 그리운 부모보다는 못하지만, 이제 그에게 다시 '가족'이 생기려고 한다. '아내'가 생기는 것이다. 전에 어머니 엄귀비가 점지해 준 약혼녀 민갑완은 단 한 번도 개인적으로 만나본 적이 없어서 전혀 실감이 나지 않았다. 그러나 방자는 달랐다. 눈앞에 존재하고 움직이고 웃고 생각하고 그의 말에 반응한다. 더군다나 '시'를 지어서 그의 부친의 별세를 깊이 슬퍼해 주기까지 한다. 단 하나 흠이 있다면 일본인이라는 것뿐인데, 이제 보니 그 단점도 '일본 황족'이라는 신원으로 충분히 상쇄되고도 남았다. 그녀의 이름은 따뜻하고 사치스러운 화로처럼 추운 마음에 황홀한 온기를 불러일으켰다.

'방자 여왕…….'

입속에서 가만히 불러보는데, 말이 꿀처럼 달게 느껴졌다.

미리 전화로 연락하고 가는 것이라, 이본궁에서는 그를 맞을 준비가 되어 있었다. 궁의 일을 맡아보는 사무관의 안내로 응접실로 가 자리에 앉자 이본궁 가족 모두가 들어왔다.

"어서 오세요! 전하!"

"예. 비전하! 그간 안녕하셨습니까?"

"예. 저희들은 잘 지내고 있습니다."

카이젤 수염을 보기 좋게 기른 수정왕은 지난 1월에 만주 수비군에 배속되어 집을 비운 상태였지만, 화사한 미모의 이도자비와 귀여운 방년의 규수 방자와 어린 둘째딸 규자規子가 함께 들어와서 자리에 앉자 방안 가득 화안했다. 곧 차와 일본 과자가 나왔다. 약혼이 발표된 이래 이은은 올 때마다 이본궁에서 느껴지는 따뜻한 가정적 분위기가 너무

❀ 평민이 된 왕 이은의 천하

도 좋았다. 이본궁 가족들 모두 황족이라고 뻐기고 잘난 척하는 기색이 없이 마냥 다정하고 상냥하게 응대해 주어서 마음이 정말 편했다. 물론 그런 편안함의 핵심을 이루는 사람은 방자였다.

방자는 1901년 11월 4일에 태어났다. 1897년생인 이은과는 네 살 차이였다. 그녀는 황족 아버지와 10대 번주 가문에 드는 명문가 출신의 어머니 사이에서 태어나 황족으로서의 특혜를 크게 누리면서 부러울 것 없이 자랐다. 자녀가 자매뿐인 집안의 장녀로서 여동생 규자는 여섯 살 아래였다. 황족 가문의 전통에 따라 출생한 지 50일 만에 부모님이 안고 황궁에 들어가서 명치천황 내외에게 인사한 뒤로 종종 황궁에 드나들며 컸다.

방자는 일곱 살 때 학습원에 입학해 학교 공부를 시작했다. 그녀는 학습원 중등과 3학년에 재학 중인 1916년의 여름방학 중에 신문에 공표된 조선 왕세자 이은과의 약혼 기사로 졸지에 '약혼녀' 신분이 되었다. 당시 15세였던 방자는 그 일을 어떤 심정으로 대하고 있었는가. 그녀가 66세이던 1967년에 펴낸 회고록《지나온 세월歲月》에 실감 나게 묘사되어 있다.

나는 아직 나이 어렸으므로 그런 막중한 일은 생각도 미친 일이 없고 그저 학업에만 전념하고 있었던 만큼 실감으로 오는 것이 없었다. 다만 "아버님과 어머님의 뜻대로 하겠습니다"라고 대답하였을 따름이다.

▲ **일곱 살 때의 방자와 수정왕 내외.** 1901년 11월 4일에 태어난 이방자는 황족인 아버지 이본궁수정왕과 명문가 출신의 어머니 이도자비 사이에서 장녀로 태어나 황족으로서의 특혜를 누리며 부러울 것 없이 자랐다.

그러나 차차 날이 가자 이 일이 어떤 일인가를 알게 되어 가슴이 떨렸다. 어머님 말씀처럼 참으로 대역이었다. 도대체 나같이 세상을 모르고 자란 어린 사람이 복잡한 어려운 이국의 습관과 궁정 내의 모든 절차를 어떻게 당해낼 것인가, 싶어 두려움이 앞섰다.

그러나 피할 수 없는 운명이었다. 나는 마음으로 다짐했다. 결코 번거로운 움직임에는 말려들지 않으리. 그저 아내로서 전하를 위하여 외로우신 전하를 위하여 조금이라도 위로를 해드리고 좋은 가정을 이루어 가리……. 이렇게 스스로를 타이르며 날을 보냈다.

그러나 때로는 책상을 향하여 앉으면 무엇인가를 기도하고 싶은 것 같은 보다 큰 힘, 내 작은 가슴에 용기와 희망을 불러일으켜 줄 수 있는 보다 큰 힘에 빌고 싶은 것 같은 마음에 사로잡혀 가만히 가슴에 손을 얹고 하늘의 달을 우러러보며 언제까지나 움직이지도 않았던 밤도 있었다(이방자, 《지나온 세월》).

약혼이 공표되던 때까지 방자는 이은을 정식으로 만난 일은 없고 그저 궁정 행사에 참석했을 때 먼발치에서 잠깐씩 본 정도였다고 한다. 그런데도 "아내로서 외로우신 전하를 위하여 조금이라도 위로를 해드리고 좋은 가정을 이루어 가겠다"라는 심정이 되었다는 것을 보면, 그렇게 잠깐씩 보았던 이은의 인상에 내심 호감을 느끼고 있었던 모양이다. 방자는 정이 많은 성품이었다. 그래서 이은과 약혼이 공표되어 약혼녀의 신분이 되자 별다른 접촉이 생기기 전인데도 진심으로 애정을 느꼈다. 결혼일 직전에 고종 황제의 붕어로 말미암아 결혼이 연기된 즈음의 일을 그녀는 자서전에 이렇게 적었다.

고종 황제의 인산은 3월 3일로 정해졌고 만백성의 구슬픈 애곡 속에 금곡릉에 영구히 모셔졌다. 나로서는 단 한 번이라도 뵈옵고 싶었던 시어른이었다. 사진을 모셔 놓고 묵념하면서 슬프게 종일토록 방에 들어앉아 지냈다. 어머님은 만주 수비군에 근무하시게 된 아버님을 배웅하러 고오베에 가시고 나는 단지 혼자서 전하를 생각하며 마음은 멀리 한국 서울을 달리고 있었다. 나라에서 혼례식에 참석차 일부러 상경하셨던 할머님도 낙담하시고 되돌아가셨다.

3월 하순 인산을 마치시고 복무차 동경에 돌아오신 왕세자 전하를 우리 모녀는 지체 없이 찾아가 뵈옵고 여러 가지로 위로해 드렸다(이방자, 《지나온 세월》).

결혼식이 1년 뒤로 연기된 것은 곧 약혼시절이 1년 늘어난 것과 같았다. 이은과 방자가 그 기간을 어떻게 보냈는지, 방자의 자서전에 상세하게 묘사되어 있다. 당시 황족 가문의 전통으로는 약혼 기간에 자주 만나는 일은 거의 없는데, 이은과 방자는 결혼 연기로 늘어난 약혼 기간 동안 거의 매주 일요일마다 만났다고 한다. 두 사람이 만나면 방자가 악기를 연주해서 들려주거나 정원을 같이 산책하거나 함께 테니스를 쳤고, 비 오는 날에는 트럼프를 치기도 했다고 한다. 방자는 당시 진심으로 약혼자 이은이 마음에 들었던 모양이었다. 회고담 속에 약혼시절에 품었던 깊은 애정이 그대로 스며 있다.

우리들은 시대가 시대인 만큼 그저 뵈옵고 조금씩 이야기를 나눌 정도이기는 하였지만 달마다 두서너 번씩은 서로 왕래하며 약혼시절을 즐겼다.

그런 일들은 슬픔을 넘어선 기쁨이었고, 또 서로가 서로를 아는 좋은 기회라고 감사하게 생각했다.

때로는 고또[琴](가야금을 닮은 일본 악기)를 들려 드리기도 하고 함께 정원을 거닐며 시간을 보내기도 했다. 지금 생각하면 너무 수줍기만 해서 안타까웠던 일뿐이지만, 마음먹은 것을 조금도 말하지 못하는 것이 버릇이어서 그저 어안御顏을 뵈옵고 있는 것만으로도 마음이 달래질 정도였다. 화가和歌를 지어서 가만히 전하께 건네기도 하고, 이다음엔 언제 또 만나 뵈올까 하고 멀리 전하가 타신 마차가 솔밭 속 길을 달려 사라져가는 것을 바라보며 가슴이 조여오는 것 같은 외로움을 맛보곤 하였다(이방자, 《지나온 세월》).

한 폭의 그림과도 같은 술회다. 이은의 입장에서 방자의 기록을 되짚어 보면, 그가 그녀의 애틋한 마음을 느끼면서 누렸을 기쁨과 만족감이 눈앞에 선연하게 떠오른다. "사랑과 기침은 숨길 수가 없다"고 하는데, 그도 방자의 사랑에 상응하는 애정을 쏟았던 것으로 보인다. 방자의 다음 기술은 이렇다.

여름에는 부사산富士山 기슭에서 야영 연습에 참가하신 전하가 부대와 함께 승마 또는 도보로 동경에서 동해도東海道 길을 등택藤澤, 대기大磯, 소전원小田原, 이렇게 행군하셨는데 때마침 나는 대기의 별장에서 어머님과 동생하고 여름을 나고 있던 때여서 전하께서는 잠시 휴식하시는 30분을 별장 정원에 와서 보내시고 다시 부대와 같이 출발하신 일도 있었다(이방자, 《지나온 세월》).

이은은 부대가 행군하는 중 방자 집안의 별장이 있는 대기 근처를 지날 때, 그녀가 너무 보고 싶어서 부대가 휴식하는 시간을 틈타 혼자 빠져나와 급히 말을 달려 별장으로 가서 단지 '30분' 동안 방자를 만나본 후 다시 부대로 달려갔던 것이다. 부창부수夫唱婦隨라고 할까. 그런 이은의 행동에 못지않게 방자도 열렬히 이은을 흠모했다. 그가 그렇게 달려왔다가 가고 나면 그녀는 화가를 지어서 다음번에 만날 때 "가만히 전하께 건넸다"는 것인데, 그 화가가 그녀의 회고록에 다음과 같이 남아 있다.

헤아릴 수 없는 물결 드나드는 바닷가의 집에서
성큼 들려주신 임을 뵈올 줄이야.

내일은 또 상근箱根 험한 산을 넘으시리니
퍼붓지 말아라 소낙비야 내려 쪼이지 말아라 여름 햇살아.

(이방자, 《지나온 세월》)

자신을 위해 방자가 지은 그런 노래를 읽은 이은의 마음이 얼마나 흐뭇하고 호사스러웠을까. 그처럼 열렬한 사랑을 나누는 그들의 모습이 방자의 회고록 속에 다음과 같이 그려져 있다.

한때 소송궁小松宮 님의 별장이었던 삼도三島 시내의 맑은 물이 솟는 광대한 땅은 명치천황의 배려로 왕세자의 별장이 되어 있었다. 거기에는 아름다운 숲과 부사산의 눈이 녹아 용암 밑을 흘러내려온 맑은 못과 포도와 밤과 감 등이 열리는 농원도 있고 하여 전하께서는 찾아오실 때 거기서 난 과일을 선물로 갖다 주시기도 하였다. 궁중의 행사가 있을 때 가끔 뵈올 뿐 그 시절의 일이라 남몰래 찾아주시는 것을 마음으로 기다렸고, 잡수시는 것을 살뜰하게 돌보아 드림으로써 한때라도 위로가 되었으면 하는 심정이었다(이방자, 《지나온 세월》).

소송궁은 일본 황족 가문으로 나중에 동복견궁으로 궁명宮名을 개칭했다. 소송궁이 소유했던 삼도 별장을 명치천황이 살아생전에 이은에게 넘겨주었음이 이 글에서 드러난다. 당시 이은의 별장은 삼도 이외에 대기, 열해熱海, 나수那須에도 있었다. 대기에 있는 별장 창랑각은 이등박문이 선물했고, 나머지는 모두 명치천황의 선물이었다.

1920년 4월에 결혼할 때까지, 이은과 방자는 그처럼 화려하고 달콤한 약혼시절을 누렸다. 그렇게 된 배경에는 이본궁 측에서 이은의 경제적 조건에 대해 갖고 있는 호감이 매우 크게 작용했다. 이은은 매우 부유한 신랑감이었다. 이왕가는 일본제국 전체에서 천황가 다음으로 많은 세비를 받는 데다가 본국에서 챙기는 별도 수입이 막대한 대부호로 알려져 있었다. 그래서 일본 황족들이 이본궁 방자가 이은과 결혼하는 것을 두고 이왕가의 많은 재산을 매우 질투했다는 이야기가 공공연하게 나돌았을 정도였다.

이왕가의 재산이 어느 정도라고 알려졌기에 그런 이야기가 나왔을까. 한일합방으로 국권이 일본에 넘어간 이래, 조선 왕실은 국민들로부터 걷는 세금을 포기하는 대신 조선총독부 특별 회계에서 매년 '150만 엔'을 받았다. 이 액수에 대해서는 언론 보도 등을 통해 일반인에게까지 널리 알려져 있었다. '일본이 조선 왕가를 얼마나 우대하는가'를 알리기 위한 정책적 필요에 의해서 의도적으로 자주 언급한 듯하다. 일본 신문들은 이왕가에 대한 대우를 언급할 때 툭하면 '세비 매년 150만 엔'에 대해서 기술했다. 당시 일본 총리대신의 연봉이 8,000엔 내지 1만 엔 정도였고, 일본의 노동자의 하루 임금은 약 2엔으로 1년 365일 쉬지 않고 일해도 730엔에 불과했다. 조선 노동자의 임금은 더욱 적었다. 그런 것과 비교하면 매년 150만 엔의 세비는 실로 막대한 금액이었다.

그러나 내부적으로 보자면, '150만 엔'은 이왕가에 관련되어 사용된 지출의 총액이었던 모양이고, 순종을 비롯한 이왕가 구성원 개개인이 사사로이 써도 되는 친용금親用金의 액수는 훨씬 적었다. 국망 이래 1920년대 초반까지 이왕직에 근무했던 일본인 관리 권등사랑개權藤四郞介가 남긴 기록에 따르면, 당시 친용금은 매년 순종 6만 엔, 순종비 3만 엔, 정기적 용돈으로 6만 엔 이상, 임시적인 용돈으로 2만 엔 도합 17만 엔 정도였다. 이강 공 가문을 비롯한 근친들에게 하사하는 금액이 30만 엔이었다. 그리고 세월 따라 올라가는 물가에 맞추어 증액되었다고 한다.

1940년대 기록으로 보자면, 조선 왕가가 받은 세비 중에서 동경에 있는 이은에게 보낸 돈은 매년 40만 엔 정도였다. 이러한 조선 왕가의 세비 액수와 일본의 11개 황족 가문들이 받았던 세비와 비교해 보면 그 차이가 확연하다. 미일전쟁에서 패전하기 전에 일본의 각 황족 가문에서 매년 받았던 세비 액수가 이도자비가 쓴 《삼대의 천황과 나》에 기록되어 있다. 이도자비는 그 돈을 '황족비皇族費'라고 불렀는데, 다음과 같았다.

궁명	금액
이본궁梨本宮	3만 8,000엔
동복견궁東伏見宮	4만 3,000엔
복견궁伏見宮	4만 1,000엔
산계궁山階宮	3만 8,000엔
하양궁賀陽宮	4만 5,000엔
구이궁久邇宮	7만 7,000엔
조향궁朝香宮	7만 1,000엔
동구이궁東久邇宮	11만 엔
북백천궁北白川宮	6만 6,000엔
죽전궁竹田宮	5만 1,000엔
한원궁閑院宮	5만 8,000엔

황족 11가문 중에서 가장 많은 세비를 받는 동구이궁이 11만 엔이었고 가장 적게 받는 이본궁과 산계궁은 3만 8,000엔이었다. 황족 11가문 전체가 받는 세비 총액은 63만 8,000엔이었다. 그런데 조선 왕가는 매년 150만 엔의 세비를 받는다고 알려져 있었고, 특히 동경의 이은은 매년 40만 엔을 서울로부터 송금받아서 쓴 것이다. 게다가 조선 왕실이 본래 소유하고 있던 각종 부동산과 광산과 어업권과 임야와 주식 등에서 나오는 수입은 별도로 계상되는데, 그게 모두 어느 정도인지 알 수조차 없다고 일컬어져 왔다. 그러니 이왕가의 부유함은 절로 크게 소문나게끔 되어 있었던 것이다.

이도자비는 본래 옛날 번주적인 감각이 매우 강한 사람이어서 각지의 번주 가문에 대한 이야기를 할 때에는 반드시 "35만 7,000석의 비주 좌하번……"이라고 하는 식으로 폐번치현癈藩置縣 이전의 해당 영지의 석고石高부터 언급하곤 했다. 그런 감각에서 볼 때 '세비 150만 엔의 조선 왕가'라면 세비 액수만으로도 일본에서 그 가문의 중요성을 나타내는 것으로 간주되어 큰 호감을 느꼈을 것이다.

이도자비의 기록에 나타난 이 시절의 이은과 방자의 모습은 행복한 약혼자들의 전형이었다. 1919년 6월 4일 수요일에 쓴 이도자비의 일기에는 이렇게 기록되어 있다.

1919년 6월 4일 수요일.
먼저 한 약속대로 오후 2시경부터 왕세자 전하가 오셔서 정원을 산책했다. 간식으로 홍차와 서양 과자를 드렸다. 사진도 찍었다. 가랑비가 내려서 거실에서 당구를 치면서 즐겼고, 5시에 식사를 드리자 천천히 드신 뒤에 방자와 둘이서 거문고를 타셨다. 또 전하는 피아노를 치시고 트럼프 등도 즐긴 뒤에 9시가 지나서 돌아가셨다. 선물로 과일을 드렸다(이도자비, 《삼대의 천황과 나》).

1919년 6월 28일 토요일.
오후 2시에 왕세자 전하가 오시어 여러 놀이를 하시고 간식으로 실국수, 저녁식사는 일식을 드리다. 6시 반에 돌아가시다(이도자비, 《삼대의 천황과 나》).

이 무렵 이은은 방자에게 최고의 물건을 선물하고 싶은 마음이 가득했던 모양이다. 그가 방자에게 준 매우 호사스러운 다이아몬드 약혼반지가 그녀의 친지들 사이에서 두고두고 화제가 되었다. 알이 큰 다이아몬드를 화심花心으로 하고 그것보다 더 큰 다이아몬드 다섯 개가 꽃잎이 되어 찬란하게 빛나는 반지였다. 조선 왕가의 문장인 오얏꽃[李花]을 본뜬 디자인이었다. 그때는 다이아몬드가 매우 귀했던 시절이어서 소유는커녕 구경하기조차 힘들었음을 감안해야 그 화려한 다이아몬드 반지가 지닌 의미가 보다 확실해진다. 그뿐 아니다. 《비련의 황태자비 이방자》를 쓴 본전절자本田節子는 그의 책에 "이것은 그 후에 들은 이야기인데, 이왕가로 출가한 직후 마사코(방자)가 열 손가락에 반지를 끼고 있는 것을 본 사람이 있다"고 기록해 놓았다. 강렬한 향기를 지닌 기이한 꽃에 대한 소문을 듣는 듯하다.

당시 고국에서는 3·1독립만세운동으로 거세게 불타오른 독립운동 전선에서 독립운동가들은 물론 일반 민중들까지 갖은 핍박과 질곡을 겪으면서 저항을 계속하고 있었다. 그런 상황은 일본의 신문에도 모두 보도되고 있었다. 당연히 이은도 읽어서 잘 알고 있었을 것이다. 그러나 그는 심정으로나마 고국의 민중들 편에 서지 않았다. 그저 아름다운 여인의 사랑과 일본 군인으로서의 복무에 마음을 모두 쏟는 평범한 젊은 이로서의 나날을 보냈다.

당시 그의 심리가 어떤 상태였기에 그렇게 처신했을까? 언뜻 보아 민족의식도 없고 생각도 없는 젊은이의 전형처럼 보인다. 그러나 그 이면을 살펴보면 또 다른 모습이 비친다. 고국과 모친과 부친 등, 자신이 상실한 것의 거대한 크기와 무게와 슬픔에 잔뜩 짓눌린 나머지 게가 모래구멍 속으로 숨듯 평범하고 규칙적인 일상생활과 여인과의 사랑이라는 도피처 속으로 숨어버린 가엾은 영혼의 모습이다.

아름다운
봄날의 결혼

☶ ☲ ☵ ☴　1919년 3월 1일에 활화산처럼 폭발한 조선인들의 독립만세운동이 일본인들에게 준 충격은 말할 수 없이 컸다. 조선 전국을 진동시키고 있는 독립만세운동을 진압하기 위해서 군대와 경찰이 대거 동원되어 가혹한 무력 탄압에 나서고 있는 동안, 일본 정계의 실력자들은 그에 대한 대책을 세우기 위해서 숙의를 거듭했다.

　결국 조선 통치 기조를 그때까지의 가혹한 무단정치 체제에서 유연한 문화정치 체제로 바꾸기로 결정했다. 당연히 조선 통치의 핵심인 총독부터 바꿔야 했다. 그때까지 조선 통치의 근간을 잡고 있던 육군 측 인물 대신 보다 유연한 해군 측 인물을 총독에 선정하기로 했다. 그리하여 1919년 8월 12일자로 해군 대장 출신인 재등실齋藤實이 제3대 조선총독에 임명되었다. 후일담이지만, 재등실은 조선총독으로서 매우 유능하다고 인정되었던 모양이다. 유일하게 제3대(1919.8.~1927.12.)와 제5대(1929.8.~1931.6.), 두 번에 걸쳐서 총 10년간 조선총독을 역임했다.

　재등실은 일본 해군의 중추에 해당하는 인물이었다. 육군 출신보다 사고방식이 열려 있고 대세를 보는 식견이 있었다. 17세에 해군병학교 예과에 들어가 해군 소위가 된 그는, 미국 주재 일본 공사관 무관생활 6년을 거치는 등 화려한 경력을 쌓으면서 일본 해군의 기둥으로 성장했다. 그는 러일전쟁 직후인 1906년에 49세의 나이로 해군의 최고 수반인 해군대신이 되고 계급도 해군 대장으로 뛰어올랐다. 8년간 역대 내각에서 계속 해군대신이자 해군 대장으로 활약한 그는 1914년 3월에 발생한 독일 지멘스 슈케르트 사社와 일본 해군의 수뢰사건으로 내각이 총사직할 때 같이 물러나면서 현역 대장직에서도 물러났다.

그러나 1919년 3월 1일 이래 독립만세운동으로 격렬하게 들끓고 있는 조선 상황을 수습할 수 있는 인물로 그가 선정되어 일본 정계 전면에 다시 등장했다. 그는 조선총독으로 임명됨과 동시에 대정천황의 칙령에 의해 해군 대장으로 현역에 복귀했다. 그가 조선에 부임하려고 현해탄을 건너서 부산에서 기차를 타고 상경해 서울에 도착한 것은 1919년 9월 2일 오후 5시였다.

"각하! 드디어 서울입니다. 역은 서울 성곽의 남대문에서 가까워서 남대문역이라고 부릅니다."

"흠!"

차창 밖으로 보이는 서울의 모습을 바라보는 재등실의 얼굴에 잠깐 긴장이 스쳤다. 그날 아침부터 서울 시가에는 일장기가 게양되었고 재등실이 도착할 무렵에는 10만 명에 가까운 인파가 모여들어 남대문역 전 일대에서 인산인해를 이루고 있었다. 당국이 환영행사에 동원한 학생들이 많았고, 독립만세운동으로 촉발된 강력한 민족적 의식과 자긍심에 자극되어 일본에 대한 증오심을 품고 새 총독이 부임하는 현장을 자기 눈으로 지켜보려 몰려든 민중들도 많았다.

"조선 독립운동가들이 새로 부임하는 총독에게 테러를 가하려고 준비하고 있다고 합니다!"

"총독이 서울에 도착하는 길로 저격하려고 한다는 첩보도 있습니다!"

그간 '새 총독 테러'에 관한 첩보가 계속 들어오고 있었다. 당연히 공안 당국은 극도로 긴장해 만반의 대비를 하고 있었다. 경찰은 물론 군대도 동원되어 길 좌우에 도열해 삼엄하게 경비했다. 역 귀빈실에는 우도궁태랑宇都宮太郎 조선군 사령관을 비롯해 일본군 사단장, 헌병 사령관, 이완용 백작, 한창수 남작, 이왕직 장관과 차관 등의 요인들과 은행과 각급 회사의 간부들이며 언론계 인사들이 대거 몰려들어서 신임 총독의 도착을 기다렸다. 기차가 플랫폼에 서자, 현역 해군 대장의 백색 예복으로 성장한 재등실과 그의 부인이 내렸다. 그들은 출영객들에 둘러싸여 귀빈실에 잠시 머물렀다가 역 광장에서 대기하고 있는 쌍두마차로 걸음을 옮겼다. 그들 부부가 마차에 오른 순간이었다.

콰앙!

돌연 강력한 폭발음이 들렸다. 폭탄은 재등실의 뒤쪽 4미터 지점에서 폭발했다. 일본의 식민 통치에 대한 강력한 거부 의사가 신임 총독에 대한 폭탄 테러라는 형태로 폭발한 것이다. 남대문역 광장은 일시에 아수라장이 되었고 치안 담당자들은 저마다 소리쳤다.

"총독 각하께선 무사하신가!"

"빨리 이곳을 수습해야 한닷!"

재등실은 무사했다. 다만 폭탄 파편에 맞아 군복과 혁대 세 군데에 구멍이 났다. 그러나 육군 사령부의 촌전村田 소장, 만주철도회사 이사,

총독부 고위관리 등을 비롯한 35명이 중경상을 입었다. 중상을 입은 경기도 경찰의 경시는 곧 사망했다. 새 총독의 부임 현장을 취재하려고 일본에서부터 동행했던 일본인 신문기자들도 다수 중상을 입었는데, 그중 《대판조일신문》 기자는 며칠 뒤에 사망했고 《대판매일신문》 기자는 중상을 입고 고통스럽게 앓다가 몇 년 뒤에 사망했다.

조선총독부 출신 인사들의 총독부 시절 회고담을 실은 《조선통치비화》(1937)라는 책에는 기묘한 일화가 실려 있다. 재등실 신임 조선총독이 현지 부임하는 모습을 취재하려고 총독 일행과 함께 일본에서 건너온 일본인 신문기자들이 부산에서 서울로 가는 기차 안에서 "경성에 도착하면 곧 바로 큰일이 일어날지 모릅니다. 경성까지만의 목숨이라고 생각하고 기도나 잘하시오!"라면서 총독 일행을 자꾸 놀렸는데, 가장 심하게 놀렸던 《대판조일신문》 기자가 폭탄사건으로 사망했다는 것이다. 당시 일본인들이 3·1독립만세운동을 보면서 얼마나 큰 충격을 느꼈었는지를 실감 있게 보여준다.

범인의 자취는 오리무중이었다. 그런데 사건일로부터 보름이 지난 9월 17일, 폭탄을 던진 사람을 찾느라고 광분한 경찰서에 찾아와서 자수한 노인이 있었다. 강우규姜宇奎 의사였다. 일본 경찰은 외부적으로는 경찰이 그를 체포했다고 내세웠지만, 당시 그가 진범인지 아닌지 여부를 확신할 수 없어서 한동안 몹시 곤란했었다고 뒷날 실토했다.

강우규 의사는 64세의 기독교 신자로 노령에 거주하는 동포였다. 러시아 블라디보스토크의 신한촌에 있는 한국독립운동단체인 노인단老人團 단원이었던 그는 신임 조선총독을 폭살시키려고 자원해 국내에 잠입했다. 지금보다 사람의 평균 수명이 훨씬 짧던 당시로 보면 64세는 매우 고령에 해당했다. 그런데도 그는 기꺼이 그처럼 큰 거사의 실행을 맡았다. 대단한 의지와 확고한 신념을 지닌 사람이었다. 거사 후에 그는 잡히지 않고 일단 몸을 피하는 데 성공했다. 그러나 일본 군경이 범인을 잡아내려고 무고한 사람들을 마구잡이로 잡아들여 처참하게 고문하고 있음을 알고 자수했고 이듬해 처형되어 순국했다.

1919년 11월 9일에는 이은의 이복형인 의친왕 이강(당시 공식 호칭은 '이강 공李堈 公')이 대한민국 임시정부가 있는 상해로 탈출하려고 압록강 건너 안동까지 갔다가 일본 경찰에게 잡혀서 돌아온 사건이 일어났다. 실제로는 이강을 신의주역에서 잡았는데도 그렇게 발표하면 "공족조차 국내 여행의 자유가 없는 것이 드러났다"고 할까 봐 단동에서 잡았다고 허위 발표를 했다는 주장도 있다. 물론 일제는 "이강 공의 탈출 기도는 그를 상해로 끌어가려고 한 자들의 협박에 의한 것이었다"고 극력 내세웠다. 그러나 조선인들은 일본 측 주장을 믿지 않고 이강의 행위를 높이 평가했다. 왕족의 탈출 기도는 처음이라서 매우 큰 충격과 화제를 불러일으켰다.

그런 격동기에도 시간은 흘러 어느덧 1920년 4월이 되었다. 당시 이은의 결혼일은 4월 28일로 잡혀 있었다. 일제 당국은 이은과 방자의 결혼식에 크게 신경 썼다. 일본 당국자들은 이은과 방자의 결혼은 3·1독립만세운동으로 빚어진 양 국민 간의 간격과 상처를 아물게 할 크고 중요한 의식이라고 간주하고 있었다. 그들의 결혼으로 한일 양 국민 간의 분위기가 크게 바뀔 것이라고 기대한 것이다.

일본 정부는 결혼일 하루 전인 4월 27일에 이은에게 일본 훈장 중에서 가장 격이 높은 '대훈위 국화 대수장大勳位菊花大綬章'을 수여함과 동시에 육군 보병 중위로 승진시켰다. 조선 천지를 휩쓸었던 3·1독립만세운동의 여진이 아직도 강력한 때에 결혼하는 것이라서, 되도록 이은의 모양새를 보기 좋게 만들어 놓아야겠다고 생각했던 모양이다.

1920년 4월 28일, 드디어 결혼날이 밝아왔다. 그날따라 날씨가 아주 화창했다고 전해진다. 일본 측의 기록에 의하면 결혼식은 다음과 같이 진행되었다.

방자 여왕은 결혼식 예복으로 로브 데 코르테(서양식 여자 예복의 한 종류)의 서양식 대례복을 입고 훈장을 패용했다. 황족 규수의 결혼에는 일본 고유의 전통 예복인 '규고桂袴'를 입는 것이 전통이었는데, 일본식도 조선식도 아닌 서양식 예복을 착용하게 한 것은 조선인들의 반발을 감안한 조치였다. 이은은 육군 중위의 예복 정장을 입고 각종 훈장을 패용했다.

신부인 방자 여왕은 오전 9시에 궁내성에서 보낸 의장용 쌍두마차를 타고 이본궁에서 나와서 이은이 살고 있는 조거판의 어전으로 향했다. 일본식 결혼식은 신부가 신랑의 집에 가서 식을 치르기 때문이다. 방자 여왕의 쌍두마차는 황족공식노부皇族公式鹵簿의 규정에 따라 사령 이하 29명의 근위의장기병대와 경부 4기警部四騎(말을 탄 고급 경찰 간부 네 명의 호위대)가 경호하면서 따라갔다. 아주 호사스러운 행렬이었다.

결혼식은 10시부터 시작되었다. 결혼 예식은 전통의 소립원류小笠原流(일본 무인武人 가문에서 치르는 결혼 예식의 정통파 의식으로서, 막부 및 제후 가문의 결혼식에서는 모두 이 형식을 지켜왔음)와 현대식의 절충으로 거행되었다. 식은 약 40분에 걸쳐서 진행되었다.

축하하러 온 내빈은 면면이 호화롭고 사람 수도 많았다. 황족으로서

⬆ 이은과 이방자의 결혼 기념사진(1920년 4월 28일). 이은은 육군 중위의 예복 정장을 입고 각종 훈장을 패용했고, 이방자는 서양식 대례복을 입고 훈장을 패용했다. 일본식도 조선식도 아닌 서양식 예복을 착용하게 한 것은 조선인들의 반발을 감안한 조치였다. 예식은 전통의 소립원류와 현대식의 절충으로 거행되었다.

는 조향궁朝香宮과 구이궁久邇宮의 왕과 왕비가 참석했고, 과도鍋島 후작 부처가 신부 측 축하객으로 참석했다. 신랑 측 축하객으로는 창덕궁 사절인 이달용 후작, 이왕직 장관인 이재극 남작, 이강 공의 특사인 김형섭이 참석했다. 그 밖에 파다야 궁내대신, 재등실 조선총독, 이등박방 공작 부처, 정상 종질료 총재 등이 참석했다.

결혼식 다음 날인 29일에 신혼부부는 대정천황과 황후를 배알했다. 이어 각 황족들의 저택을 돌면서 신혼 인사를 했고, 닷새 동안 피로연을 열었다. 순종의 부인인 윤 황후의 시녀였던 김명길金命吉 상궁이 그 결혼식에 참석해 보고 들었던 바를 회고록에 남겼다.

고종이 승하한 다음 해 4월, 나는 일본에 계신 영친왕의 결혼식에 참석하기 위해 남대문 정거장(지금의 서울역)에서 밤 8시 기차를 탔다. 기차는 몇 해 전 주미 서리공사였던 이하영李夏榮이 장난감으로 된 쇠수레를 가져와 고종에게 선물한 것을 보고는 처음 보는 터라 괴물 같고 무섭기만 하였다. 이때 같이 갔던 일행은 이왕직 이재극李載克 장관, 이강공李堈公(이 부분은 김명길의 착오임. 당시 이강 공 특사인 김형섭이 갔음-저자), 김무관, 조동윤, 이윤용 등과 천일청 상궁과 나였다. 궁중에서 일본말을 할 줄 아는 여자는 윤비尹妃마마와 나뿐이었으므로 나는 영친왕의 혼례 준비도 할 겸 윤비마마의 문안을 일본 황후에게 전달하는 임무를 맡았었다.

밤새도록 기차를 타고 아침에 부산에 내려 배를 탔는데 크기가 낙선재 덩어리만 했다. 배 안에는 온갖 것이 다 있었고 씨름판도 벌어졌는데 특히 일본 여자들이 손가락을 볼에 대면서 까딱거리고 추는 춤은 대궐에서도 보지 못하던 신기로운 것이었다. 배에서 내려 다시 기차를 타고 동경에 내리니 사방에서 온통 딸깍거리는 나막신 소리밖에 들리지 않았다. 연경당에서 '파티'를 열 때 총독부 직원 부인들이 입고 오던 옷을 여자들이 활개를 치며 입고 다녔다.

도착하자마자 그들은 군대를 보여주고 궁성으로 데리고 갔는데 우리들 일행이 궁중 입구의 이중교二重橋를 막 들어서려는 순간 안내하던 헌병이 우리를 향해 "게이레이[敬禮]!" 하고 소리를 질렀다. 우리들은 엉겁결에 다리에 대고 절을 하기는 했지만 "아무리 합병을 한 나라의 백성이지만, 다리에 대고 절을 하라라니……" 이런 생각이 들어 부아가 치밀었다. 내전으로 들어서니 복도에 쭉 늘어선 시녀들이 우리와는 전혀 다른 옷차림이었다. 우리들은 화관을 쓰고 남치마에 당의를 걸친 모습이었으나 일본 시녀들은 연보라색 '드레스' 같은 것을 입고 있었다. 특히 제조상궁뻘 되는 제일 높은 상궁은 쟁반 같은 커다란 모자를 쓰고 허리를 잔뜩 졸라맨 신식차림이었다.

그 제조상궁이 앞으로 나서며 천황께서는 문안이 계셔서(편찮으시다는 소리) 못 나오신다며 "먼 길에 수고가 많았다"는 말을 대신 전했다. 그리고 일본에 대한 인상이며 어디가 가고 싶은지를 물어 대답했더니 일본말을 잘 한다며 칭찬을 해주었다. 나는 기분이 좋으면서도 어쩐지 창피한 생각이 들기도 해 얼굴이 붉어졌다.

궁을 나온 후 조거판鳥居坂 궁전에 있는 영친왕을 찾아뵈었다. 이미 장성하셔 육군 중위이신 영친왕은 검은 공단 버선에 나막신을 신고 '하오리'(웃도리 위에 걸치는 일본식 정장)를 입고 있어 마치 일본 사람과 같았다. 반색을 하며 맞아들이는 마마께 고개도 못 들고 문안을 아뢰자 "모두 안녕하시냐"고 묻고 이내 "원로에 고단한데 어서 숙소로 돌아가 쉬라"고 하셨다.

결혼날인 4월 28일은 늘 비가 그칠 날이 없는 일본인데도 아주 화창하게 갠 날이었다. 식은 영친왕의 거소인 조거판에서 거행되었다. 색시가 신랑집으로 와 혼례를 올리므로 우리나라와는 정반대였다.

식장 양쪽에는 문무대신과 여학생들이 나란히 고개를 숙인 채 서 있고 우리도 그 뒤에서 역시 고개를 들지 못하고 서 있다. 상오 10시쯤 되자 쌍두마차를 탄 방자여사가 들어왔다. 흰 비단 바탕에 수를 놓은 '드레스'에 타조깃과 '다이아먼드'가 박힌 관을 얹고 흰 상아부채를 들고 마차에서 내려오시는 모습은 마치 하늘에서 선녀가 내려온 듯했다. 영친왕은 군복을 입으시고 가슴에는 번쩍이는 훈장을 단 늠름한 모습이었다.

식은 '테이블'을 사이에 두고 두 분께서 맞절을 하고 삼삼구도三三九度의 잔을 교환하는 것(일본식 가례 중의 한 의식)으로 끝이 났는데 영친왕께서는 내내 싱글벙글하셨다. 곧 이어 피로연에서 신랑신부는 모두 일본옷차림이었다. 갖가지 요리에 파랑, 노랑, 빨강색의 술 등 잔치가 어찌나 거창했던지 우리는 말도 안 나오고 벌벌 떨기만 했다. 그래서 음식도 제대로 먹지 못했다(김명길, 《낙선재 주변》).

김명길 상궁의 증언에서 매우 인상적인 것은 "이은이 결혼식 내내 싱글벙글했다"는 이야기이다. "(방자가) 마치 하늘에서 선녀가 내려온 듯했다"는 이야기와 더불어 당시 결혼식의 분위기를 명징하게 전하고 있다.

당시 이은은 그 결혼식을 치르는 것을 매우 기뻐했던 것으로 보인다. 그래서 평소 과묵하고 마음을 밖으로 표현하지 않는 사람으로 널리 알려진 그가 이때는 "결혼식 내내 싱글벙글했을" 지경으로 속마음을 감추

지 못했다. 방자는 당시의 일을 다음과 같이 회고한다.

4월 28일 드디어 혼례의 날은 다가왔다. 신록이 싱그러운 아침 일찍부터 몸을 깨끗이 하고 흰 비단 바탕에 수를 놓은 의복에 영국풍의 타조駝鳥깃과 튜울이 붙은 다이어의 관冠을 얹고 긴 트레인을 끄는 데꼬르테의 양장으로 궁내성에서 보내온 의장병의 호위를 받으며 도리이사까[鳥居坂]의 궁으로 향하였다.

11시부터 오가사하라류를 따라 미야오까[宮岡] 게이꼬, 니시[西] 아사꼬, 마쓰다[松田], 요시다[吉田] 두 여관[女官], 네 명이 받드는 가운데 삼삼구도三三九度의 잔을 교환하여 의식은 무사히 끝났다.

이완용 후작, 송병준 자작, 그 밖의 귀족 상궁 유모 두 명, 구니노미야[久邇宮]와 동비[同妃], 아사까노미야[朝香宮]와 동비, 나베시마[鍋島] 후작 부처, 미부[壬生] 백작 부처, 궁내대신, 이또[伊藤博邦] 공작, 센고꾸[仙石], 이노우에[井上], 종친 되시는 분들과 우리 부모님이 참례하셔서 기념 촬영이 있은 후 모든 것은 끝났다.

나중에 들은 일인데 연도沿道에서 내가 탄 마차를 향하여 폭탄을 던지려던 사람이 있었다 한다. 그럴 법도 한 일이리라. 아직도 옛날식의 고루한 생각을 가진 사람이 어찌 없으리 하고 무언지 체념한 것 같은 심정이었다. 어머님도 그날처럼 긴장한 일은 없으셨다고 오랜 세월이 지난 후까지도 말씀하시곤 하였다. 저녁때는 온몸의 힘이 다 빠져나간 것처럼 피로하여 한숨 돌리자 서글픔이 엄습해 왔다고도 하셨다.

이십 년 지나온 날 돌이켜 보고 보니
이 몸에 얹혀 있는 어버이 정 무거워라
기나 긴 그 세월을 하루처럼 하옵셨네.

간절히 마음 모아 이 정성 다하오리
나갈 길 어떠한들 스스로 맹세함은
정성 정성 정성만이 내 길인가 하노라.

다음 날은 하야마[葉山]에서 정양 중이시던 양 폐하께 배알하고 이어 이삼일은 만찬회가 계속되었다. 그런 날이 지난 후 우리의 새 생활은 시작되었다. 나는 전하께서 출근하시면 집 안을 정돈하고 고 사무관을 비롯하여 여러 직원들로부터 한국의 습관과 말도 배우고 한복 입는 법도 익히도록 노력하였다(이방자, 《지나온 세월》).

방자는 그날의 심정에 대해서 "나는 그저 실수만 없도록 노력하기에 겨를이 없었고, 그러면서도 가슴에 단 보관장寶冠章과 머리에 쓴 관이 상징하고 있는 조선 왕비로서의 무거운 책임만은 뼛속 깊이 느끼고 있었다"라고도 회고했다.

이날 방자의 모친인 이도자비가 보인 반응이 매우 애잔하다. 그녀로서는 '딸을 일본 황족에게 시집 보내지 못하고 귀족에게 보낼 바에는 차라리 부유한 조선 왕세자 쪽이 낫다'고 생각해서 추진한 결혼이기는 했으나, 일본 황실 역사상 처음인 이민족 간의 국제결혼이니 어찌 긴장되지 않았으리요. 그녀의 착잡했던 심정이 실감 있게 다가온다.

평민이 된 왕 이은의 천하

↑ 《동아일보》"京城市中警戒". 조선총독부 당국자들은, 조선 왕실 최초의 혼혈결혼인 데다가 고종의 삼년상을 마치기 전에 거행된 결혼식이어서 조선인들의 민심의 동향을 매우 염려했다. 그래서 이은의 결혼식 당일 조선 서울 시내에까지 엄중한 비상경계를 펼쳤다. 그 당시의 광경을 1920년 4월 29일자 《동아일보》가 전하고 있다.

아무튼 조선 왕실 최초의 혼혈결혼인 데다가 고종의 삼년상을 마치기 전에 거행된 결혼식이어서 조선총독부 당국자들은 조선인들의 민심의 동향을 매우 염려했다. 그래서 결혼식 당일에는 조선의 서울 시내에까지 엄중한 비상경계를 펼쳤다. 그 모습을 《동아일보》는 "경성京城 시중市中 경계警戒"라는 제목과 "경관의 활동은 살기를 띠었다"라는 소제목을 달아서 이렇게 보도했다.

작 이십팔일은 이왕세자 전하의 가례 당일임을 불구하고 경성 시내는 매우 공기가 불온하였다. 신경이 과민한 경관들은 큰길거리마다 오륙 인씩 늘어서 있고 기마 순사도 떼를 지어 왔다갔다하며 자동차 경관대까지 뿡뿡거리고 돌아다니어서 무슨 일이나 금시에 생기는 듯하였으나 다행히 일반이 정온하였더라(《동아일보》 1920.4.29.).

이처럼 요란했던 결혼을 계기로 이은의 인생은 새로운 단계에 들어섰다. 그것은 일본 체제에 순응하도록 철저하게 길들여진 것으로서, 조선의 민중들이 그에게 원했던 것과는 전혀 다른 길이기도 했다.

조선 민중의 매서운 반발

▮▮▮ ▮▮ ▮▮ ▮▮▮ 이은과 방자의 결혼에 대해서 조선인들은 어떻게 생각하고 어떻게 대처했던가.

첫째로, 언론의 반응이 매우 특별했다. 당시 조선에는 조선어로 발간되는 신문이 네 개 있었다. 총독부의 기관지인 《매일신보》와 3·1독립만세운동을 겪은 일제가 유화정책의 하나로서 발간을 허용한 세 개의 조선어 신문들, 곧 1920년 3월 5일에 창간된 《조선일보》와 4월 1일에 각기 창간된 《동아일보》와 《시사신문》이다.

총독부 기관지 《매일신보》에서는 당연히 이은과 방자의 결혼에 대해 연일 대대적으로 보도하면서 "일선日鮮 융화融和의 좋은 전례"라는 등 극도로 찬양하는 말을 늘어놓았다. 《시사신문》은 신문이 남아 있지 않아서 확인이 되지 않는다.

반면 《동아일보》와 《조선일보》는 달랐다. 매우 놀라운 의기를 드러내었다. 조선 민중의 의사를 따른다면, 이은의 혼혈결혼은 조선 민족에 대한 모욕이자 타락에 불과했다. 그래서 두 신문은 그런 민족적 정서를 드러내는 수단으로 이은의 약혼녀였던 '민갑완'을 크게 부각시키는 기사를 결혼식 당일인 4월 28일자 지면에 결혼 소식과 함께 보도했다.

당시 민갑완은 부친의 상중이었다. 민갑완의 부친 민영돈은 1919년 1월 4일에 병사했다. 무오년 정월 초사흘 날에 엄귀비가 민갑완에게 보낸 신물이었던 금반지를 회수당해 파혼된 뒤, 불과 11개월 만에 별세한 것이다. 파혼 이후 상황을 술로 견디며 버티던 민영돈은 병석에 누운 지 두 달 만에 별세했다. 민갑완으로서는 친아버지인 민영돈과 시아버지가 될 뻔했던 고종 황제 두 어른이 모두 1919년 1월에 별세한 것이었다. 그래서 1920년 4월이면 아직 두 어른의 삼년상이 치러지기 전이었다.

이은의 조선인 약혼녀 민갑완의 최신 동정을 그렇게 보도한다는 것은 당연히 파급효과가 대단했다. 조선 백성들로서는 새삼 일본의 인질작전에 대한 반감이 거세게 치솟았다. 당황한 총독부는 '민갑완 기사'를 실은 두 신문에 중한 처벌을 가했다. 《조선일보》는 창간 이후 최초로 문제의 기사가 실린 제4호 신문을 압수당했고, 《동아일보》는 문제의 기사가 실린 제26호 신문에 대한 발매반포금지 조치와 함께 삭제까지 당했다.

《조선일보》는 3월 5일에 창간한 이래 신문을 제대로 내지 못하고 있었다. 그런데 이때 신문 제4호로 4월 28일자 신문을 발간한 이유는 '민갑완 기사'를 내기 위해서였다는 말까지 시중에 돌았다. 《조선일보》의 당일자 신문은 지금 남아 있지 않다. 단지 자료로 그날 "어혼약御婚約이 있었던 민낭자閔娘子 지금부터의 각오"라는 제목 아래 박석고개에 있는 민규수댁을 탐방한 기사를 보도했다가 압수 처분을 받았다는 사실만 기록으로 남아 있다. 반면 《동아일보》는 1920년 4월 28일자 신문이 보존되어 있어서 당시의 실상을 명징하게 보여준다.

평민이 된 왕 이은의 천하

그날 《동아일보》는 실로 희한한 지면을 독자들에게 선사했다. 이은과 방자 두 사람의 사진을 크게 싣고 "금일 가례를 거행하시는 왕세자 전하(좌편)와 방자 녀왕 전하(우편)"라는 설명을 붙였고, 그들의 결혼을 소개하는 기사를 실었다. 그런데 놀랍게도 그 기사 바로 아래에 민갑완을 다룬 커다란 기사를 눈에 잘 띄게 실어놓았다.

기사의 큰 제목은 "왕세자王世子 전하殿下와 혼의婚儀가 있던 상중喪中의 민규수閔閨秀"이고, 작은 제목은 "기념의 금지환은 도로 바치고 부친의 상중에 한없는 눈물뿐"이었다. 내용은 기자가 예전에 이은과 정혼했다가 파혼당한 민갑완 규수가 사는 집을 찾아가서 같이 사는 외삼촌에게서 민규수가 살아온 지난날에 대한 이야기와 슬픔 속에서도 의연하게 지내는 현재의 생활에 관해서 상세하게 듣고 써내려간 대형 탐방기사였다. 그것은 아주 교묘한 야유이자 조롱이었다. 그 기사 때문에 《동아일보》는 창간 28일째인 4월 28일자의 신문을 모두 총독부에 압수당했다.

하필 이은이 일본 여성과 결혼하는 날에 맞추어서 조선인 약혼녀였던 '민갑완 규수'의 존재와 근황을 크게 소개하는 기사를 내보낸 것은 당시 《동아일보》와 《조선일보》의 편집진과 기자 들이 지녔던 당찬 기개와 자세를 보여주었다. 동시에 그런 기사라야 독자들의 평가와 주목을 받게 되어 있었던 당대 조선 사회의 민심과 배짱 역시 선명하게 드러내는 것이기도 했다.

왕세자 이은……

그는 한때 조선 민중들이 "전하께서 매국노 이완용을 칼로 쳐 죽여주었으면!" 하는 기대를 걸 정도로 애정을 느꼈던 무인武人이었다. 그러나 이제 조선인들은 그에 대한 인식을 바꾸었다. 그가 부친의 삼년상도 마

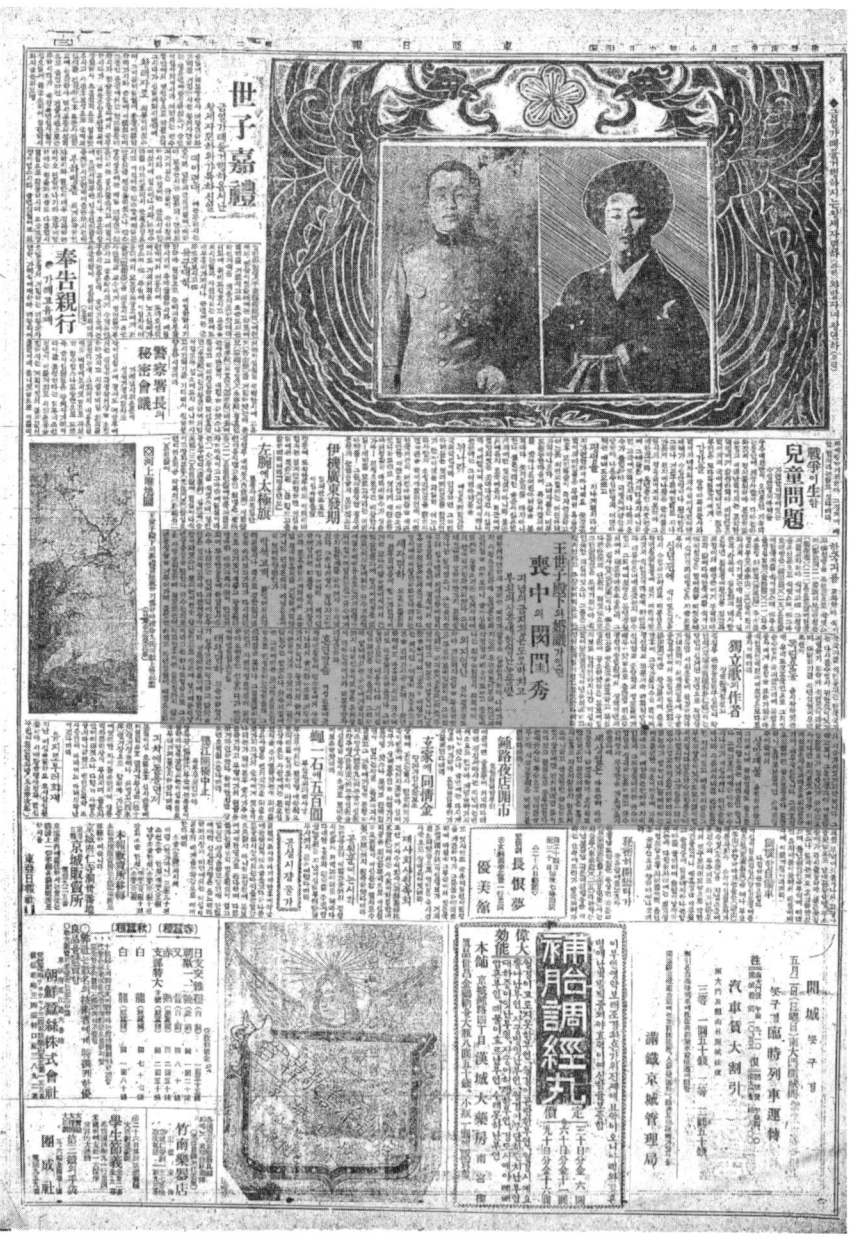

치기 전에 일본인들이 시키는 대로 순순히 일본 황족 여성 '이본궁 방자 여왕'의 남편으로 들어앉는 것을 보면서, 이은과 그를 그렇게 만든 일본인들을 함께 싸잡아 조롱하고 싶어진 것이다. 아이로니컬한 것은, 이은의 결혼을 조롱할 만한 뱃심과 여유야말로 바로 이은의 결혼 소동이 숨은 뇌관으로 작용했던 3·1독립만세운동의 거대한 폭발이 불러일으킨 민족적 각성에서 생성되었다는 점이다. 여기서 《동아일보》에 실린 '민갑완 기사'를 확인해 보자.

리왕세자 전하의 가례는 여러 가지 사정으로 인하여 삼 년 동안의 긴 세월을 끌어오더니 금 이십팔 일에는 동경 조거판 왕세자저에서 성대히 거행하게 되었다. 그런데 이때를 당하여 문득 생각나는 일이 있으니, 그는 곧 지금부터 십삼 년 전 세자전하께옵서 아홉 살 되시던 해에 경성에서 약혼을 하셨을 듯한 의론이 돈 일이다. 당시에 이태왕 전하와 엄비께서는 세자전하의 혼의를 위하여 문무백관 중에 딸 가진 이에게는 모두 사람을 보내시어서 간택을 한 결과 당시 민영돈閔泳敦 씨의 장녀 되는 규수가 간택에 뽑히어 내용으로는 거의 결정이 되어 엄비께옵서는 친히 규수에게 금지환 한 개를 하사까지 하시었다. 그러나 세상이 달라지고 인사가 변하여짐에 따라 세자 전하께옵서는 리본궁 방자 여왕 전하와 결혼을 하시게 되어서 오늘날 성대한 혼의를 거행하게 되었거니와, 민영돈

← 《동아일보》 "王世子殿下와 婚儀가 잇던 喪中의 閔閨秀". 민갑완의 외삼촌과의 인터뷰를 통해 그동안 그녀의 근황을 전하는 1920년 4월 28일자 기사다. 민갑완 관련 기사 위로 이은과 방자 두 사람의 사진과 함께 그들의 결혼을 소개하는 기사가 눈길을 끈다. 이는 이은이 부친의 삼년상도 마치기 전에 일본 황족 여성과 결혼하는 것을 보면서 그와 그를 그렇게 만든 일본인들을 싸잡아 조롱하는 조선 사회의 민심과 배짱을 보여준다.

씨의 따님은 요사이 어떠한 형편인가.

…… 민씨 댁에는 주인은 이미 작고하여 다른 세상 사람이 되었으나 문패는 여전하여 삼년상중임을 말한다. 규수는 외로운 자당을 위로하며 철모르는 어린 동생들을 거두어가며 풀 죽은 삶을 시름없이 하여…… 가는 해 지는 달을 무심히 맞고 무심히 보낼 뿐이다.

그의 외숙되는 이기현李起鉉 씨는 "무어라고 말할 수가 없습니다"로 말을 꺼내며 "결혼을 내정하기는 세자전하께서 처음으로 일본으로 건너가시던 전 해, 전하께서도 아홉 살이시고 규수께서도 아홉 살 되던 해올시다. 그때 형편으로는 내용이나마 거의 결정이 되였던 것이올시다. 그리하여 엄비께서는 규수에게 금지환을 내리신 일이 있음은 온 세상이 다 아는 바이어니와 리본궁 방자 여왕 전하와 혼인 말씀이 생긴 후에 곧 재작년 정월에 덕수궁에서 사람이 나와서 금반지를 도로 거두어 가시었습니다. 왕가에서 하시는 일이니까 무엇이라고 감히 말할 수는 없었으나 규수의 집에 그보다 더 큰 부끄러운 일은 없음으로 민영돈 씨는 감히 옳다 그르다 말을 못하나 그 일로 말미암았던지 자연히 병을 이루어 위석하여 오래 동안 신음하다가 마침내 작년 일 월 초삼 일 태왕 전하가 승하하시기 십구 일 전에 작고하고 말았습니다.…… 규수는 요사이 다만 책자로 벗을 삼아 지내며…… 나이가 24세나 되었을 뿐 아니라 사물의 시비를 판단할 만한 지식이 있고 더욱이 지금은 그 부친의 상중이니까 도무지 말이 없이 지냅니다."

규수는 세상의 무정함을 갖추갖추 겪은 결과에 세상일은 아주 끊어버리고 공부나 하겠다 하여 요사이도 난만히 핀 뒤뜰의 배꽃은 홀로 피고 홀로 지든지 말든지 알은 체도 아니 하고 산보 한번 하는 일도 없이 방안에만 앉아서 책만 들여다보고 열심히 공부만 한다는데, 규수는 독습으로 영어를

평민이 된 왕 이은의 천하

공부하여 지금 보통 책은 넉넉히 볼만하다더라(《동아일보》 1920. 4. 28.).

위와 같은 보도는 총독부 통치 아래서 어쩔 수 없이 눈치를 보아야 하는 국내 신문들이 우회적으로 선택한 저항이었다.

그러나 일제의 눈치를 볼 일 없는 국외에서는 사정이 달랐다. 이은에 대해서 매우 격렬하고 노골적인 혐오와 경멸과 저주를 담은 기사가 거침없이 등장했다. 3·1독립만세운동의 여파로 중국 상해에서 1919년 4월에 수립된 대한민국 임시정부 기관지 《독립신문》에 이은의 결혼과 관련된 매우 격렬한 기사가 실렸다. 기사의 큰 제목은 "최후最後의 정죄定罪"인데 '이은에 대한 마지막 정죄'라는 뜻이고, 작은 제목은 "이은의 취구녀娶仇女"로서 '이은이 원수의 여자를 아내로 맞음'이라는 의미이다. 기사 내용을 요즘 말로 정리하면 다음과 같다.

오늘부터 영친왕이라고 존칭尊稱하기를 폐하리라. 영친왕이던 이은李垠은 아비도 없고 나라도 없는 금수禽獸인 까닭이다. 죄악 많은 이조李朝의 역사는 오늘로서 영원히 정죄定罪함을 받았다.…… 적자賊子 이은으로 인하여 이씨조선은 영원한 정죄와 저주를 받았다.…… 우리 민족의 피와 땀으로 된 모든 영광과 찬란한 문화의 집적과 우수한 국민성과 모든 부력富力과 지력知力과 원기元氣가 다 이씨의 손안에서 소진되었다. 얼마나 많은 충신의 피와 애국자의 눈물과 영웅의 한이 이씨의 종묘를 에워싸고 통곡할 것인가.

기왕 지은 죄는 어쩔 수 없다 해도, 경술년(1910) 8월 29일에 왜 광무와 융희가 한번 죽음으로써 그들의 조상이 그리도 숭배하던 명나라 숭정의 뒤라

평민이 된 왕 이은의 천하

도 따르지 못하고 치욕스런 더러운 목숨을 구차하게 보존하였으며, 그렇게는 못했다 하더라도 민국 원년(1919) 3월 1일에 왜 그들 조상의 희생이 된 인민으로 더불어 독립만세를 부르고 적의 흉도兇刀에 순국하지 못하였으며, 그렇게는 못했다 하더라도 전 대한제국 황태자로 하여금 2,000만 민족이 적의 칼에 피를 흘리며 조국의 광복을 위하여 한창 분투하고 있는 중간에 나라의 원수요 임금의 원수요 아비의 원수인 왜국 군주의 일족인 여자애와 불의不義한 혼인을 못하게 하지 못하였는가.

이은이 도적 이등박문에게 끌려서 적의 서울로 갈 때는 12세의 유년이라, 동포는 그가 인질로 잡혀감을 슬퍼하였거니와, 지금은 이미 25,6세의 성년이니 그를 아직 지각이 부족한 아이라고 생각해서 용서할 수는 없다. 《구국일보救國日報》는 분개하여 이르되, "아비가 죽으매 서러워할 줄 모르고 형(의친왕)이 잡히매 슬퍼할 줄 모르고, 이제 원수의 여인을 아내로 맞으니 이은은 금수이다"라고 했다.

아아, 그는 과연 금수이다. 금수가 아니라면 어찌 차마 그 부황과 모후를 시해하고 그 황위를 빼앗고 그의 동족을 해친 원수의 여자를, 그의 2,000만 형제와 자매가 조국을 위하여 피 흘려 싸우고 있는 오늘날에 아내로 맞을 심장이 있을 것인가. 500년 이씨의 죄악은 이은에 이르러 그 극에 달하였다. 영원한 정죄와 저주의 도장을 받았다(《독립신문》 1920.5. 8.).

기사에서 이은을 가리켜 '적자賊子'라고 지칭하고 있는데, 적자란 '임

← **《독립신문》 "最後의 定罪"**. 이은의 결혼에 관해 《동아일보》는 우회적으로 불만을 제기한 반면, 《독립신문》은 노골적인 혐오와 경멸의 의사를 노골적으로 드러냈다. 기사에서는 이은을 '적자賊子'로 언급하고 있는데 이는 당시로서는 가장 극심한 욕이었다.

금이나 부모에게 반역하는 불충, 불효한 사람'을 가리키는 말이다. 왕조시대 언어 감각으로는 사람으로서는 차마 들을 수 없는 가장 극심한 욕에 해당했다. 게다가 그를 가리켜 사람이 아닌 '금수禽獸' 곧 '짐승'이라고 격렬하게 매도하고 있다. 이은을 더 아래로 떨어질 수 없는 가장 비천한 자리로 밀어버린 것이다.

둘째로는, 이은 부부의 목숨을 노리는 사람이 나왔다. 언론에 의한 비난이나 질시는 아무리 아프다 해도 어디까지나 '문자'에 의한 제제에 해당했다. 못 들은 체하면 그만이다. 그런데 역시 세월이 살벌했다. 동경 한복판에서 이은과 방자의 결혼을 막으려고 '폭탄'을 준비한 조선인이 있었다. 일본 유학생인 서상한徐相漢(20)은 혼인용 의장마차에 폭탄을 던져서 혼혈결혼을 막으려고 준비했으나 실행하지 못한 채 밀고로 일경에 체포되어 재판에 붙여졌다. 이 사건은 공판을 앞두고 '동경 전보'로 조선에도 알려져서 신문마다 크게 보도되었다.

이도자비와 이방자의 저서와 후대에 나온 김을한의 저서를 비롯해 이 폭탄사건에 관해 언급한 책마다 모두 "당시 서상한이 결혼식 당일에 의장마차에 폭탄을 던졌는데 불발탄이 되어 참사를 면했다"고 기록되어 있다. 게다가 책에 따라 범인의 이름 없이 '폭탄을 던진 사람'이라느니, 또는 '서상일'이라고 이름이 잘못 기재되어 있다.

그러나 그런 기록들은 모두 사실이 아니다. 당시 사건을 크게 보도했던 《동아일보》와 《조선일보》의 1920년 6월 10일자 기사에 따르면, "서상한은 가례가 무사히 거행되면 조선의 독립에 큰 장애가 될 것이라 하여 가례 당일에 이은과 방자 양 전하가 탄 마차에 폭탄을 던지려고 했고, 그뿐만 아니라 재등실 총독과 일본 내무성과 외무성과 경시청에도 폭탄을 던질 계획으로 폭탄을 제조하였다. 그러나 4월 11일에 체포되어 비밀리에 신문받은 후 예심을 마치고 6월에 동경 지방 재판소의 공판에 부쳐졌다"는 것이 실체이다. 이은의 결혼 당일에는 그가 체포되어 있었기 때문에 폭탄을 던질 수 없었다. 그리고 보도 규제에 걸려 서상한이 체포된 이래 예심을 마칠 때까지 일절 보도되지 못했다.

그러나 서상한의 주위 사람들에게는 그가 체포된 사실과 이유가 널리 알려져 있었다. 그래서 동경에 있는 조선 유학생단체가 주선해 일본인 변호사 두 사람에게 그의 변호를 맡기었다. 보도관제가 풀린 뒤에 보도된 신문기사에 따르면, 서상한이 피체된 사유로 두 가지 설이 있었다. 하나는 폭탄을 제조한 뒤 고기를 잡는다는 명분으로 개천에서 폭탄 성능을 실험한 소식이 경찰에 알려져서 체포되었다는 설, 다른 하나는 일본 관청의 정탐으로 암약하고 있던 동포 학생 신모申某의 밀고로 체포되었다는 설인데, 두 설 모두 신문에 연이어 보도되었다.

이 사건은 보도 규제가 풀리자 조선 신문은 물론 일본 신문들에도 대서특필되는 바람에 세상에 널리 알려졌다. 조선 신문들에는 서상한의 피체 사실을 보도한 일본 신문기사들까지 참고하고 종합해 작성한 속보가 계속 보도되었는데, 범인인 서상한을 두고 "수재秀才인 미남자美男子"(《동아일보》)(1920.6.12.)라는 표현까지 동원되었다. 그의 가계는 물론 형제들의 동정에 관한 소개와 그의 일본 유학생활과 그가 동경에서 했던 아르바이트에 관해서까지 모두 세세하게 소개되었다. 흡사 인기 스타의 동정을 보도하는 듯했다. 기사는 독자들의 알고자 하는 욕구를 반영하는 것이라는 점에서 본다면, 비록 실패하기는 했으나 당시 조선 민중들이 서상한의 행위를 얼마나 통쾌하게 받아들였는지를 극명하게 반영한다.

후일담이지만, 서상한은 재판 결과 징역 4년형을 선고받고 복역한 뒤 1924년 5월 26일에 출옥했다. 그가 일본 시곡형무소市谷刑務所에서 출옥할 때는 "동경에 재류하는 동포가 다수히 마중을 나왔으며 동경경시청東京警視廳에서는 만일을 염려하여 엄중히 경계하였다더라"고 출옥 당시의 정황까지 《동아일보》가 보도했다. 이은의 결혼일로부터 만 4년이나 지난 뒤까지도 '서상한 사건'이 재일동포들의 마음에 깊은 인상으로 남아 있었고, 많은 사람들이 그의 출감일에 맞추어 마중하러 감옥으로 갔을 만큼 그의 행위를 크게 기렸음을 알 수 있다.

셋째로는, 이은의 결혼을 막거나 아니면 욕이라도 해주려고 편지나 전화를 사용한 이름 없는 사람들이 매우 많았다. 그들은 이본궁과 이은의 왕세자저에 협박 전화를 걸고 협박 편지를 마구 보냈다.

그러나 일본 당국자들은 그런 여러 현상에도 불구하고 이은과 방자의 결혼은 한일 간의 관계를 개선하고 호전시키는 데 크게 도움이 될 것이라고 믿었다. 그래서 그런 분위기를 조장하기 위해서 그 결혼을 크게 선전하고 이용했다. 그들은 이은과 방자의 결혼을 축하하기 위한 '특별사면'이라는 명분으로 3·1독립만세운동으로 체포되어 재판을 받고 복역하고 있는 사람들을 대거 사면했다. 그것으로 크게 금이 간 한일관계를 봉합하는 효과를 노린 것이다.

그러나 의식있는 이들은 총독부에서 특별 석방을 해주겠다고 하는데도 차비가 없어서 고향에 갈 수 없으니 옥에서 나가지 않겠다면서 출감을 거부하고 버티는 것으로 저항했다. 그래서 일제 당국자들은 차비까지 마련해 주면서 강제로 출옥시켰다. 매우 기이한 시대의 기이한 풍경이었다.

아기 전하 이름은 '진晋'

세상이 아무리 소란하고 불안해도 그런 흐름에서 동떨어진 안온한 곳이 있다. 이때 이은의 가정이 그러했다. 이은과 방자는 달콤한 신혼생활을 즐겼다. 방자의 초기 회고록인 《영친왕비의 수기》에는 신혼 초에 그들이 누렸던 금슬 좋은 안락한 가정 풍경이 오롯이 나타난다.

신혼생활의 출발은 우선 무난한 편이었습니다. 미리 염려하던 것처럼 습관의 차이로 말미암아 감정이 빗나가는 일도 없었고, 내가 한두 마디 말하는 서투른 조선말도 애교가 되었습니다.
참으로 행복한 나날이 계속되었습니다. 결혼 당초의 그 즐거움이란 어느 분이나 다 매한가지겠습니다마는, 우리의 경우는 그 행복감이 한층 더 절실하다고 말하지 않을 수 없습니다. 두 사람 다 특수한 환경에 태어났고, 특히 왕세자님은 가정적으로 심한 역경 속에 성장하셨으니까, 신혼의 행복이 더욱 달가웠던 것은 물론입니다.

이은이 결혼하고 난 뒤, 일제 당국은 이은에게 더욱 살갑게 굴었다. 결혼한 지 약 8개월이 지난 12월 초에 육군 보병 중위 이은을 육군대학에 입교시켰다. 육군대학은 육군의 젊은 장교들 중에서 엄중하게 선정된 소수의 엘리트들이 진학해 고급 간부가 되는 훈련을 받는 곳으로서, 거기를 거쳐야 장성으로 출세할 수 있었다. 황족과 왕공족은 기본 코스로 입학하게 규정되어 있었다. 이은은 육군대학 제35기생으로 입교했다. 육군대학의 교육 연한은 3년이고 각 학년당 학생 정원은 70명이었다. 그런데 왕족인 이은은 정원 외 학생으로 입교했고 한 명의 유급생이 있어서 모두 72명이 제35기생으로서 교육받기 시작했다. 이때 같이 공부한 동기생인 길원구吉原矩의 증언은 다음과 같다.

육대에서는 이 72명을 4개 전술반으로 구별했고, 또 1년을 4기로 구분하여 교관이 교체되는 것이 상례였다. 3년 동안 각 학년에 올라갈 때마다 반이 재편성 되었다. 그렇기 때문에 전하와 반을 같이할 기회는 좀처럼 얻어 보기 힘든 일이었지만, 나는 운 좋게도 3학년 때에 전하와 같은 반에 편입되었다. 고참 교관 향월청사香月清司 중좌의 통재統裁로 애지현愛知縣 지방의 참모 여행에 참가하여 전하와 행동을 같이할 영광스런 기회도 얻었었다.

전술은 격일, 일주일에 세 번 행해지고, 매번 숙제가 과해졌다. 그 답안을 소재로 해서 다음번에 토론이 있게 되므로, 그날 중에 답안을 작성해서 다음 날 아침 제출하지 않으면 안 되었다. 이건 일반 학생들에게 있어서도 쉬운 문제가 아니었다. 하물며 전하는 일반 학생과 달라서 궁중 및 이왕가의 행사, 기타 공적 행사가 산적되어 앞을 막고 있는데도 단 한 번의 답안 제출에 차질을 빚는 일이 없었다.

전하의 학습 태도는 마치 오주 평천 중존사 금색당奧州 平泉 中尊寺 金色堂에 모셔 보관하고 있는 일자一字 금륜불金輪佛의 권화權化(부처나 신이 중생을 구하기 위해서 사람 모습으로 인간 세상에 나타난 화신)가 아니신가 하는 생각이 들게 하는 모습이었다.

전하의 답안은 왕자의 전술 그것이어서 부하에게 무리를 강요한다거나 기략奇略을 과시하려 하거나 하는 법이 없었다. 일반 전술 이외의 과목, 즉 전사戰史, 특수 전술, 참모 중요 사무 등은 전 학년이 대강당에 모여서 토론했다. 따라서 일반 학생들도 전하와 토론할 기회를 얻을 수 있었던 것이다(이왕은전기간행회, 《영친왕 이은전》).

이러한 증언은 동기생들이 이은에게 지녔던 호감을 반영한다. 이은에 대한 순수한 호감과 존경이 있었기에 "전하의 답안은 왕자의 전술 그것이어서 부하에게 무리를 강요한다거나 기략奇略을 과시하려 하거나 하는 법이 없었다"라는 말이 나온 것이지, 그렇지 않았다면 "전하의 답안은 그저 무난하고 평범한 것이었다"라고 말했을 것이다.

이은이 육군대학에 다니던 시절에 집안에서는 어떻게 지냈는지를 보여주는 증언이 방자의 자서전에 이렇게 기록되어 있다.

그해도 저무는 12월, 전하는 육군대학에 입학하셨다. 공부가 밤늦게까지 계속되는 날도 있었다. 뜨개질을 하면서 서재의 스토우브 옆에서 책상에 앉으신 전하를 위하여 뜨거운 홍차도 넣어 드리고 국토전술의 지도에 기입하실 때에는 빨간색 연필과 파란색 연필을 몇 번이고 닳는 대로 깎아

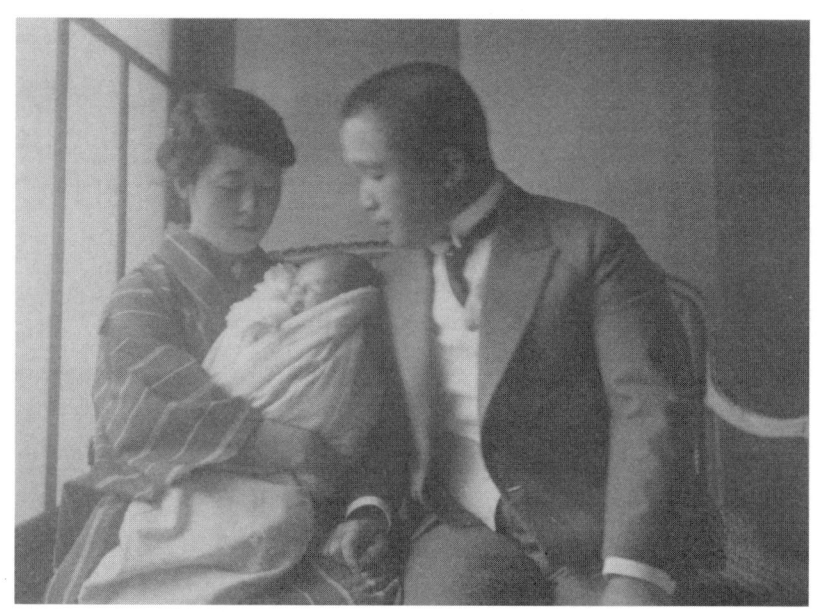

드리기도 하였다. 흥미로운 전술의 숙제로서 적과의 대진문제가 있으면 장기 말을 움직이면서 답안을 써 가시는 것을 곁에서 지켜보는 것도 즐거운 한때였고 마음속으로 보병진지가 저쪽 산으로 옮길 때 오른쪽에서 가야 될까? 아니면 왼편에서 가는 쪽이 빠를지도 몰라 하며 남몰래 궁리도 하였다. 그리고 다음의 숙제 문제의 답안이 내가 세운 계획과 일치될 때가 있으면 혼자서 즐거워져 연필 깎는 손에 탄력이 생기는 것이었다. 아무리 난해한 문제라도 전하는 언제나 정확한 해답을 하시고, 또 충실히 숙제를 제출하고 계셨다.

전하는 황족 중에서도 가장 훌륭하시고 태도와 모든 면에서 인자하시고 후덕한 왕자王者의 풍격이 풍기셔서 군부 사람들도 그 영매하신 성품을 칭송하였고 여러 사람들로부터 숭배를 받고 계셨다(이방자, 《지나온 세월》).

이처럼 방자가 진심으로 이은을 따르고 존경하고 있었음을 알 수 있다. 결혼한 지 반년쯤 지났을 때 방자는 임신을 하였다. 그래서 해가 바뀐 1921년 1월에 이은이 고종 황제의 대상을 지내기 위해 조선에 갈 때 동행하지 않았다. 이때의 임신을 방자는 "'이제 나는 어머니가 된다. 그리고 태어나는 아이에게는 한국과 일본 두 왕실의 피가 흐르고 있다'고 생각하여 임신의 즐거움 속에서도 일종의 긍지와 책임감을 느꼈다"고 술회했다.

1921년 8월 18일, 방자는 새벽 2시 35분에 아들을 낳았다. 부모인 이은과 방자의 기쁨은 한량없었고, 소식은 즉각 방자의 친정인 이본궁은 물론이요 천황이 사는 궁성에도 전해졌다. 궁성의 반응은 깜짝 놀랄 정도로 빨랐다. 바로 그날 오후에 대정천황의 조서가 내려졌는데, 내용은 새로 출생한 아기에 대한 각별한 축복과 우대를 담은 것이었다.

조서詔書

짐이 돌아보건대 왕세자 이은은 이왕가의 원저元儲('왕위를 이을 자'라는 뜻)로서 학문 닦음이 날로 깊어가고 덕을 쌓음이 달로 높아가서 실로 국내외에서 우러러보는 바이다.

선대 천황의 사랑 가장 우악하셨고 오랫동안 총애를 받았던 바이었기에

▲ 아들 이진을 보고 있는 이은 부부(1921). 방자는 1921년 8월 18일 아들을 낳았다. 이들의 아들은 태어난 날부터 대정천황의 조칙으로 '황족'으로 대우받으며 '전하'로 불리게 되었다. 그리고 태어난 지 7일 만에 이름은 '진晋'으로 명명되었다.

왕세자에 대한 짐의 정의(情誼) 또한 각별히 돈독하여 짐의 친족과 다를 바 없다. 이제 이왕가에 경사 있으니, 그 태어난 바의 남자는 왕가를 잇고 집안을 이끌어갈 후사이기에 마땅히 진정으로 좋은 복을 누리도록 해주겠다. 이에 황족으로 예우하도록 하고, 특히 전하의 경칭을 쓰게 하겠다. 이에 선대 천황의 거룩하신 뜻을 받들어 특별히 우대할 뜻을 분명히 밝힌다.

어명御名 어새御璽

대정 10년 8월 18일

궁내대신 자작 목야신현牧野伸顯

내각 총리대신 원경原敬

이리하여 이은의 아들은 태어난 날부터 대정천황의 조칙에 의해 '황족'으로서의 대우를 받으며 '전하'로 불리게 되었다. 그래서 시중의 큰 화젯거리가 되었다.

"태어나자마자 천황 폐하로부터 그토록 빠르게 그토록 큰 축복을 받은 아기는 없었어요!"

"그러게 말이에요! 정말로 큰 복을 받은 아기에요!"

그러나 당시 대정천황의 두뇌 상태와 건강이 매우 나빴기 때문에 조서가 그처럼 빠른 시간 안에 천황 자신의 의사에 의해서 나오는 것은 불가능했다. 그로부터 불과 3개월 뒤인 11월 25일에 황족회의의 결정에 의해서 대정천황은 지방에서 은거하면서 휴양하고 황태자가 '섭정궁攝政宮'이란 칭호로 천황의 업무를 대행하게 되었다. 그러니 이 시기에 나온 대정천황의 조칙이란 것은 형식상 대정천황의 이름만 빌린 것일 뿐 모두 정계 실력자들의 의사였음을 알 수 있다.

그런데 왜 이때 그들은 이은의 아들이 태어난 것에 대해서 그토록 빠르고 열렬하게 환영하고 반응한 것일까. 이런 추정이 가능하다. 조선인들의 거국적인 3·1독립만세운동으로 너무도 큰 충격을 받은 일본 당국자들은 대한제국 황태자였던 이은의 아들이 태어났다는 것이 조선인들의 반일 감정을 크게 누그러뜨릴 수 있는 호재로 작용할 거라고 생각했다. 그래서 아이가 태어난 바로 그날에 '천황의 조서'라는 최고 수준의 의례를 갖춰 갓난아기에게 최고의 예우를 해준 것으로 보인다.

일본 당국의 호들갑스런 반응에 발맞춰 일본과 조선 언론에서도 아기의 태어남을 대서특필했다. 일본 신문들은 "이왕조의 29대가 되는 일선융화日鮮融和의 심볼"이라거니, "바야흐로 일선일체의 결정이 성취되다"라는 제목을 달아 아기의 출생을 크게 보도했다. 조선의 언론에서도 연일 아기의 출생에 대해서 대대적으로 세세하게 보도했다.

태어난 지 7일 만에 아기의 이름은 '진晉'이라고 명명되었다. 그래서 '진 전하'로 불렸다. 진은 매우 건강하고 튼튼하게 태어난 잘생긴 사내아이였다. 진의 부모는 말할 것도 없고 아들이 없는 외조부모인 이본궁 수정왕과 이도자비도 무척 기뻐했다. 아기는 무럭무럭 자랐다. 아기 때문에 집안에 늘 훈풍이 불고 웃음이 끊이지 않았다. 그 시절의 황족 가문에서는 모두 아기를 유모가 젓을 먹여 키웠는데, 방자는 유모를 두기는 했으나 직접 모유를 수유해 아기를 길렀다. 아기에 대한 애정이 대단했음을 보여준다. 1922년 새해가 되자, 방자는 아기 진을 두고 이런 시를 지었다.

이 밖에 무슨 일을 내 감히 원하오리
내 아기 빛이 되어 이 집에서 자라나니
내 님과 맞는 새해 기쁨 싣고 오더라.

　이은의 가족 세 사람의 행복하고 그늘 한 점 없는 기쁜 삶이 환하게 담겨있는 시이다.

3인의 조선행

"왕세손을 낳았다는데요. 우리는 결혼식도 못 봤는데……."

"그래요! 마땅히 조선에 와서 정식으로 근현식을 치러야 하지요!"

방자가 아들을 낳자, 조선 왕실에서는 불만 섞인 소리가 높아갔다. 이은 부부가 고국에 와서 '이왕' 순종에게 왕세자비 방자가 인사드리는 근현식覲見式을 치르고 종묘에도 결혼했음을 고하고, 왕세손인 아들도 보여드려야 한다는 요구가 날로 거세졌다. 이은도 마땅히 그래야 한다고 생각하고 있었다. 그리고 일본 당국자들은 이은 내외가 아들을 낳은 것이 조선인들의 대일 감정을 부드럽게 만들고 순화시킬 수 있는 큰 호재가 될 거라고 오해하고 있었다. 그래서 1922년이 되자 이은과 방자가 아기를 데리고 조선에 다녀오도록 조치했다.

"이왕이면 왕세자 부부께서 결혼한 기념일에 맞춰 조선에 가시면 좋을 것 같군요."

그리하여 조선에 귀성하는 날짜가 4월 하순으로 정해졌다. 이은으로서는 열 살 어린아이 때 홀로 건너와서 살았던 일본 땅에서 이제는 한 가정의 가장이 되어 아내와 아들을 데리고 귀국하는 것이다. 귀국길에 오른 그의 소회가 매우 특별했을 것이다. 당시 조선인들이 자신에게 어떤 감정을 갖고 있을 것이라고 이은이 생각했는지는 알 수 없다. 그러나 이때 그가 서슴지 않고 생후 8개월 된 아기를 데리고 간 것을 보면 한 가지는 분명하다. 그는 자신의 가족, 곧 그의 일본인 아내와 혼혈의 아들을 대하는 조선인들의 마음이 생지옥처럼 고통스러울 것임을 제대로 파악하지 못한 것이다.

그러나 방자는 아무래도 어머니의 마음이라 달랐던가 보다. 아기를 데리고 가는 것이 마음 놓이지 않아서 영 내키지 않았다고 한다. 방자의 어머니 이도자비도 아기를 데리고 가는 것을 매우 불안하게 여겼다. 그런 점에서 일본인인 그 두 모녀가 조선인인 이은보다 오히려 더 예리하게 조선인의 심정을 짐작하고 있었다고 할 수 있다.

"아무래도 불안하니까."

방자를 상대로 말을 꺼내다가 이도자비는 부드러운 말로 표현을 바꾸었다.

"…… 아기가 너무 어리니까, 그러니까 아기는 두고 가는 게 좋겠어!"

"저도 그런 생각이에요."

"그래. 아기는 집에 두고 어른들만 다녀오도록 해요!"

그러나 두 여인을 뺀 나머지 사람들은 아무도 그런 의견에 동조하지 않았다. 일본에서 결혼해 아들을 낳고 처음으로 귀국하는 것이기 때문에 아내와 아들을 모두 데려가서 순종과 윤비에게 보여 드리는 것이 왕세자로서의 도리라고 생각한데다가, 그처럼 어린 아기가 조선에 가서 해를 당할 거라고는 전혀 생각하지 않았기 때문이다. 결국 아기까지 일가족 세 사람이 함께 조선에 다녀오기로 확정되었다. 고희경 사무관과 김응선 무관과 일본인 시의侍醫 등으로 이루어진 수행원단에 방자의 시중을 들 두 명의 시녀와 아기를 돌볼 유모도 포함되었다. 이도자비와 방자는 불안한 속마음을 누르고 묵묵히 따를 수밖에 없었다.

"여행 일정이 확정되었습니다. 동경에서 출발하는 날짜는 4월 23일이고, 5월 9일에 서울을 출발해 동경으로 귀환하게 됩니다."

고희경 사무관이 이은에게 보고했다.

"예. 알겠습니다."

이은 일행은 4월 23일에 동경에서 기차로 출발했다. 도중 경도에서 내려 2박하면서 경도에 있는 명치천황의 능에 참배했다. 그들은 경도에서 다시 기차에 올라 하관 항구에 도착해 신라환新羅丸에 승선했다. 일행이 현해탄을 건너서 부산에 도착한 날은 4월 26일 아침이었다.

"어서 오시오! 잘 오셨소!"

"왕세자 전하! 비 전하! 아기 전하! 모두 모두 대환영입니다! 하하!"

부산항에는 이강 공을 비롯한 요인들이 다수 출영 나와 있었다. 또 부산의 각급 학교 학생 수천 명도 환영 행사에 동원되어 그들을 맞았다. 성대한 영접행사를 치른 후 이은 가족은 특별 운행하는 아침 9시발 임시열차에 올라서 서울로 향했다. 총독부의 지시에 따라 상경 도중의 역마다 동원된 환영 인파가 넘쳐났다. 깃발들이 도처에서 나부꼈다.

이은 가족 일행이 남대문역에 도착한 것은 4월 26일 저녁 6시 15분, 그들은 역에 나와 있던 재등실 총독을 비롯한 많은 문무관원들과 외국 영사들의 환영을 받은 후 마차에 타고 덕수궁 석조전으로 들어갔다. 도

평민이 된 왕 이은의 천하

착 이튿날인 27일, 그들 일행은 다음날 있을 근현식 행사를 치를 준비를 하면서 쉬었다. 근현식은 3년 전 그들이 결혼한 날짜에 맞추어 4월 28일에 창덕궁 대조전에서 거행되었다. 평소 일기를 세심하게 쓰는 습관이 있었던 방자는 조선에서도 일기를 계속 썼다. 처음 본 주변의 풍광과 진행된 행사들을 세세하게 기록한 그녀의 일기에는 1922년 4월 당시 서울 모습과 왕실 의식의 실체가 생생하게 담겨 있다. 그녀의 일기를 따라가 본다.

4월 27일(목요일) 맑음

아침 바람은 더욱 상쾌하고 서늘하게 건조하다. 베란다에 나가 우선 주위의 경치를 둘러본다. 공기가 맑기 때문에 먼 산도 가깝게 보여 봉우리의 소나무, 골짜기의 산그늘까지 또렷하여 참으로 아름답다.

우리들은 건조한 기후에 익지 못하여, 목이 말라 모두들 보리차를 번갈아 마셨다. 그래서 이내 병이 비어 버린다고 서로들 이야기했다. 남대문도 눈앞에 가깝고 이어진 남산공원, 총독 관저, 일본인 주택들이 많이 보였다. 경성신사, 천만궁天滿宮들이 높은 언덕 위에 있다고 한다. 현관 정면에서 보이는 곳에는 고등법원, 중추원, 철도부, 배재중학 등이 있고, 서쪽 언덕 위에는 멀리 이화학당이라고 불리는 기독교 계통의 여학교가 있어 여운이 길게 남는 종소리와 함께 저녁마다 아름다운 찬송가 소리가 사위에 흐른다. 미국 영사관도 바로 뒤에 있다.

← 《동아일보》 "三殿下今日入京". 1922년 3월 이은 부부의 귀국이 결정됐다. 순종 앞에서 한국식으로 가례를 다시 올리는 근현지의와 종묘에 참배하는 묘현지의가 예정되었다. 이 방한에는 태어난 지 8개월밖에 안 된 아들 이진도 동행했다. 이들은 4월 23일 동경에서 출발, 26일 남대문역에 도착한다. 그리고 연일 언론들은 이들의 방한을 알리는 보도를 쏟아낸다.

안쪽에 있는 돈덕전이라는 양식 건물은 부왕께서 재위하셨을 때 사용하셨다는데 지금은 의자 테이블 등 세간이 이리저리 실려 나가서 옛 이야기만 남았다. 동대문이 있는 동쪽으로는 경성호텔, 경성일보사 등이 두드러져 보인다.

북쪽에는 영국 영사관 등이 바로 이웃하고 있고, 북악산을 배경으로 경복궁이 솟아 있다. 대원군 시대에 정성 들여 건립된 근정전 경회루 등이 옛날을 말하며 지금도 남아 있고 그 앞에는 총독부의 새 청사가 건축 중이라 한다.

이 고장에 있는 까치라는 까마귀를 닮은 새들은 사람에 익숙하여 추녀 끝에도 날아오고 때로는 가까운 곳에 있는 큰 나무에 둥지를 짓고 있는 것도 보인다.

오전 9시부터 창덕궁에서 상궁 두 사람, 그리고 통역인 징영澄永 여사가 와서 내일 있을 의식 때 입을 식복 준비를 하였다. 큰머리를 얹어도 보았다. 무거운 머리털로 만들어져 혼자서는 머리를 움직일 수 없을 정도. 옷도 오의五衣(다섯 벌을 겹쳐 입는 일본 궁중복의 일종) 비슷한 현란한 색채의 옷이다. 들으니, 전하가 아직 연소하셨을 때부터 부왕 이태왕 전하께서 엄비 전하와 함께 앞날을 위하여 패물, 장식 등을 중국 등 여러 곳으로부터 구해 오셨다는 것이다. 하나하나가 정성어린 물건으로 그저 그저 황송할 뿐이다. 직물은 견본을 경도京都 서진西陣으로 보내어 주문하여 짜 온 것이라 한다. 단 2년이라도 더 수壽하셨더라면 부왕께 뵈올 수 있었을 것을, 새삼스럽게 한스럽다.

꼼꼼하게 주의를 주는 상궁들의 마음 쓰임도 한층 고맙고 황, 이 두 유모는 진심으로 우리를 도와주어 젊은 내가 치를 익숙지 못한 의식의 순서 같은 것을 설명해 주었다.

4월 28일(금요일) 맑음

3년 전 긴장에 차서 혼례의식을 올렸던 날과 같은 날인 오늘, 기억도 새롭게 근현지의觀見之儀를 치른다. 아침 일찍 몸을 정결하게 거두고 처음으로 창덕궁에 입궐했다. 갈 때 입은 옷은 양장이었는데 희정당에서 의대를 고쳐 입었다. 전하는 군복을 벗으시고 용포龍袍라는 다홍사 옷에 용을 수놓은 금빛 둥근 흉배를 붙인 의대로 바꾸어 입으시고 양옆에 석대石帶가 달린 띠를 매신 후 관을 쓰셨다. 나는 적의翟衣라는 푸른 바탕에 꿩과 꽃 등을 수놓고 소매 폭이 넓은 웃옷을 입고, 역시 석대가 달린 띠를 띠고, 붉은 바탕에 은박으로 무늬를 박은 띠를 깃 위에 걸어 매었다. 그리고 폭이 넓은 치마를 입었다. 신발은 남색 비단신, 손에는 돌로 만든 짧은 홀笏(벼슬아치가 조현할 때 조복에 갖추어 손에 쥐는 물건)을 든다. 큰머리에 여러 가지 아름다운 장식을 붙이고, 긴 금비녀와 뒤꽂이 여섯 개로 마무리했다. 상궁이 뒤에서 받쳐주지 않으면 걸을 수가 없다.

대조전에서의 의식 절차

대조전 정침正寢 주벽主壁의 약간 동남향 위치에 왕비 전하의 어좌를 설치하고, 각 어좌 앞에 상을 놓고 전각의 뜰에는 홍백의 장막과 포진舖陣 등을 설치했다. 서쪽 섬돌에 머무시는 곳과 찬소饌所를 설치하고, 정침 바깥의 양쪽에는 의식에 참예하는 사람들의 위치(남자는 동쪽 여자는 서쪽)를 정해 놓았다. 또 합문을 지나면 쉬시는 곳에 가기 전에 쓰실 행주석行走席이 마련되어 있다.

예식 시작 시각 전

당직 칙임관勅任官과 의식 진행에 관계하는 고등관 및 내인이 식장에 참렬한다. 참렬자의 복장은 남자 문관은 통상 예복, 무관은 정장, 여자는 각기 정해진 예복으로 한다.

오전 9시

왕세자비 전하, 적의로 대기실에 들어가다. 예식과장 도부 고등관이 호종하다.

왕 전하는 강사포絳紗袍, 왕비 전하는 적의로 납시어 어좌에 좌정하다. 왕세자 전하는 용포로 나아와서 왕 전하 옆의 약간 동남쪽 위치에 시립하다. 내인 두 사람은 어좌 약간 북쪽 양편에 시립하고, 다른 호종자들은 정해진 위치에서 참렬하다.

그 다음에 왕세자비가 정침에 들어오다. 왕세자비가 왕 전하의 어전에 나아가 조율반棗栗盤(대추와 밤이 들어 있는 쟁반)을 헌상하고 4배하다. 왕세자비가 절하는 위치에 섰을 때, 내인은 조율반을 왕세자비에게 바쳤다가 이를 상에 놓고 4배하다. 절한 내인은 동쪽 문으로 퇴장하다. 다음에 왕세자비가 왕비 전하의 어전으로 나아가서 수반을 헌상하고 4배하다. 헌상 절차는 조율반 헌상 때와 같다.

왕비에게 대한 헌상 절차가 끝난 뒤 왕세자비는 정해진 자리에 앉아서 예찬禮饌을 받았다. 예찬을 받는 절차는 정침 서남 측에 마련한 자리에 왕세자비가 앉은 뒤에 내인이 자리 앞에서 음식상 받기를 권하면 왕세자비는 잔을 받아 술을 마신다. 끝나면 내인이 음식상을 거두어간다. 이어 왕세자비가 정침에서 퇴출하여 희정당에서 쉰다.

다음으로는 왕과 왕비 전하가 같은 자리에서 진 전하의 배알을 받다. 진 전하는 어린이용 예복과 흑사黑紗 복건을 착용했다. 진 전하의 배알 절차가 끝난 뒤 왕과 왕비 전하께서 퇴출하시고 이어 왕세자 전하도 퇴출했다. 의식이 모두 끝난 뒤에 기념촬영을 하고 한숨 돌렸다.

희정당과 경행각은 대조전 남쪽에 있다. 의식 중의 '4배'라는 것은, 정해진 위치에 서면 상궁 두 사람이 동서창이라 하여 "복伏, 배拜, 예禮, 기起, 평신平身"하고 가락을 넣어가며 목청을 뽑는 대로 따라 하는 것이다. "복"하면 고개를 숙이고 "배"하면 허리를 굽히고 "예"하면 절을 하고 "기"하면 고개를 들고, "평신"하면 본래의 자세로 돌아간다. 큰머리가 무거워서 제대로 복례를 할 수 없기 때문에 몸을 조금만 굽히고 이것을 네 번 반복한다. 큰 절을 드릴 때는 홀을 옆의 사람에게 맡기고 붉은 천으로 만든 가는 막대를 든다. 뒤에 있었던 종묘와 육궁六宮과 기타 능의 참배 때도 같은 형식이었다.

축하 음식을 받을 때는 머리 장식도 가벼워졌다. 머리 주위에 다래를 땋아 두르고 위에 옆으로 긴 머리털을 붙였을 뿐이었다. 의복도 원삼이라 하여 붉은 비단으로 지은 것인데 소매는 노랑색과 흰색 등으로 되어 있는 넓은 것으로서 금박이 찍혀 있었다. 축하 음식은 과일과 과자 등을 산처럼 괴어 올린 것인데 솜씨가 대단했다. 괴어 올린 사람의 노력과 노고를 짐작할 수 있었다.

이어 이강공 댁을 방문하여 일본에 건너가 있는 건鍵 공자의 근황을 알려 드리고 귀여운 아기들의 재롱을 보았다. 많은 아기들이 나와서 나이 차례로 노래를 들려주었다. 동서님은 시원시원한 성격이어서 여러 가지로 주의 같은 것을 주셨다. 많은 아기들의 시중으로 얼마나 힘이 드실까 하고 저도 모르게 눈물을 머금었다.

만찬은 희정당에서 베풀어졌다. 장막 뒤에서 아악 연주가 있었다. 일본

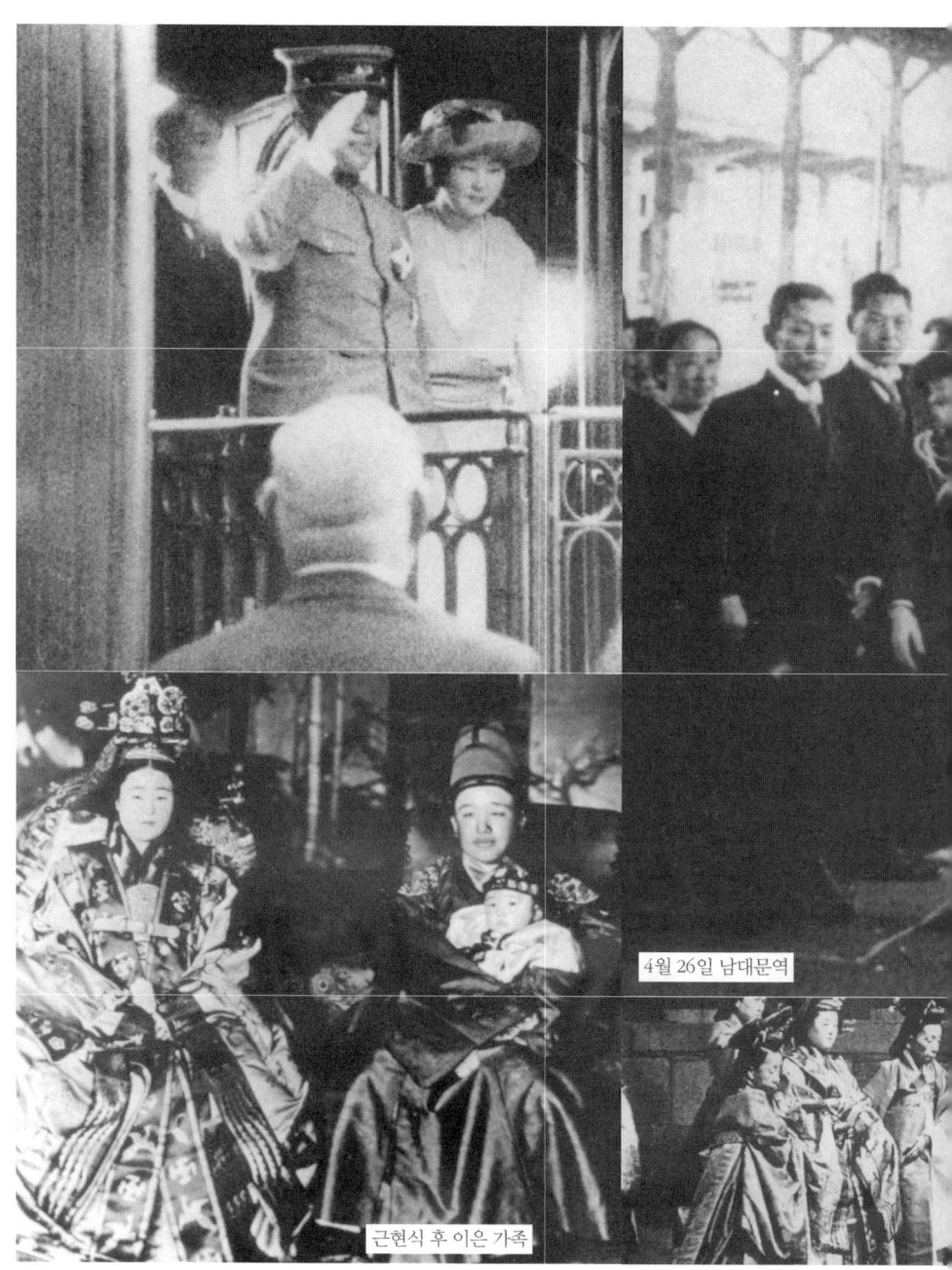

4월 26일 남대문역

근현식 후 이은 가족

평민이 된 왕 이은의 천하

적의 차림의 이방자

이은의 종묘 참배

의 궁중아악과 흡사한 가락이었다. 일본의 궁중아악은 역시 옛날에 이곳으로부터 전하여진 것이라는 느낌이 들었다.

식후 긴장을 풀고 스스럼없이 왕 전하와 왕비 전하로부터 조금씩 말씀을 받았으며 익숙하지 않은 조선말을 한두 마디 드리기도 하였다. 덕혜님이 귀염성스럽게 수줍어하는 눈길로 가끔씩 이쪽을 바라보고는 하셨다. 학교는 멀지 않은 일출소학교에 다니신다고 하는데 영리해 보였다(이방자, 《지나온 세월》).

근현지의覲見之儀의 예식이 어떻게 치러지는지를 선명하게 보여주는 기록이다. 이 일기에서 특히 눈에 띄는 부분은 방자가 의식을 치르는 도중에 연주된 궁중아악을 듣고 "일본의 궁중아악과 흡사한 가락"이라면서 "일본의 궁중아악은 역시 옛날에 이곳으로부터 전하여진 것이라는 느낌이 들었다"고 술회한 점이다. 그녀가 심정적으로 조선 왕세자비로서의 입장을 확실하게 갖고 있었음을 보여준다.

이날 창덕궁에서 치른 근현지의 예식을 시작으로 날마다 공식행사가 줄을 이었다. 다음 날인 29일에는 종묘 차례였다. 순종 내외와 함께 이은과 방자도 종묘에 가서 참배하는 묘현지의廟見之儀를 거행했다. 예식은 근현지의와 비슷했다. 그처럼 조선 궁중예절을 치를 때 방자비가 조선 옷을 입은 모양이 꼭 조선 사람 같아서 순종과 윤비가 매우 좋아했다고 한다.

30일에는 이은 부부가 육궁六宮에 참배했고, 5월 1일에는 금곡에 있는 고종의 홍릉에 참배하는 일정이 계획되어 있었으나 조선 전래 관습상 여자는 능에 참배할 수 없다고 하여 방자는 가지 못했다. 5월 2일에는 창덕궁 인정전에서 오찬, 5월 3일에는 방자가 데리고 온 두 일본인 시녀를 포함한 일행 모두를 초청한 궁중 리셉션이 있었다.

5월 4일에는 엄비가 세운 학교인 진명여학교와 숙명여학교를 방문, 5일에는 비원의 주합루에서 원유회가 있었다. 6일에는 남대문 소학교에 가서 체조 관람, 7일에는 일본으로 돌아갈 준비로 짐 정리를 했다. 그날 저녁에 순종과 윤비가 덕수궁 석조전으로 찾아와서 같이 식사했다. 방자는 조선 방문에서 느낀 소감을 다음과 같은 시로 읊었다.

고맙고 정 번진다. 두터운 정성 얽어
흥성이며 맞아주니 나 이제 보람 찾네.
그리던 고국이라 반갑기만 하여라.

항구의 배 닿는 곳 사람으로 덮였도다.
흰옷이 나부끼네 색깔옷도 나부끼네.
나부끼는 옷자락을 손짓으로 보았네.

이은의 가족이 조선에 도착한 4월 26일부터 5월 7일까지 그처럼 모든 일이 편편하게 진행되었고 그들은 매우 행복하고 여유로웠다. 그러나 참혹하고 무서운 불행이 그 행복한 날들 속에 이미 또아리를 틀고 숨어 있었다.

숭인원崇仁園의
깊은 슬픔

이은과 방자 부부는 5월 9일 월요일에 조선을 떠날 예정이었기 때문에 전날인 8일에 작별에 필요한 절차들을 밟았다. 그들은 오후 2시 반에 아들 진을 데리고 창덕궁에 올라갔다. 그들은 대조전에 들어가서 순종과 윤비에게 마지막으로 진을 보이는 작별 인사를 치렀다. 순종과 윤비는 본래 아이를 낳지 못하는 처지라서 아이라면 누구네 아이건 너무나 좋아하는 터인데 하물며 튼튼하고 잘 생긴 왕세손이랴! 진 아기를 다시 보자 새삼 매우 크게 기뻐했다.

작별 인사를 끝낸 뒤 아기를 먼저 숙소인 덕수궁 석조전으로 보내고, 그들 부부는 창덕궁에 남았다. 저녁에 창덕궁 인정전에서 이별의 만찬이 베풀어질 예정이었다. 그들은 비원으로 가서 천천히 산책하면서 여기저기를 둘러보았다. 방자는 이때 본 비원 풍경을 두고 "녹음 속에 철쭉나무도 있고, 실로 심산과 같은 광경이었다. 못에는 수련이 뜨고 주칠을 올린 누각의 아름다움이 못에 어려서 한 폭의 비단 위에 그려진 동양화처럼 형용하기 어렵도록 아름다웠다"라고 일기에 기록했다.

인정전에서 열린 만찬에는 순종과 윤비는 물론 왕가의 종친과 인척과 귀족들이 대거 참석해 이별의 아쉬움을 달랬다. 정말 흡족했던 마무리 이별 잔치였다. 이번 고국 방문은 매우 훌륭하고 성공적인 결실을 거두었다고 느껴졌다. 그래서 숙소인 덕수궁 석조전으로 돌아가는 마음이 더없이 즐겁고 흐뭇했다. 특히 방자는 조선 왕세자비로서의 무거운 임무를 제대로 마친 즐거움이 아주 컸다. 자동차 안에서 이은도 기쁜 낯으로 방자에게 말했다.

　"정말 수고 많이 했소. 왕공족王公族네들이나 궁녀들까지도 모두 당신을 퍽 좋게 말하더군. 어여쁘고, 명랑하다고……. 그래서 나도 마음이 놓였지."

　방자도 유쾌하게 대꾸했다.

　"예. 저도 어디에 가나 즐거웠습니다."

　이은과 방자 부부는 두 주간의 고국 여행에 매우 큰 만족감을 누리면서 덕수궁 석조전으로 돌아왔다. 그런데 자동차가 석조전 앞에 미처 제대로 정차하기도 전이었다. 돌연 일본인 시종이 파랗게 질린 얼굴로 구르듯이 달려와서 외쳤다.

　"전하! 전하! 약궁若宮님의 어용태御容態가, 방금 전부터 심상치 않으십니다!"

　'약궁'이라 함은 '젊은 주군'이라는 뜻으로서 궁가宮家의 후계자를 지칭하는 관용적 표현이다. 곧 아기 '진'을 가리키는 말인데, 이제 겨우 8개월밖에 안 된 어린 아기에게 그런 표현을 쓴다는 것은 아기의 존재와 비중이 이미 집안에서 매우 크게 자리 잡고 있다는 이야기가 된다.

　"무엇이라고!"

이은과 방자 부부는 숨이 막히는 듯한 충격을 느꼈다. 자동차에서 뛰어내려서 석조전 층계를 마구 달려 올라갔다.

"오오! 우리 아기가! 아니! 왜 이렇게!"

"이, 대체 무슨 일인가!"

아기는 숨쉬기도 힘겨워서 어렵게 몰아쉬고 푸르딩딩한 물질을 자꾸 게워내면서 아주 고통스럽게 울고 있었다. 아까 창덕궁에서 헤어질 때만 해도 방실거리면서 웃고 있던 건강하고 기운찬 아기였다. 태어나서 지금까지 감기 한 번 안 걸렸을 정도로 건강하게 지낸 아기였다. 그런데 불과 몇 시간 사이에 아주 딴 아기가 되어 있었다.

어머니가 그처럼 불안하다고 하셨거늘!

방자는 머리를 세찬 쇠뭉치로 얻어맞은 듯했다. 조선에 가는 여행길에 오르면서부터 자신의 목숨이 위험할 수도 있다고 생각하고 극력 조심했다. 조선에 발을 들여놓은 뒤로는 일본인 시종들과 시녀들까지 잔뜩 긴장해 '혹시라도 음식에 독이 들어 있지 않은가' 하고 방자가 먹을 음식의 맛을 미리 보면서 조심했다. 그러나 하루하루 지내다 보니 뜻밖에도 조선 궁중의 사람들이 모두 너무도 친절하고 상냥해 나중에는 그런 의구심을 품었던 일이 미안하기까지 했다.

아기 역시 그랬다. 아기에게는 방자의 모유를 주로 먹이고 방자가 일이 있어서 외출할 때에는 유모의 젖을 먹였고 그 외에 우유와 이유식을 조금씩 먹이고 있는 중이었다. 아기의 입에 들어가는 음식에도 매우 신경을 쓰면서 극력 조심했다. 그러나 석조전에 들어가서 여장을 푼 이래 모든 궁녀들이 앞다투어 너도나도 아기를 안고 어르면서 너무도 예뻐하고 사랑하는 것을 보면서 차츰 경계심이 풀어졌다. 나중에는 궁녀들이 아기를 안고 나가서 다른 곳으로 데려갔다가 데리고 와도 신경을 쓰지 않을 만큼 마음을 놓고 있었다.

그런데 하필 서울에서의 마지막 밤에 느닷없이 그토록 건강하던 아기가 돌연 중태에 빠진 것이다. 급히 일본에서 동행한 시의를 불러 진찰을 시켰다. 급한 연락을 받은 총독부 병원의 원장과 소아과장도 황급히 달려왔다.

"급성 소화불량으로 보입니다. 원인은 우유인 것 같습니다."

의사들은 그렇게 진단을 내리고 급히 치료에 들어갔다. 그러나 시간이 흘러도 차도가 전혀 없고 아기는 밤새도록 애끊는 울음을 토해 내면서 자꾸 푸르딩딩한 덩어리를 토하고 있었다. 아기의 증세는 시간이 갈수록 더욱 악화되었다. 겁이 난 그들 부부는 동경제국대학의 유명한 의사인 삼륜三輪 박사가 빨리 서울로 오도록 조치했다. 연락을 받은 동경의 이본궁에서도 안절부절못하면서 애를 태웠다.

'진 전하'의 중태 소식은 일본 조야에도 즉각 큰 파문을 일으켰다. 소식을 알리는 전보가 궁내성에 날아들자마자 목야 궁내대신은 즉시 천황과 황후와 섭정궁인 황태자에게 소식을 아뢰었고, 양 폐하로부터 즉시 문병전보가 서울의 석조전의 이은 앞으로 날아왔다. 물론 대정천황의 전보는 모시고 있는 자가 대신 친 것이다. 섭정궁인 황태자도 몹시 마음 아파한다고 전해졌다.

이은과 방자가 귀국 일정을 취소한 채 석조전에서 아기의 치료에 들어간 지 사흘째 되는 5월 11일 오후 3시 15분, 아기는 끝내 숨을 거두었다. 건강이 얼마나 급속도로 빠르게 악화되었던지 동경제대의 삼륜 박사가 미처 서울에 도착하기 전이었다.

아기가 죽은 날 저녁 내내 이상하게도 하늘에서 매우 심한 천둥이 오래 계속되어 사람들에게 비상한 인상을 남겼다. 그래서 '그날 저녁의 심한 천둥'에 관한 증언이 당대인들의 여러 회고록에 남아 있다. 당시 그 심한 천둥소리를 들으면서 사람들은 매우 두려움을 느꼈을 듯하다. 죄 없는 어린 아기가 비명횡사해 그 조그만 시신이 차갑게 누워 있는데, 심한 천둥이 오래도록 하늘을 울려대고 있었으니 어찌 두렵지 않았으랴!

조선왕조의 족보를 담은 책인 《선원보감》에는, 이때의 일을 "일본인의 피가 섞인 왕자라 하여 정체불명의 인사가 우유에 아편을 넣음으로써 독살"했다고 기록되어 있다. 그러나 《선원보감》에는 그런 기술의 근거가 밝혀져 있지 않다. 대체 누가 '진 왕자'를 독살한 것일까? '진 왕자'가 덕수궁 안에서 죽었으니 '독살'을 실행한 자는 조선 궁중 사람일 수밖에 없다.

갓난아기가 먹는 우유에 아편을 타서 독살했다······. 생각하면 정말로 무참한 일이었다. 겉으로는 아기가 너무도 예뻐서 견딜 수 없다는 얼굴을 한 채 주위에 있던 누군가가 손으로는 냉혹하게 그 아기가 먹을 우유에 독약을 타서 그 목숨을 거둔 것이다.

그 일을 실행한 자가 아기를 죽이기 위해서 시간과 방법을 면밀하게 계산하고 냉철하게 실천해 끝내 그 조그만 목숨을 거둔 것을 생각하면 "사는 것이 모두 전쟁이다"라는 말이 실감된다. 당시 그 암살은 극비로 실행되었기 때문에 일제강점기 내내 진 아기가 죽은 원인이 제대로 드러나지 않았다. 그런데 세월이 흘러 해방이 되자 당시의 내막이 수면 위로 떠올라 제 모습을 드러내고 "우유에 아편을 넣음으로써 독살"했다고 명백한 문장으로 《선원보감》에 기록된 것이다.

진 아기를 독살한 동기나 이유는 불을 보듯 뻔하다. 조선 왕실에 일본인의 피가 섞이도록 놔둘 수 없다는 절박함으로 실천한 비극이었다. 살인이라는 흉사에 관련된 일이라 《선원보감》에는 '정체불명의 인사'라고 모호하게 지칭되어 있지만, 혼자서 그런 일을 감쪽같이 실행해 내기는 어려웠을 것이고 최소한 몇 사람이 협력해서 저지른 일이었을 것이다. 같은 소신을 가진 사람들이 모여서 극비리에 모의한 것이리라. 어쨌건 그 조그만 어린 아기의 입장에서 보면 참으로 참혹한 일이었다.

"아아! 아가! 우리 아가! 아아! 우리 아가!"

방자는 목을 놓아 울부짖었다. 태어난 뒤로 단 한 번도 병을 앓은 적이 없는 아기였다. 그토록 건강하고 튼튼하고 귀엽던 아기가 갑자기 알 수 없는 탈이 나서 창백한 얼굴로 계속 토하면서 마냥 괴로워하다가 끝내 자신의 눈앞에서 맥없이 죽어가는 모습을 본 것이 도대체 믿어지지가 않았다. 방자는 회고록에 이때의 일을 이렇게 기록했다.

우리는 만일의 경우를 염려해서 진의 음식물에는 신중에 신중을 기해 왔었습니다. 색깔이 조금이라도 이상한 것이라든가, 기름이 떠 있거나 한 음식은 절대 주지 않았습니다. 진에 대해서 뿐 아니라 모체인 나 자신도 진을 위해서 그렇게 해왔습니다. 누구를 만나거나 외출했다가 돌아왔을 때에는 반드시 손을 소독했습니다. 그런데 날이 감에 따라 신경을 풀었다고나 할는지요. 진에 대한 주의가 부족했던 모양입니다.
그때까지는 궁녀들이 진을 데리고 다니면, 나는 하도 귀여워서 그러려니 하고 내버려 두었습니다. 그런데 일을 당하고 보니, 그런 무신경한 태도가 이와 같은 결과를 초래한 것만 같아서 어찌할 바를 몰랐습니다.

급히 동경에 연락을 취해서 그 방면의 권위자인 삼륜 박사까지 청해 보았습니다만, 그 분이 도착하기도 전에 진은 숨을 거두고 말았습니다. 11일 오후 3시 15분이었습니다.

싸늘하게 식은 진의 조그만 시체를 끌어안고, 나는 이성도 체면도 다 잊어 버렸습니다. 그저 한낱 어머니로서 슬픔에 몸부림치며 울기만 했습니다.

따지고 보면, 얼마나 불행한 숙명을 지니고 태어난 아이입니까. 아무런 죄도 없는 어린 것이 무슨 까닭으로 이런 비명횡사를 한 것인지요? 할아버님이 일본 사람의 손에 세상을 떠난 때문에, 하늘이 일본 사람의 피를 받은 이 어린 것에게 벌을 내리셨는지요?

다만, 한 가닥 위안이 되는 것은, 조선의 임금이 될 피를 받은 진이, 조상의 나라 서울에서 목숨을 거둘 수 있었다는 그 사실뿐입니다. 이것 역시 하늘의 뜻일지도 모릅니다(이방자, 《영친왕비의 수기》).

진이 죽은 사실은 바로 다음 날 신문에 실려서 조선과 일본 전국에 널리 알려졌다. '진 전하'의 토실토실 살찐 어여쁜 모습을 담은 사진이 신문마다 크게 실렸다. 아기의 부모는 물론 외가인 이본궁에서 슬퍼하는 것은 이루 말할 수가 없었다. 일본 신문에는 이본궁 측의 반응도 같이 실렸는데, 이본궁 사무관인 오전奧田은 기자에게 말했다.

"남자가 없는 이본궁의 첫 손자였던 만큼 양 전하께서 귀여워하심이 각별하셨고, 특히 외할머니인 이도자비께서는 진 전하를 보러 매주일 왕세자 어전을 방문하실 정도이셨는데……."

그러면서 그는 더 이상 말을 잇지 못했다는 것이다.

신문보도에 따르면, "병명에 대해서는 이왕직 당국이나 진찰한 의사들이나 모두 일체 입을 다물고 오직 '소화불량이었다'라고만 말하고 있다" 라는 것이었다. 그러나 당시 대부분의 일본인은 입 밖에 내지는 않았지만 "역시 독약을 탄 것이……"라고 의심했다고 한다. 그래서 《영친왕 이은전》에서는 이 일을 가리켜서 "마치 이태왕(고종)이 돌아갔을 때, 조선 민중이 생각했던 것과 같았다"는 표현으로 독살설을 강력하게 시사했다.

아기가 죽었으니 장례를 치러야 했다. 장례는 5월 17일에 치러졌다. 7일장을 한 것이다. 본래 조선 왕실의 법도로는 설령 국왕의 형제라 할지라도 어려서 죽으면 장례식을 거행하지 않고 매장만 한다. 그런데 이때 순종은 이은 부부의 슬픔을 감안해 특별히 "'진 전하'를 성인 왕족의 예에 준해 장례식을 거행하도록 하라!"고 명했다. 그리하여 거창한 장례식을 거쳐서 서울 청량리에 있는 아기의 할머니 엄귀비 묘소인 영휘원 바로 옆에 있는 장지에다 매장하고 그 곳을 '숭인원崇仁園'이라고 이름 지었다. 숭인원이라는 이름 또한 눈길을 끈다. 참혹하게 죽은 죄 없는 아기의 묘소 이름으로 '인仁을 숭상한다'는 이름을 붙인 것이니, 그 또한 애절한 일이었다. 이때 방자가 검은 상복을 입고 아기의 관이 떠나는 것을 지켜보고 있는 사진이 남아 있어 연년세세 그녀의 깊은 슬픔을 세상에 전하고 있다. 아기의 장례식 날, 천황과 황후의 사절로 시종이 서울에 왔고, 황태자와 각 궁가에서는 생화를 보내주었다.

품에 안고 왔던 아기를 땅에 묻은 이은과 방자 부부는 다음 날인 5월 18일 밤에 기차를 타고 서울을 떠났다. 그들은 부산에서 관부연락선인 경복환景福丸을 타고 일본으로 건너갔다. 그들 부부가 동경역에 도착한 것은 5월 20일 저녁 7시 30분, 역에는 황실 및 각 궁가로부터 파견된 어사들이 기다리고 있다가 그들을 마중했다. 그들은 자동차를 타고 집으로 향했다.

평민이 된 왕 이은의 천하

↑ **이진의 장례 행렬(1922).** 1922년 5월 11일, 이진은 생후 8개월 만에 짧은 생애를 마감했다. 공식으로 발표된 사인은 '소화불량'이었다. 진의 장례는 성인 왕족의 예에 준해 치러졌다.

↑↑ **이진의 장례식에서 이방자(1922).** 이진은 5월 17일 엄귀비 묘소 옆 숭인원에 묻혔다. 당시 검은 상복을 입고 아기 관이 덕수궁을 떠나는 것을 배웅하는 이방자의 사진은 그녀의 깊은 슬픔을 연년세세 세상에 전하고 있다. 이방자는 죽을 때까지 아들 진의 죽음을 가슴 아파했다.

세 식구가 떠났다가 두 식구만이 살아서 돌아온 귀환, 가없는 슬픔과 아픔으로 가득 찬 귀환이었다. 집에는 방자의 친정 가족들이 모두 와서 그들을 기다리고 있었다. 방자는 동경에 귀환했던 때를 이렇게 술회했다.

슬픔에 잠겨 돌아가니까, 어머님은 나를 맞아 주시면서
"얼마나 마음이 상했겠니? 몸 조심해라, 마사꼬야!"
하고 염려해 주시었다. 그토록 "어린애니 두고 가라!"고 주장하시던 어머님이었으니만치 필경 여러 가지로 꾸중을 들으리라고 두려워하고 있었다. 그러나 거기 대해서는 한마디도 언급하지 않으시는 만치, 나는 한층 더 죄송한 마음과 뉘우치는 마음을 금할 길이 없었다(이방자,《지나온 세월》).

아기를 잃은 방자를 대하는 친정 가족들의 마음은 어떠했을까. 방자를 이은과 결혼시키려고 비밀리에 사내 총독에게 교섭했었던 어머니 이도자비의 착잡한 마음속은 묻지 않아도 알 만하다. 학습원에 다니던 방자의 친정 동생 규자 여왕은 학교 작문시간에 "조카의 죽음"이란 제목의 글을 제출했다. 진의 발병과 죽음을 두고 애태우던 친정 가족들 모습이 진솔하게 들어있는 글이다. 방자는 그 글이 크게 위로가 되었는지 자신의 회고록에 전재해 놓았는데 다음과 같다.

전부터 형부와 언니가 조선에 가신다는 말을 듣고 있었다. 언제쯤일까 하고 있는 동안에 금년 4월 23일부터 5월 8일까지의 예정으로 떠나시게 확정되었다. 진 아기도 데리시고.

평민이 된 왕 이은의 천하

출발하신 후 무사히 일정을 치르고 있다는 전보가 날마다 왔다. 그런데 9일에 받은 것은 뜻밖에도 진 아기가 갑자기 소화불량증에 걸려 귀환이 연기되었다는 소식이었다. 이어 오는 전보는 점점 사람의 마음을 어둡게 하였다. 어머님은 걱정하셨다.

"방자가 날마다 바쁜 탓으로 젖에 변화가 생긴 것이 아닐까."

저녁 식탁의 화제도 역시 조카의 이야기였다. 아버님, 어머님에게는 첫 손자아기가 아닌가. 아버님이 갑자기 "이내 죽을지도 몰라" 하고 말씀하셨을 때 어머님과 나는 "설마!"하였다. 절대로 그런 일은 있을 수 없어. 혹시 그런 일이 있다면 참을 수 없는 일이 아닐까. 그렇게 생각되었다. 어머님의 눈은 젖어 있었다.

언니는 바쁘신 중에도 안절부절못하고 걱정만 하고 계실 거야, 라고 염려되었다. 그날 저녁의 소식에는 아기가 열은 내렸지만 식욕이 없고 쇠약해 가기만 한다고 전해졌다. 그렇게 토실토실 살이 쪘었던 진 아기! 그러나 드디어 흉보가 왔다.

"진 전하 서거하시다."

아아, 그 귀엽던 내 조카, 진 아기가 죽은 것이다. 아버님은 참담하신 표정이고 어머님은 우셔서 눈이 퉁퉁 부어 오르셨다. 12일 나는 학교에서 그만 울어버렸다. 너무도 여러 사람이 그 일에 관한 말을 했기 때문이다. 집에 돌아가니 어머님은 아주 폭삭 지친 모습으로 울어서 부은 눈으로 말없이 무언가 일만 하고 계셨다. 나는 내 방에 들어가서 혼자 울었다. 사회도 모르고 어버이의 따뜻한 품속에서만 지낸 8달 23일 동안의 짧은 일생! 어느 날 저녁 식사 후 아버님이 문득 "가엾은 짓도 했다"고 말씀하셨다. 긴장으로 굳은 그 얼굴을 쳐다보며 나는 그저 가슴이 막막해졌다. 언제나 무슨 일이든 또렷하게 말씀하지 않으시는 아버님이 그렇게 말씀하실 때, 하물며 어머님의 가슴속은 어떠하실까.

지난날의 그 모습이 애달프게 떠올라서
다시는 못 볼 조카 마음속에 그려놓고
책상 앞에 앉아서 혼자 시름 짓네.

나 아직 어리석고 어리고 어두우나
어머님 아픈 가슴 짐작하고 바라볼 때
이 마음 속 드높이 거친 물결 솟구친다.

얼마를 써도 모자랄 것만 같다. 귀여운 양복을 입은 진 아기의 사진이 도꼬노마에 있다. 이제 단 한 장의 종이에 지나지 않는다. 진 아기는 이제 이 세상에는 없다.

이 글을 썼을 때 규자는 15세의 여학생, 어린 조카를 잃은 슬픔과 고통이 문면에 가득하다. 아기가 죽은 것은 11일 오후 3시 15분인데, 그녀가 "12일 나는 학교에서 그만 울어버렸다. 너무도 여러 사람이 그 일에 관한 말을 했기 때문이다"라고 쓴 대목을 보면 당시 일본 사회에서 진의 죽음을 얼마나 빠르게 알게 되었고 얼마나 큰 화제가 되었는지, 그 실상이 생생하게 드러난다. 방자 자신은 시간이 지난 뒤에 이런 시를 지어서 아기를 잃은 어머니로서의 애통한 슬픔을 드러내었다.

황천에서 만나면 내 품 속에서
다시는 안 떠날까 너무 아쉬워
내 아기 모습 안고 가슴 찢는 나날이어.

사람이 살고 죽고 잘 지내고 못 지내고
만사를 하늘 뜻에 맡겨 살려 하였건만
뺨 위로 뜨거운 것이 나도 모르게 흐르더라.

길섶에서 노는 아이 뉘 집의 사랑인고
천진하게 노는 양이 내 아기 모습 같네
애끊는 이내 마음 하염없는 눈물 된다.

이 세상 어딘가 눈물짓는 어머니여
이 슬픔 겨워서 그대 슬픔 애처롭다
같은 시름을 함께하니 저를 위로하고 싶네.

이 마음의 고통 터져 나온 지 오래거늘
터져서 피 흘리는 아픔을 숨기고자
남 앞에서 애써 가누는 몸이 겨워서 슬프구나.
내 사랑 나의 아기 길이 고이 잠들어서
잠든 땅 수호하고 나라와 백성들을
돈독하게 지켜주오 설운 어미 축원이오.

(이방자, 《지나온 세월》)

방자가 마지막 연에서 "내 사랑 나의 아기 길이 고이 잠들어서/ 잠든 땅 수호하고 나라와 백성들을/ 돈독하게 지켜주오 설운 어미 축원이오"라고 읊은 부분이 특히 눈길을 끈다. 임금의 후계자 신분으로 태어났다가 죽은 아기에게 "나라와 백성을 지켜달라"고 축원한 것은 황족 여성인 그녀가 지니고 있던 국가 통치자 가문 사람으로서의 감각을 여실히 드러낸 것이었다.

일본으로 돌아온 뒤, 그녀는 격심한 타격으로 마음이 너무도 아픈 나머지 하루하루를 그저 맥 놓고 허탈 상태로 지냈다. 그런 모습을 본 친척 어른이 그녀에게 불경을 베껴 쓰는 사경寫經을 하면서 날마다 죽은 아기의 명복을 빌도록 하라 권고하고 불상도 선물했다. 그 충고를 실천하면서 그녀는 비로소 조금씩 마음을 가라앉힐 수 있었다. 그래서 뜰 한쪽에 진을 위한 사당을 짓고 사진과 머리카락과 손톱을 모셔놓고 제사를 지내면서 마음을 달랬다.

진을 잃은 이은의 고통도 방자의 고통에 못지않았을 것이다. 아마도 진이 죽은 날인 1922년 5월 11일 이후, 평생토록 이은의 마음 한쪽에는 황량한 삭풍이 불었으리라. 아들을 잃었다는 차원의 고통뿐만 아니라, 자신의 가족이 자신의 백성들에게서 극력 배척받고 있음을 확실히 안 자로서의 고통까지 더해져서 그의 마음을 아프게 찢고 있었을 것이다.

평민이 된 왕 이은의 천하

조선의 어린 왕공족들이 가는 길
– 덕혜옹주·이건 공·이우 공

▮▮ ▮▮ ▮▮ ▮▮ 한일합방 당시 명치천황의 칙령으로 대한제국 황실과 황족 가문들을 개편해 하나의 왕족 가문과 두 개의 공족 가문으로 나누었다는 것은 앞 권에서 나온 이야기다. 대한제국 태황제 고종과 황제 순종과 황태자 이은은 '왕족王族'으로 격하되었고, 황족이던 사동궁 의친왕 이강과 운현궁 흥왕 이희(흥선대원군의 장남 이재면이 개명한 이름)는 '공족公族'으로 격하되었다.

일제는 1919년 봄부터 조선의 왕공족 세 가문의 어린 아이들을 일본 유학이란 명목으로 일본에 끌어가기 시작했다. 어려서부터 일본에서 일본식 교육을 받으며 자라게 하여 친일 인물로 만들려는 의도였다. 그래서 고종의 딸인 덕혜옹주(1912년생)와 의친왕 이강의 장남인 이건(1909년생)과 차남인 이우(1912년생, 운현궁 흥왕 이희의 장남인 이준의 양자로 입적함)가 어린 나이에 일본에 갔다. 일제 당국은 그들의 결혼 문제 역시 이은과 마찬가지로 일본인과의 혼혈결혼을 추진했다.

왕족 덕혜옹주는 이은의 이복 여동생이고, 공족 이건과 이우는 이은과

삼촌 조카인 사이이다. 모두 이은의 지친인 세 사람의 어린 왕공족들이 걸어갔던 인생행로를 따라가 본다. 그들이 태어난 순서에 따라 이건, 덕혜옹주, 이우의 순으로 기술한다.

이건 공

의친왕 이강의 장남인 이건李鍵은 아명이 용길勇吉로 1909년 10월 29일생이다. 이건은 매우 독특한 사람이다. 그는 영혼이 불안정한 사람인 동시에 세상을 냉담하게 탐색하는 눈을 가진 사람이었고 만사에 의심과 거짓이 많은 사람이었다. 또 부친 이강과 늘 불편한 사이였다. 그는 풍부한 유머 감각을 타고 났는데 색깔은 블랙이었다. 그가 중년에 쓴 회고록 《왕가王家의 낙조落照: 이건 공의 수기》는 글의 시작부터 자신의 뿌리에 대한 의심으로 시작한다. 머리는 좋았던 듯, 읽어보면 글의 행간에 특유의 유머가 출렁거린다. 그의 글을 통해서 그의 삶을 알아본다.

나는 언제 어디서 났는지 그 정확한 것을 모른다. 믿을 만한 기록도 남아 있지 않고 그 진상을 가르쳐주는 사람도 없다. 대전大戰으로 일본이 몰락하자 나는 내가 신뢰하고 존경하는 어느 복술가에게 내가 어디 출생인지를 확인해 달라고 부탁해 본 일이 있다. 그 복술가는 일주일이 지나자 10일간만 더 시간의 여유를 달라고 했고, 그 시일이 지나자 내게 와서 말했다.

"아무래도 알 수가 없습니다. 좀더 조건이 구비되었다면 확실히 알 수 있겠습니다만……."

그래서 나는 웃으면서 대꾸했다.

"조건이 구비되었다면 구태여 선생에게 묻지 않아도 알지 않겠소."

농담이지만 이만큼 나는 내가 출생한 장소, 시일, 그리고 나를 낳은 어머니를 알고 싶은 마음이 간절하다.

물론 이건 이제 시작된 의문은 아니다. 어렸을 때부터의 내 커다란 염원이다. 전 일본 궁내성 기록에는 내가 서기 1909년 10월 28일 출생이라고 명기되어 있다. 그러나 그 밑에 '근거 없음'이라는 주가 붙어 있으니 전연 신용할 수가 없다.

나는 이 문제에 대해서 여러 가지로 생각해 보았다. 우선 1909년이라면 소위 일한합병 1년 전이다. 당시의 한국이 미개국이어서 나의 출생에 관한 기록이 남아 있지 않은가. 그렇지 않다. 나의 부친 그리고 그 선대의 일은 자세한 기록이 남아 있다. 결코 미개국인 까닭에 나에 관한 기록이 남아 있지 않은 것은 아니다.

내가 출생한 장소도 궁내성의 기록을 보면 서울의 어디라고 나와 있다. 그

← **의친왕 이강의 장남 이건(1930년대 초).** 세상을 냉담하게 탐색하며 만사에 의심과 거짓이 많았던 이건은 부친 이강과 불편한 사이였다. 1919년 일본에 건너가 학습원에 입학한 이래 일본 육군 장교가 되는 정통 엘리트 코스를 밟는다.

러나 이것만은 내가 확실히 기억하고 있는 일이지만, 내가 아직 어린 시절에 그때까지 살고 있던 집에서 좀 떨어진 곳에다 신축한 집으로 이사했다. 거기는 동의 경계쯤 되는 모양으로 먼저 집과는 동명이 달랐다. 그런데 궁내성 기록에는 내가 나중에 이사해서 살던 집의 동명이 출생지로 되어 있었다. 그러니 이것 또한 절대로 믿을 수가 없다(이건, 《왕가의 낙조》).

이 글을 보면 이건이 태어나면서부터 살아온 환경은 매우 심란한 모습이다. 낳아준 생모도 모르고 태어난 곳도 모르는 것으로 되어 있다. 이건이 이런 소리를 하게 된 것은 그의 부친 이강의 여인들이 많은 데서 비롯되었다. 의친왕 이강의 정부인인 왕비 김덕수(1880~1964)는 아이를 낳지 못했다. 그런데 이강은 정부인 이외의 여자관계가 너무나 많고 복잡해서 관계를 가진 여인들의 수는 물론이고, 그 여인들이 낳은 자녀의 수도 모두 몇 명인지 정확하게 알 수가 없고 그저 대강만 따져도 수십 명에 달한다는 이야기가 늘 따라다녔다.

그렇게 자녀들이 많았음에도 일제시대에는 조선의 왕공족을 관리하는 기관인 이왕직에서 이강의 자식으로는 단 두 명의 아들, 곧 장남 이건(용길)과 차남 이우(성길)만 인정했다. 해방 뒤에 이강의 호적을 새롭게 정리할 때 그의 호적에 오른 자녀의 수는 14명의 여인들에게서 낳은 '13남 9녀' 곧 '22명'이었다. 그러나 이강의 정부인인 의친왕비 김덕수가 말년에 이강의 자녀들에게 남긴 유훈 형식의 문건에는 의친왕비의 친필로 "해청은 이미 죽었으니 그 남은 26인은 남녀를 물론하고 다 잘 들 되기를 바라는 바다"라고 기록되어 있다. 또한 해방 후에 이건을 인터뷰한 신문기사(《조선일보》 1970.5.5.)에는 "28명이나 되는 의친왕의 아들딸에다"라는 구절이 있어서, 이건이 파악하고 있는 의친왕의 자녀는 자신 외에 '28명'으로 도합 '29명'이었음을 알 수 있다.

그런데 그 많은 자녀들 중에서 가장 윗사람인 이건이 해방 뒤에 회고록을 쓰면서, 첫 시작을 자신의 출생에 관한 의문으로 시작한 것이다. 그는 자신이 한국인인지 일본인인지도 모르고 생모도 누군지 모르겠다는 이야기를 계속 펼친다.

나의 부친 친왕 이강은 왕가의 집안 소동으로 일본에 망명했으나 일본에 와서도 역시 자객에게 쫓길 위험이 있었기 때문에 미국으로 건너가 있다가 1906년에 일본이 한국을 소위 보호국으로 만들고 통감정치를 시작하자 다시 일본에 와서 1, 2년 동안 지낸 일이 있는데 그동안 어디의 뭐라고 하는 사람인지는 모르지만 하여간 어느 부인과 관계해서 아이 하나를 낳게 했다. 그 후 고국의 정정政情이 진정되자 그 아이를 데리고 귀국했으나 그 아이는 이내 죽고 그 직후 출생한 것이 나라는 것이었다. 이런 이야기도 의심되는 바 없지 않지만 누구에게 물어야 될지 몰랐고, 아마 앞으로 영원히 풀 수 없는 수수께끼로 남겨둘 수밖에 없을 것이다. 다시 말하면, 나는 내가 한국인인지 일본인인지조차 정확히 알아낼 도리가 없는 것이다.

부친은 어떠한 생각이었는지는 몰라도, 나를 한국인과 접촉하지 않고 자라나게 했다. 이것은 지금 생각해도 이해가 되지 않는다. 서울에는 한국인의 보통학교와 일본인의 소학교가 따로 있었는데, 나는 처음부터 일본인 소학교에 입학했다. 뿐만 아니라 일본 옷을 입고 일본말을 지껄이고 지냈다. 나는 유치원에 들어가기 전부터 일본말을 배웠던 것이다.

나의 형제는 표면으로는 두 사람으로 되어 있지만, 실인즉 몇이나 되는

지 수효조차 모를 정도이다. 그러나 형제 중에서 그처럼 일본적인 양육을 받은 것은 오직 나 하나뿐이다. 유치원에 들어가기 전부터 나에게는 일본인이 달려 있었다. 호리바 류우다로오堀場龍太郎라는 사람으로 대정 초년부터 근 30년 동안 그들 부부가 나를 보살펴 주었다.

서울의 풍경 같은 것으로 내 기억에 남아 있는 것이라고는 그리 많지가 않다. 아홉 살 몇 달 만에 일본에 왔으니까 당연한지도 모르지만 서울에 있을 때의 일이라고는 조선 말馬을 타고 놀던 기억 정도이고 장난감까지 일본 것만 가지고 놀았다.…… 서울에 있는 동안, 물론 금전적인 걱정은 한 번도 해본 일이 없지만, 나는 내가 불행하다고 생각했다. 부친이나 형제에게서 친절한 말 한마디 들어보지 못했고, 나를 낳아준 어머니는 없고, 특히 부친은 나를 멀리하는 눈치라는 것을 어린 마음으로도 알 수 있었다.

생모를 한 번도 본 일이 없을 뿐 아니라 그 성명조차 알 길 없다. 한 번 이것이 너의 어머니라고 어떤 사진을 한 장 보여준 일은 있으나 그것은 부친의 정처正妻로 나를 길러준 사람 밑에 있던 한국 여인이었다. 그이가 나의 생모인지 아닌지는 의심스러운 점이 많아 나는 어려서부터 그것을 부정해 왔다.

부친은 저녁 식사에 술기운이 돌면 언제나 나에게 이상한 말을 했다.

"얼른 일본으로 가버려라."

"한국에 오래 있지 말아라."

그 밖에 그런 종류의 싫은 소리를 많이 했다. 그중의 하나로,

"일본 사람과 결혼하는 게 좋으리라. 그리되면 나는 네 치다꺼리를 안 한다."

라고 말한 일이 있었다. 어디까지나 귀여운 자식이 못되었던 듯싶다. 그렇기 때문에 부친이 일본으로 가라고 했을 때는 기뻤다. 나는 이렇게 쫓

평민이 된 왕 이은의 천하

기다시피 서울을 떠나 동경으로 왔다. 호리바 부처가 딸렸기 때문에 세 사람만이 왔던 것이다(이건, 《왕가의 낙조》).

그러나 위와 같은 술회는 대부분 사실과 맞지 않는 억지고, 그가 의도적으로 자신의 출생을 신비하게 포장하려고 꾸며낸 말에 불과하다. 당대의 기록들에 이미 그의 출생 시기와 생모와 태어난 장소가 분명하게 밝혀져 있기 때문이다. 황현의 《매천야록》과 《대한매일신보》에 1909년 10월 29일에 그가 의친왕의 사동궁에서 태어났다는 기록이 다음과 같이 실려 있다.

의친왕 강의 궁에서 황손皇孫이 태어났다. 그의 어머니는 궁인宮人이다 (황현, 《매천야록》 1909년 11월조).

황손 탄생. 의친왕 전하께서 가까이 하던 본궁 내인 정씨는 거월(10월) 이십구일에 황손을 탄생하였다더라(《대한매일신보》 1909. 11. 9. 2면).

의친왕은 한국 여인에게서 낳은 아이로서는 첫아들인 이건을 낳은 내인 정씨에게 '수관당'이란 당호를 주었기 때문에 의친왕의 가계 기록에 "이건의 생모는 수관당 정씨"라고 기록되어 있다. 그리고 이건 자신도 실제로는 생모가 누군지 잘 알고 있었다. 회고록의 뒷부분에서 무심코 "나 자신이 첩의 자식으로 생모의 비참한 생애를 슬퍼하고 있었다"고 실토하고 있기 때문이다. 또한 그가 21세 때 '공'의 작위를 습작한 뒤 고국에 돌아와 생모의 무덤에 참배했던 일이 기사로 보도되기도 했다.

이건은 1919년에 일제에 의해서 유학이란 명목 아래 일본에 건너가게 되었다. 그는 이때만 해도 아명인 용길이란 이름을 썼다. 그래서 당시 일본 유학과 방학 때 귀성하는 그의 동정을 보도한 신문기사들에는 계속 '용길 공자公子'라는 칭호로 등장한다. '공자'는 '공公의 아들'이라는 의미다.

　1919년 3월에 만 9년 5개월의 나이로 일본에 간 이건(이용길)은 4월에 학습원에 입학했다. 그가 거처하는 주택은 왕세자 저택의 직원들이 주선해 준 집으로서 이은의 저택이 있는 마포구麻布區에 있었다. 《매일신보》는 1919년 4월 30일자 지면에 이건의 유학 초기 모습을 보도했는데, 기사 제목은 "쾌활한 용길 공자, 언제던지 웃는 얼굴로 유쾌하게 공부를 한다"였다. 신문기자가 직접 그 집에 찾아가서 살펴보고 또 그를 돌보고 있는 일본인 하인 가족에게서 이야기를 듣는 등 종합 취재해서 쓴 기사였다. 이건으로서는 서울에서와는 전혀 다른 새로운 인생이 시작된 것이다. 그의 회고록에는 당시의 일이 이렇게 기록되어 있다.

　부친은 분가分家를 할 때 재산을 받았고 또 합병 시에 일본정부에서도 받았기 때문에 거재巨財를 가지고 있었다. 그러나 나를 미워하는 까닭인지 자칫하면 송금送金이 중단되는 수가 많아서 내 생활이란 빈궁하기 짝이 없었다. 나는 맛없는 음식을 먹어야 했고 필요한 물건을 살 길이 없었고 학습원까지 전차통학을 해야 했는데도 그 전차 값조차 절약하지 않으면 안 되었기 때문에 돌아오는 길은 걸어야 했다.…… 나는 당시 호주戶主가 아니기 때문에 단지 이강 공의 아들 이건이었지만, 나의 동생인 이우는 차남이면서 어릴 때 다른 집 양자로 간 까닭에 처음부터 '이우공전하李鍝

公殿下'라고 불리는 신분이었다.

그 동생이 이내 학습원에 들어왔다. 그렇게 되니까 동생은 전하이고 형인 나는 일개 평민과 같으니까 나는 학습원에서 항상 동생에게 경례를 해야 했다. 이런 상태가 1930년 내가 상속을 받을 때까지 계속되었다. 즉 나는 20세 때 상속을 해서 '전하'라고 불리게 되었으나 그 전까지는 평민과 다른 점이 없었다.…… 학습원 시절은 괴로웠다. 동생이 전하이고 나는 하나의 평민으로 취급되는 처우였기 때문에 동급생들은 나를 엄청나게 경멸한다. 생활은 궁핍하고 의지할 곳도 없으니 언제나 굴욕을 느끼고 있었다(이건, 《왕조의 낙조》).

그러나 위와 같은 기술에는 과장된 엄살과 자기비하가 들어 있다. 학습원은 황족과 귀족 가문의 자제들만 다니는 특수학교였지만, 황족은 본래 모두 11가문밖에 없어서 수효가 매우 적었다. 그렇기 때문에 학생들 중 극소수만이 '전하'라는 경칭을 듣는 황족이었다. 당연히 학생들 대다수는 귀족 집안 출신으로서 이건과 마찬가지로 '전하'라는 경칭을 들을 수 없는 아이들이었다. 그런데도 이건은 자신의 동생이 '전하'이고 자신은 '전하'가 아니어서 자신과 같은 처지의 동급생들이 자신을 "엄청나게 경멸했다"고 주장하는 것이니 납득하기 어렵다.

게다가 이건은 1919년 봄부터 1923년 봄까지 만 4년 동안 학습원에 다녔는데, 이우가 학습원에 입학한 것은 1922년 봄이었으므로 두 아이가 함께 학습원을 다닌 시기는 '1년'에 불과했다. 동생과 학습원에 1년 동안 같이 다니던 때 그의 마음에 자리 잡았던 동생 '이우 공 전하'에 대한 심한 시기심과 열등감이 훗날 담겨서 과장되게 표출된 것이라고 보인다.

　그는 회고록에서 자신이 어릴 때부터 매우 천대를 받고 가난과 굴욕 속에서 살았던 것처럼 묘사했다. 그러나 실제로는 그렇지가 않았다. 그가 이강의 첫아들이었기 때문에 어릴 때부터 그의 동정이 신문에 자주 보도되리만큼 주목과 대우를 받으면서 살았다.

　이건이 21세 때였던 1930년 6월 12일, 일본 궁내성은 그의 부친 이강을 강제 은퇴하게 하고 이강이 갖고 있던 '공'의 지위와 가독을 이건이 계승하도록 조치했다. 이때부터 이건은 '이건 공 전하'로 불리면서 막대한 재산과 세비를 마음대로 쓰게 되었고, 이강은 '공'이 떨어져 나간 그냥 '이강 전하'로 불리면서 이왕직에서 주는 생활비로 살아갔다.

　'일본 황족과 조선의 왕공족은 모두 군적을 갖게 한다'는 일본 정부의 방침에 따라서, 이건은 일본에 유학한 이래 일본 육군 장교가 되는 정통 엘리트 코스를 밟았다. 학습원 초등과를 졸업한 뒤에 육군중앙유년학교와 육군사관학교에 진학했고, 육사를 나와서 육군 소위로 임관한 뒤에 기병학교를 거쳐서 일본 육군 기병장교가 되었다. 나중에 육군대학도 나왔다.

덕혜옹주

　고종의 외동딸인 덕혜옹주德惠翁主는 1912년 5월 25일에 덕수궁에서 출생했다. 엄귀비가 별세한 지 꼭 10개월 만에 태어났다. 을미사변으로 왕후 민씨가 시해된 지 닷새 만에 엄상궁을 궁으로 불러들인 것과 같은 일이 재현된 것이다. 엄귀비가 살아 있을 때는 그 기세와 감시에 눌려서 일체 다른 궁녀들을 가까이 하지 못했던 고종은 엄귀비가 별세하자마

← 덕혜옹주(1923). 덕혜옹주는 1912년 5월 25일 덕수궁에서 태어났다. 고종은 덕혜옹주의 생모 상궁 양씨에게 즉시 복령당이란 당호를 내렸다. 외동딸 덕혜옹주에 대한 고종의 사랑은 각별했다.

자 즉시 마음 가는 대로 눈길 가는 대로 여러 궁녀들에게 승은을 입혔다. 덕수궁 분위기가 일시에 돌변했다. 궁녀들이 저마다 고종의 눈에 들려고 애썼다. 고종의 승은을 입은 궁녀들 중에서 상궁 양씨가 제일 먼저 임신해 덕혜옹주를 낳았다. 1897년 이은이 출생한 뒤 15년 만에 다시 자식을 본 고종의 기쁨은 매우 컸다. 고종은 종5품 양상궁을 곧 종1품 귀인으로 봉하고 복령당이란 당호를 주어 후궁으로 올렸다. 양귀인은 인물이 훤칠한 미인이었다고 한다.

1914년과 1915년에도 덕수궁 상궁들이 고종의 아들인 이육李堉(생모 광화당 이씨)과 이우 李堣(생모 보현당 정씨)를 연이어 낳았으나 모두 아주 어려서 죽었다. 내안당 이씨도 옹주를 낳았는데 즉시 죽었다.

고종은 갓난아기 때부터 덕혜옹주를 몹시 예뻐했다. 때로 유모가 아기에게 젖을 먹이면서 누워 있을 때 아기방에 갔다가 유모가 황급히 일어나려 하면 아기가 깨지 않도록 그냥 누워 있으라고 명할 정도였다. 고종은 옹주가 자랄수록 더욱 예뻐했다. 그래서 옹주도 자주 "난 아바마마와는 잠시만 떨어져 있어도 굉장히 보고 싶다오. 어머님은 그렇지 않은데"라고 말하곤 했다. 생모인 복령당 양씨가 정비正妃가 아니라서 '어마마마' 라는 말을 쓰지 못하고 '어머님' 이라고 한 것이다. 복령당 양씨도 딸인 덕혜옹주에게 "아기씨, 이랬습니까. 저랬습니까" 하고 높임말을 썼다고 한다.

덕혜옹주는 머리가 총명해 한번 정해진 격식은 잊지 않고 꼭 챙겼다. 그래서 '시위 소동'이 일어나기도 했다. 궁중에서는 '시위侍衛' 하는 것을 매우 중시한다. '시위' 란 임금을 비롯한 왕족이 궁궐 안을 다닐 때에 모시는 자가 바로 옆에서 "시위—" "시위—"라고 크게 외치면서 호위하고 같이 움직이는 것을 말한다. 왕족의 거둥을 큰소리로 알려서 혹시라도 누가 앞길을 가로지르지 않도록 하고 또 왕족이 다니다가 다치지 않도록 미리 주위를 경계하는 것이다. 시위는 한일합방 이전에는 내관(내시)이 도맡아서 했으나 합방 후에 일본인들이 내시들을 궁궐에서 내쫓은 뒤에는 정감廷監들이 맡아서 했다고 한다. 그런데 한번은 덕혜옹주가 사인교를 타고 다른 전각으로 가는데 정감이 잊어버리고 시위 소리를 하지 않았다. 그랬더니 덕혜옹주가 곧장 고종에게 달려가서 "아바마마. 오늘 정감이 '옆장봐 시위'를 안했사옵니다" 하고 고해 바쳤다. '옆장봐 시위' 란 사인교를 타고 행차할 때 벽에 부딪치지 않도록 옆을 살펴보라는 뜻으로 특별히 "옆장봐 시위" 하고 크게 외치는 것을 말한다. 덕혜옹주의 얘기를 들은 고종은 그 정감을 불러들여서 정신이 나갈 정도로 야단을 쳤다는 것이다. 그러면서도 속으로는 웃음을 금치 못했을 것이다.

덕혜옹주는 인정이 많은 아이이기도 했다. 옹주가 5, 6세 무렵에는 전의典醫가 맥을 짚는 것을 흉내 내는 의사놀이를 즐겼다. 10여 세 되는 생각시(궁궐의 견습내인인 어린 소녀)들을 한데 모아놓고 "내가 맥을 봐줄게, 팔목을 내놓아 봐" 하고 놀이를 시작한다. 어린 생각시들이 황공스러워하며 소매를 걷으면, 덕혜옹주는 지그시 눈을 감고 맥을 짚었다. 그리고는 "맥이 좋다!"고 진단을 내리고는 다음번 생각시를 불렀다. 이번에도 희고 고운 손가락을 생각시의 팔목에 대고 한참 있다가 "너도 맥이 좋구나!" 했다. 수십 명의 맥을 짚어도 진단은 항상 "맥이 좋구나!"였다. 그런 일화를 털어놓은 김명길 상궁은 "명의인지 돌팔이 의사인지는 몰라도 고운 마음씨를 가졌음에는 틀림이 없다"라는 촌평을 덧붙였다.

덕혜옹주는 사물의 핵심을 이해하는 감각도 뛰어나서, 어린 나이에도 불구하고 '지체'의 높고 낮음을 본능적으로 명확하게 이해했다. 《조선조 궁중풍속 연구》를 쓴 김용숙 교수가 덕수궁 보모상궁에게서 들은 일화가 있다.

덕혜옹주의 모친 상궁 양씨는 미천한 집안 출신이고, 그 오빠 양상관은 대갓집을 상대하는 고기 행상인이었다. 그런데 양상궁이 덕혜옹주를 낳은 덕택으로 귀인으로 승품하고 복령당이란 당호까지 받자 오빠인 양상관도 덩달아서 당상관 조복을 입고 대궐을 드나드는 팔자가 되었다. 그런데 양상관이 대궐에 들어오면 덕혜옹주는 "양상관이가 온다"고 하면서 대수롭지 않게 여기었다. 그래서 보모상궁이 "그럼 아기씨의 외가댁은 어디시오니이까?" 하고 물으면 "죽동!"이라고 대답했다는 것이다. 죽동竹洞이란 죽동대감 댁인 민영익의 집으로 명성황후의 친정집을 의미했다. 곧 지체 낮은 생모가 아니라 지체 높은 적모嫡母의 친정을 자기의 외가라고 대답한 것이다. 누군가 그렇게 말하도록 일러준 것이 긴 하겠지만, 어린 덕혜옹주가 친외삼촌인 양상관을 대수롭지 않게 취급하면서 '외가'는 "죽동"이라고 대꾸한다는 것은 그런 언행이 의미하는 것을 제대로 이해하고 있었다는 뜻이 된다.

고종은 덕혜옹주가 만 네 살 때인 1916년 4월 1일에 덕혜옹주를 위해 덕수궁의 즉조당卽祚堂에다 유치원을 차렸다. 원아로 덕혜옹주 및 종실과 고관 집안의 여자 어린이들 7~8명이 뽑혀서 유치원에 다녔다. 경구京口라는 일본인 교사와 장옥식張玉植이라는 조선인 교사가 아이들을 지도했는데, 아이들은 동요와 예절과 공놀이 등을 배우고 궁궐 뒤뜰에 난 나물을 캐기도 하면서 놀았다. 덕혜옹주가 원생들 가운데 나이가 가장 어렸다. 같이 공부하는 6~7세 되는 아이들이 옹주에게 깍듯이 "아기씨"라고 부르고 "그랬습니다" 하고 공대를 바친 반면, 옹주는 이름을 부르고 "해라"를 했다고 한다. 조그만 어린이들의 세계에서도 계급의식이 철저했던 것이다. 덕혜옹주에게는 어른 시녀 네 명과 어린 생각시 시녀 두 명, 도합 여섯 명이 딸려서 계속 시중을 들었다.

고종은 아이들의 재롱을 보러 유치원에 자주 들렀다. 한번은 사내정의 총독이 덕수궁에 문후하러 들르자, 고종이 총독을 데리고 유치원으로 갔다. 그간 총독부에서는 모른 체하고 덕혜옹주를 고종의 자식으로 인정하지 않았다. 왕족의 수를 늘리지 않으려는 속셈이었다. 그런데 고종은 총독에게 즉조당 유치원에서 놀고 있는 아이들을 보여주고는 그 중에서 가장 귀엽고 귀품이 넘치는 어린이 하나를 손짓해 불러서 무릎에 안고 말했다.

"이 애가 내 귀여운 딸이요. 이 애가 있음으로 해서 덕수궁이 기쁨에

차 있고 내가 만년의 시름을 잊는다오."

사내 총독은 할 수 없이 대답했다.

"아아, 전하께 이같이 귀여운 따님이 계셨습니까?"

그는 돌아가서 부하 직원들에게 토로했다고 한다.

"천진한 어린이를 눈앞에 대 주면서 말씀하시니, 아무리 뭐라 해도 그 이상의 고집을 부릴 수가 없었다."

그리하여 덕혜옹주는 비로소 '옹주'로서 정식으로 입적되어 일제가 공식적으로 인정하는 왕족의 일원이 되었다.

덕혜옹주가 일곱 살 때인 1919년 1월 21일에 고종이 승하했다. 고종

↑ 덕수궁 즉조당 유치원 시절 덕혜옹주(1916년경, 중앙). 고종은 덕혜옹주가 만 네 살 때인 1916년 4월에 덕수궁의 즉조당에 유치원을 차렸다. 덕혜옹주는 종실과 고관의 딸 7~8명과 함께 유치원에 다녔다.

이 승하한 뒤에도 덕혜옹주 모녀는 덕수궁에 살았는데, 1920년 초에 고종의 혼전魂殿(임금이나 왕비의 국장國葬 뒤에 삼 년 동안 신위를 모시던 전각)이 덕수궁에서 창덕궁으로 옮겨졌다. 이때 덕혜옹주는 어머니 양귀인과 함께 부친의 혼전을 따라 창덕궁으로 옮겨갔다.

창덕궁에서는 관물헌觀物軒에서 살면서 거기서 교육을 받았다. 교사는 주영住永과 좌좌목佐佐木이라는 일본인이었다. 여기에도 공부 동무들이 있어서, 한상룡의 딸 효순과 민영찬의 딸 용안, 이재곤의 손녀 해순 등 세 명이 같이 공부했다. 관물헌에서 배운 것은 산술, 작문, 그림, 글씨 등이었다. 덕혜옹주는 관물헌에서 공부하다가 일본 거류민이 서울에 세운 일본인 학교인 일출日出소학교 2학년으로 편입했다. 김명길 상궁은 《낙선재 주변》에서 그때 일을 이렇게 증언했다.

유치원 교육을 마친 후 덕혜님은 일출심상소학교라고 일본인이 경영하는 학교에 다니셨다. 학생 거의가 일본 귀족층이거나 사무관의 자녀로 조선 사람은 이건 공(의친왕의 장남), 이수길(의친왕의 6남) 씨 등 손에 꼽을 정도였다.
덕혜옹주는 변복동 유모와 유복현 나인과 마차를 타고 통학하셨다. 그 무렵 고종이 승하하셨기 때문에 덕혜옹주는 창덕궁 관물헌으로 옮겨와 일본으로 가기 전까지 지내게 되었다. 음악을 좋아해 가끔 노래 작사까지 해서 보여주던 모습이 아직도 생생하다. 일본인 학교였던 만큼 덕혜옹주는 '게다'를 신고 '하오리'를 걸치고 통학하셨다. 학교가 파한 후에 돌아와 "윤황후마마, 오늘 학교에서 배운 노래 들으시게 합니다" 하고는 '호따루螢 찬가' 등을 부르시곤 했는데 그 모습이 일본 아이들과 똑같아 섬

뜨해 하던 기억이 난다.

일출소학교는 현재 충무로 5가 극동빌딩이 있는 자리에 있었다. 어린 덕혜옹주가 일본 옷을 입은 차림으로 일본 노래를 부르니 "일본 아이들과 똑같이" 보였을 것이다.

1921년 5월 6일에 덕혜옹주는 '덕혜德惠'라는 이름을 받았다. 그때까지는 이름 없이 생모인 양귀인의 당호를 따라서 '복령당 아기씨'라고 불리고 있었다. 덕혜옹주의 이름을 지으려고 이재완 후작, 이지용 후작, 윤덕영 자작, 윤용구 등이 협의해 정한 뒤 순종의 결재를 거쳤는데, 이왕직 장관인 민병석이 일본 궁내청에 상신해 마무리되었다.

덕혜옹주가 아직 일출소학교에 다니고 있던 1925년, '덕혜옹주의 일본 유학' 이야기가 나왔다. 당시 덕혜옹주는 만 13세였다. 순종은 아직 너무나 어린 여자아이인 덕혜를 일본에 유학시킨다는 것에 대해 크게 반대했다고 한다. 그러나 일본 당국은 자기들이 한번 정하면 그뿐, 조선 왕실의 반대는 아예 염두에 두지도 않았다. 이방자는 그 일에 대하여 이렇게 기록했다.

원래 총독부에서는 왕공족을 극력 일본에 동화시키는 동시에 순수한 왕가의 피에 일본인의 피를 섞는 것을 통치의 비결로 삼고 있었습니다. 이러한 그들의 정책이 우리 바깥어른의 경우에는 성공한 셈이었습니다. 그래서 이번에는 단 한 분밖에 없는 누이동생 덕혜님에게 손을 뻗쳤습니다. 그들은 우리 바깥어른과 마찬가지로 그 분을 일본에 데려와서 일찍부터 일본에 동화시킬 작정을 했습니다.

1925년 덕혜옹주

평민이 된 왕 이은의 천하

덕혜님은 그때 아직 소학교 육학년생인 어린 몸에 지나지 않았습니다. 그러므로 오라버님 되는 이왕李王님으로서는 너무나 애처롭게 여겨지신 모양이었습니다. 극력 거기 반대하시는 동시에 적어도 여학교를 졸업할 때까지는 당신의 슬하에 두고 싶으시다고 여러 가지로 말씀하셨습니다. 그러나 나라를 잃은 임금님으로선 헛된 반항에 지나지 않았습니다. 일본 당국의 계획은 시계처럼 정확히 진행되었을 뿐입니다. 왕족 여러분의 원한과 눈물의 전송을 받고 덕혜님이 홀몸으로 일본을 향해 떠나신 것은 다이쇼오 14년(1925) 3월달이었습니다(이방자, 《영친왕비의 수기》).

덕혜옹주가 일본으로 떠난 날은 1925년 3월 27일이었다. 일본 옷차림으로 남대문역에서 기차에 오른 모습이 신문에 보도되었다. 장시사장掌侍司長(=시종장) 한창수, 일본인 개인교사 주영과 창덕궁에서 덕혜옹주를 모시던 시녀 두 명이 동행했다. 그들 일행은 30일에 동경역에 도착했다. 이은의 저택에서는 사용인들을 동경역에 내보내 그들을 맞아들였다.

덕혜옹주가 이은의 저택에 짐을 풀자 그녀를 모시고 왔던 조선 시녀들은 모두 조선으로 돌아갔다. 그들은 일본에 남아서 계속 덕혜옹주를 모시고 싶어 했지만 일본 당국이 허락하지 않았다. 어린아이에게 너무 잔인하게 군 것이다. 덕혜옹주는 4월에 여자 학습원 본과 중기 2학년에 편입했다. 그리하여 낯선 땅에서의 낯선 삶이 시작되었다.

이우 공

의친왕 이강의 둘째아들인 이우李堣는 그의 형 이건과는 어머니가 다른 이복형제다. 이우의 생모는 수인당 김흥인인데, 이강의 많은 측실들

중에서 가장 사랑을 많이 받았던 여인이라고 알려져 있다. 김흥인은 이우 외에 5남 이수길과 6남 이명길을 낳았다.

이우는 1912년 11월 15일생으로 덕혜옹주와 동갑이다. 아명은 성길成吉이었으나, 그의 나이 5세 때인 1917년에 운현궁 이준 공의 후사로 입양되면서 '이우'라고 개명했다. 운현궁은 흥선대원군 이하응이 주인이었던 궁이다. 이하응은 아들 셋을 두었는데, 장남이 재면이고 차남은 재황이며 서자인 재선이 있었다. 차남인 재황은 12세 때에 왕위에 올라 고종황제가 되었다. 1898년 2월에 이하응이 죽은 뒤 장남 이재면이 운현궁의 가독家督을 상속했다. 이재면은 1900년에 완흥군에 봉해졌고, 한일합방 직전이던 1910년 8월 15일에 왕으로 격을 올려서 '흥왕興王'에 책봉되었다. 그리고 9일 뒤인 8월 24일, 곧 한일합방이 공표되기 5일 전인 8월 24일에 순종의 칙령으로 이름을 '이희李熹'로 개명했다.

← **의친왕 이강의 둘째아들 이우.** 1912년 11월 15일생 이우는 덕혜옹주와 동갑이다. 이강의 아들이나 1917년 이준 공의 아들로 입양되었다. 1922년 6월 일본에 건너가 교육받았지만 민족의식이 확고했다. 대한제국 황실 관계자 중 이우는 가장 조선인으로서의 기개와 뱃심을 지녔다고 평가받고 있다.

한일합방이 된 후, 흥왕 이희는 일제에 의하여 신분이 황족에서 공족으로 격하되어 '이희 공'이 되었다. 이희는 아들 두 명을 두었는데, 차남은 일찍 죽었다. 그가 1912년 9월 9일에 사망하자 장남인 이준용李埈鎔에게 '공'의 지위와 운현궁의 가독이 상속되었다. 이준용은 '공'의 지위를 물려받은 뒤 이준李埈으로 개명해 흙 토土 자 변의 외자 이름을 쓰는 같은 항렬의 왕족인 이척(순종), 이강, 이은과 이름의 형태를 맞추었다.

그로부터 5년 뒤인 1917년 3월에 이준 공이 심장마비로 사망했는데 서녀가 한 명 있을 뿐 후사가 없었다. 그래서 그해 5월에 이강의 차남인 이우가 이준의 사후 양자로 입적되어 '공'의 지위를 물려받고 흥선대원군 이하응의 직계 종손 자격으로 운현궁을 상속받았다. 이우를 운현궁의 양자로 결정한 것은 고종의 뜻이었다고 한다. 그리하여 이우는 5세 때부터 운현궁 주인이 되어 '이우 공 전하'로 불리기 시작했다. 사회적 신분으로 보자면, 자신의 생부인 이강과 똑같은 대우를 받는 '공 전하'가 된 것이다.

이우는 3세이던 1915년에 경성유치원에 들어갔고, 7세이던 1919년 4월에 종로소학교에 입학했다. 그리고 그의 형 이건과 마찬가지로 '아홉 살 오 개월'이었던 1922년 6월에 일제의 강요에 의해 일본으로 건너가서 학습원 초등과 3학년에 편입했다.

미처 열 살도 안 된 어린 나이에 일본에 살면서 일본식 교육을 받았지만, 어려서부터 성격이 담대하고 굳세며 머리가 명민하고 민족의식이 확고했던 인재인 이우는 특이한 일화를 남겼다. 1988년 9월 15일에 히로시마 츄고크 방송국에서 이우의 생애와 민족의식을 다룬 〈민족과 해협〉이라는 프로그램을 방영했는데, 거기 나온 그의 동기생인 아사카는

"이우는 총명한 사람이었다"고 평하면서, "그는 일본인에게 결코 뒤지거나 양보하는 일이 없었고, 무슨 일에서든지 일본인을 앞서려고 노력했고, 조선인이라는 의식이 아주 강했다"고 회고하면서, "그는 글을 잘 썼고 노래를 아주 잘했으며, 화가 나면 조선말을 곧잘 쓰므로 무슨 말인지 못 알아들었다"고 증언했다는 것이다(정범준의 《제국의 후예들》에서 재인용).

대한제국 황실 관계자들 중에서 이우가 가장 조선인으로서의 기개와 뱃심을 지녔던 사람으로 평가되고 있다. 그러한 이우의 이우다움을 잘 드러낸 것이 "그가 화가 나면 곧잘 조선말을 쓰므로 무슨 말인지 못 알아들었다"는 동기생의 증언이다. 그가 화가 날 때 일부러 조선말을 썼다는 것은, 일본 동기생들이 알아듣지 못하는 조선말로 욕을 했던가 또는 화풀이가 될 만한 조선말을 크게 떠든 것으로 추정된다. 그것은 자신이 조선인이라는 것에 대해서 털끝만치라도 열등감을 갖고 있으면 절대로 할 수 없는 일이다. 일본인 동기생들이 알아듣지 못하는 조선말로 화풀이를 하면서 혼자 만족스러워한 것인데, 대단한 뱃심이요 기개라고 하겠다.

이우 역시 이건과 마찬가지 길을 걸어야 했다. 일본 동경에서 학습원 초등과를 마친 뒤 중앙유년학교를 거쳐서 육군사관학교를 졸업한 뒤 육군 소위로 임명되었고, 나중에 육군대학을 졸업했다.

관동대진재와
왕족의 천막 살이

☷ ☲ ☵ ☳　방자는 진이 죽은 다음 해인 1923년은 연초부터 갖가지 사건들이 많았다고 기억한다. 재앙은 홀로 오지 않았다. 하혈을 해서 병원에 실려 간 방자에게 의사는 낮은 말로 통고했다.

"비 전하! 정말 유감스럽습니다. 유산입니다!"

"오! 그래요!"

방자는 망연자실, 아픈 눈물을 떨어뜨렸다. 진이 죽은 뒤에 한 자 한 자 불경을 베끼고 염불을 하면서 마음을 달래던 그녀는 이해에 다시 임신해 몹시 기뻐했다. 그러나 매우 조심했음에도 불구하고 6개월이나 된 태아를 유산했다. 진으로 인한 마음의 상처를 아물게 하고 싶어서 임신을 그토록 원했었는데, 유산으로 마음에 새로운 상처를 남겼다.

그러나 진정한 재앙은 여름에서 가을로 넘어가는 9월 1일에 닥쳐왔다. 그날, 거대한 지진이 동경과 인근 지역을 세차게 덮쳤다. 일본에서는 흔히 9월 1일을 '니햐쿠 토오카'(210일)라고 부른다고 한다. '입춘날로부터 210일째 날'이라는 뜻으로, 구미인들이 '13일의 금요일'을 꺼리는 것과 마찬가지로 일본인들은 그날을 불길한 날이라고 생각한다. 그런데 그 9월 1일에 엄청난 대지진이 일어났다. 참혹한 대재앙이었다. 해마다 200 내지 300회 정도의 크고 작은 지진이 일어나서 지진 발생이 거의 일상사처럼 여겨지는 일본이지만, 이번 지진은 매우 특별했다.

그날 동경과 횡빈橫浜 일대에 새벽부터 강한 남풍을 동반한 호우가 쏟아졌다. 비는 오전 10시 무렵부터 개면서 찌는 듯한 늦더위가 시작되었다. 그러다 오전 11시 59분, 돌연 리히터 지진계 7.9의 대격진이 동경을 포함한 관동지방을 강타했다. 지진의 강도도 워낙 강했지만, 지진이 발생한 시각 때문에 피해가 더욱 컸다. 각 가정에서 식사를 준비하기 위해서 모두들 불을 사용하고 있던 때라서 지진이 발생함과 동시에 도처에서 빠르게 불이 일어난 것이다. 당시의 모습에 대해서 관계 기록은 이렇게 전하고 있다.

1923년의 관동대지진은 진도에 있어서는 가장 큰 것이 아니었을지 모르지만 그 결과는 확실히 근년의 역사를 통해서 가장 비참한 것이었다. 지진이 일어난 시간이 때마침 형편이 나쁜 시간이었기 때문이다. 정오 직전 벽에 걸린 기둥시계나 천장에 늘어진 전등이 흔들리기 시작하면서 대지진이 일어났다. 때마침 일본에서는 밥을 짓거나 차를 끓이는 시간이었으므로 견딜 수가 없었다. 일본 가옥은 특히 그 당시에는 거의 나무와 종이로 된 건물이며, 좁은 골목을 사이에 두고 이웃집과 달라붙어 있었다.

바람을 품은 카페트처럼 동경 주변의 넓은 평야에 경련이 잇달아 일어나

가옥을 쓰러뜨리고 재해를 확대시켜 나갔다. 진원지는 동경에서 남쪽으로 100킬로 떨어진 상모만相模灣 지역으로서, 다른 곳에 비해 가장 큰 피해를 입었다. 해일이 휩쓸려 와서 가옥과 항만시설을 파괴하고, 시내를 범람시키고 벼랑을 허물어뜨리고 나무를 뿌리째 뽑아버렸다. 이동伊東, 열해熱海, 겸창鎌倉 등 일본의 리비에라인 중요 도시는 완전히 파괴되었다. 유명한 겸창의 큰 불상은 그 자리에서 굴러 떨어졌으며 이동에서는 목조 가옥 300호가 바닷물에 휩쓸렸다.

그러나 가장 심한 피해를 당한 것은 동경과 횡빈의 중심지대였다. 집이 쓰러지자 장작개비와 다름없는 벽이나 지붕이 점심밥을 지으려고 솥을 걸어놓은 풍로 위에 떨어졌다. 여름이 끝나는 철이었으므로 공기가 건조했다. 불이 일어났다. 가스관도 터져 곧장 불이 붙었다. 횡수하橫須賀 군항에서는 일본 해군의 함대가 200년 동안 쓸 기름을 저장하고 있던 오일 탱크가 파괴되어 극도로 불붙기 쉬운 가솔린이 시냇물처럼 거리로 넘쳐 흐르며 불이 붙었다.

큰 화재가 이미 동경과 횡빈에서 일어나고 있었다. 불이 좁은 가로를 뚫고 지나가면서 회오리바람을 일으켰으므로 건물의 파편이 마치 눈보라 치듯 떨어졌다. 동경에서 가장 높은 건물이었던 천초淺草의 12층 건물은 갈대처럼 흔들린 끝에 쓰레기더미가 되었다. 횡빈에서는 시의 10분의 9가 타고 있었는데 사람들은 바다로 달아났다. 그러나 불붙은 기름이 냇물이 되어 해안선을 넘어 바다로 흘러들어 바다가 타기 시작했기 때문에 불에 타고 그슬린 사람이 수없이 많았다. 해일에 휩쓸려 죽은 사람도 많았지만 다행히 해일을 모면한 사람도 이 불에 희생이 되고 말았다. 그것은 인간이 행한 가장 악마적인 짓도 미치지 못할 만큼 무서운 광경이었다. 런던, 베를린, 드레스덴, 동경의 대공습 아니 광도와 장기에 대한 원자탄 투하도 그와 같이 큰 재해를 초래하지는 않았다. 며칠 동안을 계속된 불이 가라앉을 무렵에는 동경의 4분의 3과 횡빈의 5분의 4가 잿더미로 변해 있었다. 죽은 사람과 행방불명이 된 사람의 수효는 동경에서 10만 7,000명, 횡빈에서 3만 3,000명에 달했다(레너드 모즐리, 《일본천황 히로히토》).

재일 사학자인 강덕상은 당시의 비극을 다음과 같이 묘사하고 있다.

지진이 일어나면 해일이 덮쳐온다는 상식에 사람들이 허둥대고, 수도시설이 거의 붕괴되면서 초기에 불길을 잡는 것을 어렵게 했다. 화재가 발생한 곳은 도쿄에서만도 187곳에 달했다. 게다가 때마침 저기압의 영향을 받아 남풍 또는 동남풍이 초속 10미터 내지 15미터의 강풍으로 불길을 퍼뜨렸다. 화재는 순식간에 불의 강을 이루었고, 불길은 불길을 불러 도도한 흐름으로 도쿄를 덮쳐나갔다. 불길이 가장 빠를 때는 시간당 800미터 이상의 속도로 거리를 삼켜나갔다고 한다. 거대한 불길, 하늘을 찌르는 검은 연기구름 앞에서 사람들은 무력했다(강덕상, 《학살의 기억, 관동대지진》).

그날, 육군대학 졸업반인 3학년에 재학 중이던 이은은 적우赤羽 공병대에 출장 갔다가 정오가 될 무렵에 귀가했다. 곧 점심상을 받아 젓가락을 들려는 순간 우르릉 우르릉 땅이 울리더니 집이 온통 크게 흔들렸다. 경악한 이은과 방자는 손을 잡고 실내 슬리퍼를 신은 채 그대로 집 밖으로 달려 나가서 뜰에 있는 큰 나무 아래로 피했다. 그날 지진은 너무도 지독해 땅이 상하좌우로 온통 요동하고 있어서 도무지 걸어지지 않고 자꾸 넘어졌다. 혼비백산한 그들은 가까스로 몸을 움직여 마당의 큰 나무 아래까지 겨우 갔다.

그들은 평소 배운 지진 대피 요령대로 큰 나무 아래로 숨은 것이다. 그 요령은 첫째, 집을 피할 것. 집은 무너지거나 화재가 나기 쉬워서 위험하다. 둘째, 큰 나무 아래로 피할 것. 땅이 크게 갈라져도 큰 나무 아래는 나무뿌리들이 서로 엉켜 있기 때문에 상대적으로 안전하다. 그것은 잦은 지진으로 늘 고생하는 일본인들이 터득한 삶의 지혜였다.

큰 나무 아래서 바라보니, 2층 건물인 저택의 일본관이 부적부적 소리와 함께 크게 흔들리면서 무너지려고 했다. 지진의 흔들림이 멈추자 원상으로 돌아가기는 했으나 무너질까 두려워서 집으로 들어갈 수가 없었다. 하인들을 시켜서 탁자와 의자를 뜰에다 내오고 식사를 다시 차리게 하여 먹으면서 한숨을 돌렸다.

여진이 되풀이 되고 있는데, 동경 시내의 중심부가 모두 불바다가 되었다는 보고가 들어왔다. 이은의 저택이 있는 마포구 일대는 지대가 높아 별 걱정은 없을 것 같았지만, 만일에 대비해 조심스럽게 집에 들어가서 필수품을 챙겨 놓았다.

이튿날인 9월 2일 저녁에는 활활 타오르고 있는 불바다가 차츰 가까이 다가오고 있었다. 그래서 상대적으로 도시 변두리 쪽에 해당하는 방자의 친정집인 청산靑山의 이본궁으로 피난을 가기로 결정했다. 짐을 꾸려 자동차에 싣고 친정에 가서 넓은 저택에서 친정 식구들과 지내고 있는데, 궁내청으로부터 어제의 강진으로 황족들이 입은 피해에 대한 보고가 들어왔다.

"겸창에 있는 산계궁 좌기자佐紀子 왕비와 편뢰片瀨 해안에서 피서 중이던 동구이궁 제2왕자 사정왕과 소전원 지역에 있던 한원궁 관자 여왕께서 무너지는 가옥에 깔려서 사망했습니다."

전체 인원이 4,50명에 불과한 황족들로서는 엄청난 피해였다.

그런데 전혀 뜻밖의 일이 벌어졌다. 대지진 날인 9월 1일 저녁부터 흉흉한 소문이 빠르게 퍼지기 시작했다. "조선인들이 폭동을 일으켜서 도처에서 불을 지르고 우물에 독약을 타고 강간을 하고 강탈하고 도둑질을 한다.……" 따위의 흉악한 풍설이었다.

그런 소문은 관변에서 조직적으로 유포하면서 민간인들로 하여금 자경단을 조직해 스스로를 방어하고 조선인들을 학살하도록 선동했다. 자료에 따라서는, 일찍이 재등실 총독 아래서 조선총독부 정무총감을 역임했던 당시의 내무대신 수야련태랑水野鍊太郎을 관변 소문 유포의 진원지로 꼽기도 한다. 그가 천엽현 선교 무전국에 한 사람의 육군 대위를 파견해 9월 2일 오전 2시와 3시에 "조선인, 중국인, 사회주의자, 노름꾼, 무뢰한 등이 각처에서 약탈과 방화를 자행하고 있다. 각처에서는 엄중히 단속하라!"는 무전을 거듭 각지에 치게 했는데, 이 무전이 방아쇠가 되어 같은 소문을 퍼뜨리는 신문 호외와 각종 고시가 각지에 나붙게 되고, 그 결과 군부를 선도로 경찰 조직은 물론 민간인들로 조직된 재향군인회와 경방단警防團이라고 불렸던 자경단自警團과 소방단 등이 대거 동원되어 대학살극을 벌이게 되었다는 것이다.

9월 2일 낮부터 이른바 '조선인 사냥'이 시작되었다. 도처에서 무고한 조선인들이 죽창에 찔리고 갈고리에 찍히고 일본도에 베어져 죽어갔다. 피에 미친 광란의 살육전은 일주일 가량 계속되었고 6,000여 명에 달하는 조선인들이 살해되었다. 참으로 처참한 인간 사냥이고 인간 학살이었다. 무고한 조선인들이 단지 조선인이라는 이유만으로 체포되어 갖가지 린치를 당하고 참혹한 죽음을 당했다.

외모상 서로 비슷해 일본인이 조선인으로 혼동되어 피살당하는 경우도 생겨나자, 일본인과 조선인을 구별하는 방법도 갖가지가 동원되었다. 대표적인 것이 조선인들로서는 정확한 발음을 하기 어려워서 일본인의 발음과 확연히 구분되는 단어, 곧 "주고엔十五円 고주고센五十五錢"을 발음하도록 시켜서 조선인을 가려내어 참혹하게 죽였다.

아무런 무장도 하지 않고 아무런 죄도 범하지 않은 민간인인 조선인들을 무차별적으로 참혹하게 살해하는 일이 일본 관동지역 도처에서 밤과 낮을 가리지 않고 벌어졌다. 그것은 참으로 있을 수 없는 야만적인 행위였다. 전쟁 시기라 해도 절대로 있을 수 없는 인도에 관한 중대한 범죄였다. 관동대진재 이후 "(일본) 본토에서 민족적 규모로 적과 싸운 일은 오직 관동대지진 때의 조선인 사냥뿐일 것이다"라든가 "세상 모든 사람들이 무기를 들고 조선인과 싸웠으니 마치 전국戰國시대 같았다. 조선인 시체는 마치 굴러다니는 돌멩이 같았다"라는 말이 나돌았다. 그러나 그런 말은 정확치가 않다. 당시 조선인은 일본인과 싸운 것조차도 아니었다. 아무런 방어수단도 없이 일방적으로 무력하고 처참하게 학살당한 것뿐이었다.

너무도 공공연하게 조선인에 대한 무차별적인 대학살이 자행되는 것을 목격한 당시 주일 미국 대사는 "이 같이 무시무시한 대학살이 대낮에 공공연하게 일어나는 일본이라는 나라는 결코 문명국이라고 인정할 수 없다. 게다가 그런 일을 아무렇지도 않은 일로 보고 멈추게 하지 않는 일본 정부는 세계에서도 가장 야만스러운 정부이다"라고 말했다고 한다.

이때 일본에 거주하고 있던 조선인은 유학생을 비롯한 조선 사회 상층부 사람도 일부 있었지만, 대다수는 돈 벌러 간 노동자들이었다. 1910년의 한일합방 이래 조선인을 착취하고 약탈하는 구조로 진행된 토지조사사업과 임야조사사업 등의 일방적인 착취경제정책 아래서 많은 조선인들이 땅과 집과 재산을 빼앗기고 설 자리를 잃은 뒤 날품팔이 생활이나마 하려고 만주나 일본으로 건너갔다. 이들의 수는 1920년대에 들어서서 급격히 증가해 관동대진재 당시에는 일본에 거주하는 조선인이 8만여 명에 달했다. 게다가 연간 도항해 일본에 들어가는 조선인이 9만 7,000여 명이고 귀국자는 8만 9,000여 명에 달할 정도로 철새처럼 일본에 드나들면서 일하는 조선인 노동자의 수효도 많았다. 그들 중에서 6,000여 명이라는 피살자가 나온 것이니 엄청난 학살이었다. 당시 학살된 조선인 피해자들 중에는 조선의 최고위 척족이었던 민영달의 아들과 같은 최고 상류층 가정 출신의 유학생도 있었지만 소수였고, 대다수는 일하러 온 노동자들이었다.

이때 조선에서는 일본에서 벌어진 조선인 대학살에 대한 소식을 듣고 이중 삼중의 원통함을 누르지 못했다. 조선인들이 그토록 비참한 희생을 당하고 있음이 원통하고, 또 그토록 참혹한 사태가 벌어지고 있는데도 누구 하나 앞에 나서서 막아 주거나 조선인들을 위해서 항의하거나 문제 제기를 하는 사람이 없음을 통탄한 것이다. 《동아일보》 사장 송진우는 "만약 조선 정부가 있었더라면 반드시 대대적으로 강경한 항의를 펴고 원통함을 풀어줄 방법도 있지 않았을까!"라며 통탄해 마지않았고, 《동아일보》 사설에서 "중국 학생들이 자국에서 군함을 보내 중국인을 수송할 것이라고 자랑하는 것을 듣고서 가장 비참한 느낌이 들었다"고 썼다가 발매금지 처분을 받았다.

이 처참한 광란의 시기에 이은과 그의 가족은 어떻게 지냈는가.

9월 2일 저녁에 조거판 저택 쪽으로 번져오고 있던 화재를 피해서 청산의 이본궁으로 피난 갔던 이은과 방자는 다음 날인 9월 3일에 이본궁에서 나와서 천황의 거처인 황궁 안으로 피신했다. 이번에는 이은도 조선인이라 해서 해를 당할 것을 우려한 피신이었다.

그런데 이해하기 힘든 일이 있다. 당시 황궁으로 피신한 그들은 황궁 건물 안에 들어가서 살지 못하고 황궁 안에 있는 궁내청 제2 예비실 건물 앞마당에 쳐놓은 천막에서 일주일 동안 살았다는 것이다. 어째서 황궁의 수많은 방을 놔두고 궁색스럽기 짝이 없게 마당에 친 천막에서 살게 했던 것일까. 당시 은거 중인 대정천황은 지방에 머물러 있었고, 섭정궁인 황태자 유인친왕은 적판 이궁離宮에 있었기 때문에 황궁은 주인이 없는 상태와 마찬가지였다. 그런데도 왜 그토록 야박하게 굴었는지 이해가 되지 않는다.

당시 이은 부부가 황궁 안으로 피신해 들어가서 살게 하는 아이디어는 누구에게서 나온 것일까. 이은인가, 궁내성인가. 궁내성에서 먼저 제의한 것이었으리라고 추정된다. 왕조시대에 신하의 입장에서 혹시 있을지도 모르는 위해危害를 피하기 위해 통치자의 거처인 황궁 안으로 피신해 들어가서 살겠다고 먼저 요청하는 일은 불가능한 것이기 때문이다. 궁내성에서는 조선인 사냥이 처참하게 자행되고 있자, 혹시 만에 하나라도 이은이 조선인이라는 이유로 살해당하는 일이 일어난다면 국가적 대사건으로 비화할 것을 우려해 그런 아이디어를 낸 것 같다. 그러나 통치자의 거처인 황궁 건물에 외부 인사가 들어가서 살도록 하는 것은 곤란해 마당에 천막을 치고 살도록 마련했던 모양이다. 이 일은 당시 벌어졌던 조선인 사냥의 미친 피바람이 국가 권력으로도 누를 수 없을 정도로 광포했었음을 드러낸다. 방자의 자서전에는 그때 일이 이렇게 기록되어 있다.

갑자기 천지를 진동시킨 저 관동대진재가 일어났습니다. 동경 대부분은 폐허로 화하고, 어지러운 정세하에 계엄령이 선포되었습니다. 그러나 의지할 곳 없는 인심은 극도로 흉흉하여, 크나큰 위기에 봉착해 있었습니다. 결국 흉흉한 인심은 끔찍한 비극을 저지르고야 말았습니다. 저 조선인 대학살이란 참사가 그것입니다.
"조선인들이 이 기회에 독립하려고 각처에서 준동하고 있다."
"우물 속에 독약을 넣었다."
"집집마다 불을 지른다."
"불난 곳에서 도둑질을 한다."
화재로 말미암아 집을 잃고 가뜩이나 흉흉한 인심인데 이런 유언이 퍼지고 보니 사람들의 마음은 흉포한 데로 기울었습니다.
"조선인들을 모조리 죽여버리자."
이렇게 악을 쓰며, 각처에서 끔찍한 학살소동을 벌인 것입니다. 바깥어른이나 나나 참을 수 없는 슬픔과 분노로 가슴을 떨었습니다.
그러나 이러한 정세하에서는 언제 우리에게까지 위험이 닥칠는지 알 수 없었습니다. 우리는 궁내성의 마련으로 일주일 동안 궁성 안으로 피난을 해야 했습니다. 우리 두 사람은 민족의 피를 초월한 애정과 이해로 맺어져 있지만 두 나라 사이에는 메꿀 수 없는 큰 홈이 있다는 것을 이 학살사건으로 해서 뼈저리게 깨닫지 않을 수 없었습니다.

일주일 만에 우리 집에 돌아와 보니까, 비록 집은 무너지지 않았지만 진재의 흔적이 너무나 뚜렷한 상태였습니다. 그러나 우리 두 사람에게는 어디보다도 마음 편히 쉴 수 있는 안식처였습니다. 한국과 일본 사이는 숙명적인 대립을 어쩔 수 없더라도, 이 집 안에서 불타오르는 두 사람의 애정만은 거기 좌우되는 일 없기를 우리는 염원할 뿐이었습니다(이방자, 《영친왕비의 수기》).

이은은 일주일 동안 황궁 마당에 펼쳐진 천막 속에서 살면서 무엇을 느꼈을까. 아마도 조선과 일본이라는 두 개의 벽이 너무도 거대하게 느껴졌으리라. 지난해에는 조선에 일가족이 갔다가 조선인에 의해서 어린 아들이 죽었고, 이번 해에는 일본에서 일본인에 의해서 자신이 죽게 될까 봐 일본 황궁 안으로 피신해 천막 속에서 살고 있다.…… 서로 싸우고 있는 두 마리 고래 사이에 낀 새우처럼 힘겹고 막막하고 답답했을 것이다. 그런데 불쑥 떠오르는 안타까운 의문이 있다.

만약 이은이 동족인 조선인들이 무고하게 대학살을 당하던 그 처참한 시기에 홀로 황궁으로 도피해 구차하게 천막에서 지내지 않고 의연하게 자기 집에서 버티었더라면? 더 나아가 조선인 학살에 항의해 언론기관에 보도되도록 만들었다면?

그렇게 했다면 이은의 미래는 더욱 강하고 확실하게 그의 것이 되었

평민이 된 왕 이은의 천하

을 것이다. 그러나 그렇게 행동하기에는 그는 너무도 심약하고 온순한 인물이었다. 그에게 심한 열등감을 강요한 군사학교의 오랜 교육이 그의 사람됨을 그처럼 바꿔놓은 것이다.

9월 6일에 계엄군은 조선인 학살을 막는 쪽으로 활동 방향을 바꾸었다. 우선 조선인에 관한 모든 소문이 허위인 것이 알려졌고, 또 외국에 일본인들의 무고한 대학살사건이 알려지면서 그에 대한 비판이 거세지는 것을 몹시 꺼려서 정책이 바뀐 것이다. 이은은 계엄군의 개입으로 조선인 대학살의 기세가 대폭 수그러지기 시작한 9월 7일에 계엄사령부에 위문하러 갔다고 한다. 강덕상은 그의 저서에서 이때 이은이 보인 처신을 두고 다음과 같이 강력하게 비판하고 있다.

가련한 것은 왕족 이은李垠이다. 그는 인민의 이런 비참함을 목격하고도 항의의 외침, 애도의 뜻 하나 발표하지 않았을 뿐만 아니라, 9월 7일에 다른 황족들 중 어느 누구보다 일찍 계엄사령부에 위문하러 갔다. 이은이 자발적으로 복전福田 대장 등을 위로 방문한 것인지 총독부의 사주인지는 알 수 없다. 그러나 위문한 쪽이나 위문받은 쪽이나 무엇을 노리고 한 연극이었는지에 대해서는 많은 말이 필요 없다. 조선인 희생자 문제에 대한 일본 당국의 대응은 양자의 무신경함과 조잡함에 집약되어 있다

🍂 군복을 입은 이은(1920년대 초)과 관동 조선인 대학살(1923). 이은은 일본 육군유년학교, 육사, 육군대학을 졸업했다. 관동대지진이 있었던 1923년은 이은이 육군대학을 졸업한 해다. 관동대지진 당시 동족인 조선인들이 무고하게 대학살을 당하던 그 처참한 시기에 이은은 가족과 함께 황궁으로 도피해 구차하게 천막에서 지냈다. 조선을 위해 무언가를 하기엔 그는 너무도 심약하고 유순한 인물이었다. 그에게 심한 열등감을 강요한 오랜 군사학교의 교육이 그를 그렇게 만들었다.

고 해도 과언이 아니다. 일본 당국에게 조선인의 생명보다 더 중요한 것은 제3국에 대한 체면이었다. 이들이 가장 두려워한 것은 제3국의 비판이었고, 조선 인민의 이반離反이었다. 이은의 위문은 그러한 체면치레에 이용된 것이다(강덕상, 《학살의 기억, 관동대지진》).

강덕상은 이은이 왕족으로서 조선인에게 가해진 처참한 학살에 대해서 항의하거나 애도하지 않은 것을 비난했다. 그리고 이은이 "9월 7일에 다른 황족들 중 어느 누구보다 일찍 계엄사령부에 위문하러 갔다"는 데에 분노했다. 그는 이은의 계엄사령부 방문을 '연극'이었다고 격렬하게 매도했다.

그러나 강덕상의 견해와 달리, 당시 이은은 계엄군이 조선인 대학살을 막아주는 역할을 시작한 것이 너무도 감사해, 진심으로 감사해, 스스로 제 발로 찾아갔을 확률이 크다. 9월 7일이라면 이은이 자기 집에서 살지 못하고 황궁 천막에서 지내고 있던 때이기 때문이다. 아무튼 강덕상의 견해는 이은이 살았던 시대와 그의 삶을 바라보고 해석하는 다양한 시각 가운데 하나인 것이다.

이방자의 증언에 의하면, 관동대진재 당시 이은은 "무슨 일만 있으면 조선인은 나쁘다고 단정해 버린다는 것은 정말 한심한 노릇이다. 노무자로서 건너온 일부 사람들이 어쩌다가 저지른 상식 없는 짓만이 눈에 띄어 이것이 바로 조선인이라고 하는 고정관념을 형성시켜 버리니 말야.……"라고 하면서 형언할 수 없는 슬픔과 분노로 목소리를 떨었다고 한다. 그가 조선인 대학살을 지켜보면서 느낀 고통을 그런 말로 호소한 것이다. 그러나 그의 분노는 사건의 본질과 핵심을 비켜간 것이다. 설령

평민이 된 왕 이은의 천하

노무자로 건너온 사람들이 상식 없는 짓을 해 "조선인은 나쁘다"는 고정관념이 형성되게 한 것이 사실이라 해도, 무차별 대학살은 절대 있어서는 안 되는 중차대한 범죄라는 것에는 변명의 여지가 없기 때문이다.

그런데 당시 일본인들은 왜 '조선인 대학살'이라는 정신착란적인 만행을 저질렀던 것일까? 여러 가지 분석이 있지만, 기본적으로는 일본인들의 내면에 잠재된 조선인들에 대한 두려움이 너무도 컸기 때문에 벌어진 일이라고 보아야 할 것이다. 이등박문 사살, 의병들의 줄기찬 항쟁, 거대한 3·1독립만세운동, 만주에서의 무장독립투쟁, 재등실 총독에 대한 폭탄 테러……. 그런 일들을 겪으면서 형성된 강렬한 인상이 일본인들의 의식에 두렵게 자리 잡아 '조선인들은 위험하고 무서운 존재들'이라는 인식을 갖게 되었고, 그것이 대지진 같은 비상시기에 비상한 형태로 발현해 처참한 비극을 만들어낸 것이다.

당시 14세의 이건과 11세의 이우는 관동대진재를 어떻게 겪었을까? 당시 이건이 어떻게 지냈는지에 관한 자료는 없다. 이우의 경우는 여름방학을 맞아 서울에 갔다가 "9월 1일에 서울을 출발하여 동경으로 향했다"고 9월 2일자 《매일신보》에 보도된 것으로 보아 대학살극이 벌어질 때 동경에 있었음이 확실한데 어린아이라서 무사했던 것 같다.

관동대진재로 인한 피해는 엄청났다. 이재민은 340만 명, 사망하거나 행방불명된 사람 14만여 명이었고, 57만여 채의 주택이 파괴되거나 불에 탔다. 약 45억 엔의 재산상 피해가 발생했고, 일본 정부에서 폭리 단속령, 지불 유예령 등을 공포해 혼란을 수습하려 애썼지만 끝내 그 후유증을 제대로 극복하지 못해 1927년에는 금융공황이 발생했다.

일본 섭정궁이자 황태자인 유인친왕은 1923년 9월 16일에 결혼하려고 날을 잡았다가 동경대진재로 인한 참혹한 비극으로 다음 해 초로 결혼을 연기했다. 황태자의 결혼식은 1924년 1월 26일에 치러졌다. 최초의 약혼이 발표된 때로부터 무려 6년이 지나서 치러진 결혼식이었다.

순종의
쓸쓸한 승하

☰ ☷ ☵　☷　충격과 고통의 해, 관동대진재의 1923년도 저물어갔다. 그해 11월 29일에 이은은 육군대학 3년 과정을 모두 끝내고 졸업했다. 일본 군인으로서 밟을 수 있는 엘리트 교육 코스를 모두 거친 것이다.

관동대진재 시기에 일본인에 의한 조선인 대학살이라는 처참한 비극을 겪으면서 조선인의 손에 죽은 첫아들 진의 죽음에서 받은 충격과 고통이 완화된 것일까. 이은 부부는 그해 겨울에 다시 조선에 가는 길을 나섰다. 진이 죽은 뒤 첫 귀성이었다. 그들은 12월 15일에 동경을 출발해 이세 신궁과 경도의 명치천황릉에 들러서 이은의 '육군대학 졸업'을 보고한 뒤, 하관을 거쳐서 부산으로 향했다.

그들 부부가 서울에 도착한 것은 12월 30일, 추위가 뼛속까지 파고드는 혹독한 날씨였다. 그들은 종묘에 전알하고 각 능에 가서 봉심한 뒤 새해를 처음으로 조국 땅에서 맞았다. 1924년 1월 6일, 이은 부부는 청량리에 가서 엄귀비가 잠든 영휘원과 진이 잠든 숭인원을 찾았다. 그날의 일을 방자는 이렇게 기록해 놓았다.

영휘원과 그리운 아기가 잠든 숭인원에 갔다. 솔밭 속의 재실에서 유모가 나를 위해 온돌방 문을 닫아주었다. 유모와 손을 맞잡고 잠시 추억에 울었다. 지금은 떼도 시들어 눈 내리는 하늘 밑 언덕 위에 봉분만 높이 솟아 있었다. 그저 잔디 속에 잠들어 오랜만에 어미가 왔건만 그 발소리도 알지 못한다. 입술을 질끈 깨물고 간신히 재실을 나와 성묘를 마쳤다(이방자, 《지나온 세월》).

숭인원에 어린 아들을 묻고 떠난 뒤 처음 찾아온 어미, 아기의 무덤을 바라보면서 치솟는 슬픔을 어찌 견디었는가. 방자의 심정을 생각하면 너무도 애잔하다. 다음 날 이은 부부는 일본으로 돌아갔다. 이해에 이은 부부는 골프를 배우는 등 평온한 나날을 보냈다.

1925년에는 조선 왕가에 마음 스산한 일이 벌어졌다. 왕가에 단 하나뿐인 여자아이 왕족인 덕혜옹주까지 일본에 유학하라고 일본 당국이 요구한 것이다. 자료에 따르면 대정천황의 부인인 정명황후가 조선 왕가의 여성 교육에 마음을 쓴다는 의도로 마침 동경에 들어온 재등실 조선총독에게 "덕혜옹주도 왕세자처럼 동경 유학을 시켜주면 어떻겠느냐?"는 말로 자신의 의견을 피력했다는 것이다. 그래서 재등실 총독은 조선에 돌아가자마자 유학을 추진했다고 한다. 일제 당국이 지시한 것이라면 거부할 방도가 전혀 없다. 덕혜옹주가 창덕궁을 떠나서 동경에 도착한 날은 1925년 3월 30일이었다.

이해에 이은은 군무에 충실하게 복무하고 있으면서도 마음 한쪽에서

평민이 된 왕 이은의 천하

는 유럽 여행에 관한 꿈을 키워가고 있었다. 그는 정말로 유럽으로 여행을 가고 싶었다. 유럽 여행은 혼자만의 돌출된 생각이 아니었다. 1919년 1월 25일에 결혼하기로 되어 있을 때, 신혼여행을 겸해서 베르사유 강화회의장을 비롯한 유럽 여러 지역을 여행하기로 일본 당국에 의해서 확정되어 있었다. 그러나 돌연한 부친의 붕어로 말미암아 결혼이 연기되었고 당연히 유럽 여행 계획도 무산되었다. 그들이 1년여 뒤인 1920년 4월 28일에 결혼했을 때는 베르사유 강화회의가 끝나서 그들 부부를 이용할 필요가 없어졌다. 그래서 일제 당국은 그들의 유럽 여행을 주선해 주지 않았다.

그런데 1921년 3월 3일에 일본 황태자가 해외여행을 떠났다. 그해에 만 20세 성년이 된 일본 황태자는 일본 해군 전함 향취환香取丸을 타고 횡빈에서 출발해 유럽으로 향했다. 그것은 일본 역사상 일본 황태자가 본격적으로 외국을 여행한 첫 번째 사례였다. 단 한 번, 1907년 10월에 당시 일본 황태자였던 가인친왕(후에 대정천황)이 대한제국 새 황태자 이은을 일본에 인질로 끌고 가는 여건을 조성하기 위해서 급히 대한제국에 건너가서 4박 5일 동안 지내고 온 일이 있기는 했다. 하지만 그것은 국외 여행이라기보다는 당면한 목적 때문에 화급하게 실행한 업무용 출장이라고 해야 맞고, 황태자가 명실상부한 해외여행에 나선 것은 이때가 처음이었다. 황태자의 첫 장기 외국 유람이라서 일본 국민 모두 큰 관심을 가졌고, 사전 양해가 되어있는 방문국들에서도 깊은 관심을 가졌다. 일본 황태자는 유럽 각국을 돌면서 유람을 즐기고 9월 3일에 귀국했다. 만 6개월에 걸친 장기 여행이었다.

이은은 일본 황태자의 유럽 여행을 몹시 부러워했다. 그리고 자신도

반드시 유럽 여행을 가겠다고 마음먹었다. 1926년이 되자, 이은은 유럽 여행을 추진하려고 궁내성에 유럽 여행을 허가해 달라고 신청했다. 이은 부부는 이해 봄에 조선에 다녀오기로 하여 3월 1일에 동경을 출발해 서울에 갔는데 순종은 수척한 모습으로 병석에 누워 있었다. 그들 부부가 종묘에 전알하고 각 능에 참배하면서 지내고 있는 중에 3월 11일자로 유럽 여행을 허락한다는 칙허가 내려지고 여행 경비로 쓰라는 하사금도 내려졌다는 소식이 왔다.

그들 부부는 부지런히 동경 집으로 돌아와서 여행 준비를 시작했다. 그런데 4월 5일에 순종의 병환이 악화되었다는 소식이 날아와서 다시

평민이 된 왕 이은의 천하

황급히 서울로 향했다. 이번에는 덕혜옹주도 동반했다. 순종의 병은 위중했다. 이은이 라디오를 가져다 드렸는데, 순종은 매우 아픈 중에도 그 선물을 반겼다고 한다.

"마마! 하루 빨리 쾌차하소서!"

이은이 마음이 답답해 간절히 아뢰면,

"알았소. 빨리 일어나야지."

순종은 없는 기운을 억지로 짜내어 간신히 대답하고는 했다.

이대로 돌아가시게 되는 걸까? 아직 춘추가 52세밖에 되지 않으셨는데…….

이은은 두려운 마음으로 간병에 힘썼다. 그러나 애만 탔지 순종은 도무지 기운을 차리지 못했다.

나라를 빼앗긴 지 16년, 그간 식물인간처럼 아무런 명색 없이 살아온 순종이 이제 죽음을 눈앞에 두고 있다. 순종은 어릴 때부터 건강이 매우 좋지 않았다. 그나마 나이가 들면서 건강이 다소 나아졌다. 순종의 생활을 증언하는 이야기들을 종합해 보면, 순종은 일종의 자폐증을 앓고 있었던 듯하다. 그는 사리 판단이 느리고 어두워서 백성들 사이에서 '천치'라는 소문까지 돌았다. 한국에 와 있던 외국인들에게도 역시 좋은 인상을 주지 못해서, 매킨지와 같은 이는 순종을 가리켜서 "입을 벌리고 턱은 빠진 채 무관심한 눈빛으로 지적인 관심은 없는 듯한 얼굴이었다"라거나 "키가 크고 뻣뻣하고 어설픈데다가 얼빠진 듯이 보였다"라고 혹평했을 정도였다.

🔻 **경성역에 도착한 이은과 덕혜옹주(1926).** 1926년 3월에 이은 부부의 유럽 여행을 허락하는 칙허가 내려져 여행을 준비하던 이은은 4월 5일 순종의 위독 소식을 듣고 황급히 서울로 행했다.

그런 반면에 그는 자폐증 증세로 꼽히는 특징들, 곧 숫자에 매우 민감했고 시간 지키기를 엄수하는 시간 강박증 등을 갖고 있었다. 그는 특히 숫자 기억하기와 매우 복잡한 신하들 가문의 가계도를 따지는 일에 매우 능하고 정확해 '보학譜學의 천재'라는 소리를 들었다. 그리고 시간 엄수의 특질 역시 유별나서 후원 산책과 같이 대수롭지 않은 일이라도 꼭 시간을 정해 놓고는 반드시 그 시간에 정확하게 맞추어 실행했다.

그는 본래 타고난 허약한 체질 때문에 늘 고통을 받았거니와, 특히 국망 이후에는 자신의 대에 와서 나라가 망한 임금으로서의 아픈 자의식으로 고통 받았다. 나라가 망한 뒤로는 명목상의 통치라는 일에서조차 벗어났기 때문에 그의 삶에는 바쁜 일도 없고 기쁜 일도 없었다. 기껏 하는 일이라야 이왕직이나 총독부 간부들과 근친 귀족들을 초청해서 연회를 여는 일이었다. 그는 일이 없을 때에는 늘 넋을 잃고 먼 산을 바라보는 일이 많았다고 한다. 순종의 일상사에 대해서 황후 윤씨의 본방내인이었던 김명길 상궁이 직접 보고 들었던 바를 전하는 증언은 이렇다.

새해가 되거나 순종·윤비의 탄신일이면 인정전이나 연경당에서 잔치가 베풀어졌고 4월이 되어 비원에 꽃이 필 무렵이나 창덕궁에 모란이 피면 모란연회가 베풀어져 눈코 뜰 사이가 없었다. 매주 목요일이면 이왕직 직원과 근친 귀족들을 교대로 연경당에 초청해 연회를 열었는데 손님 안내하는 일을 맡은 나는 그야말로 종종걸음을 쳐야 했다.
연회석상의 화제는 대부분이 옛날 양반들의 재미있는 실패담이나 인물평 등 가볍고 우스운 이야기를 좋아하셨다. 연회 중간에는 활동사진이나 요술 곡마 등을 구경하곤 했다. 한번은 씨름꾼을 데려와 씨름판이 벌어진 적이 있는데 순종은 씨름엔 그다지 흥미가 없는지 옆에 있는 시종에게 "진 사람이 불쌍하구나. 저렇게 알몸으로 뒹굴다니……. 못 볼 것이로다" 하며 일어서고 말았다. 씨름보다 요술이나 마술 등을 즐기신 것을 보면 순종의 성격이 섬약하고 유연했다는 것을 알 수 있다.

또 자녀분을 두지 못한 탓인지 시종을 만나면 종종 "아이들은 잘 크는가?" "부인이 해산을 했다며? 아들인가? 딸인가?" 하며 관심을 유난히 보이셨다. 어느 날인가, 순종은 가까이 데리고 있는 시종이 딸을 낳았다는 소식을 듣고는 내전으로 불러서는 붉은 헝겊과 은젓가락을 하사하기도 하셨다. 이렇게 순종은 아이들을 무척 좋아해 순종의 환심을 사려면 아이 이야기를 꺼내야 한다는 말이 나올 정도였다.…… 또 매달 한 번쯤은 손수 덕수궁으로 부왕을 찾아뵙고 양식을 드시며 부자간의 정을 나누시곤 하셨다. 덕수궁으로 나들이를 하시는 외에 창덕궁 밖으로 행차를 하시는 것은 종묘에서 제사를 지내거나 선왕들의 능에 참배하실 때인데 수백 명을 대동하는 거대한 행차였다.

순종의 일상생활은 엄격하게 짜여져 아침에 일어나시는 것부터 수라·목욕·취침 시간까지 정확했다. 심지어 비원에 산보 나가는 일에도 1분도 틀림이 없었는데 한번 정한 일은 무슨 일이 있어도 그대로 지키시는 성품이었다. 편찮으실 때는 특히 의사의 지시를 조금도 거역하지 않았다. 한번은 신문에 "소화가 잘 안 되는 국수를 드셔서 병세가 악화됐다"는 오보를 보시고는 "국수를 언제 먹었느냐"며 발설자를 찾아내라고 호통을 치신 적이 있다.

순종은 어려서부터 약체여서 치아 18개가 의치란 사실은 이미 잘 아는 일이고 위장병으로 고생을 하셨으며 눈이 몹시 나빠 멀리 있는 사람은 잘 알아보지 못하셨다. 그러나 왕의 품위상 안경을 쓸 수 없도록 돼 있어 그냥 지내셨으니 지금 생각하면 참 딱한 노릇이다.

순종이 즐겨하시는 또 하나의 낙은 남의 족보를 따지는 일이었다. 시종이나 귀족이 순종을 배알하면 으레 선조를 꼬치꼬치 캐물어서 진땀을 흘리게 하곤 하셨는데 특히 학자에 대한 순종의 관심은 각별했다. 선조 중에 훈련대장이 있고 돌림자가 뭐라고 하면 "그래" 하고는 가만히 계시다가도 유명한 학자의 몇 대 손이라고 하면 무릎을 곧추세우며 바짝 다가가 따지기 시작하는 버릇이 있었다.

역대 선왕들과는 달리 순종은 상궁이나 궁녀를 가까이 하지 않아 윤비는 질투심을 내실 일도 없었고 다음의 제위를 이을 황태자를 둘러싼 후궁들 간의 치열한 싸움도 없어 두 분 마마 사이는 잔잔한 호수 물결 같았다(김명길, 《낙선재 주변》).

순종은 정상적인 사람처럼 당당하고 명민하지 못한 대신, 어린아이처럼 천진하고 맑은 성품을 유지했던가 보았다. 그에게는 자신의 위상에 합당한 권위의식도 없고 체면치레도 없었다. 그래서 심심하면 일하고 있는 복이상궁의 이름을 물어보았다는 애잔한 일화를 남겼다. 궁중에는 온돌에 불 때고 내전 침실에 등불을 켜고 재떨이를 부셔놓고 매우梅雨틀(변기)을 닦고 담뱃대를 소제하는 등의 잡무를 도맡아서 하는 이들이 있는데, 그들이 소속된 처소를 복이처僕伊處라고 했다. 복이처에 속한 상궁이나 내인은 '복이상궁' 또는 '복이내인'이라고 불렀는데, 궁 안에서 격이 가장 낮았다. 그런데 순종은 복이상궁의 격이 매우 낮은 것을 꺼리지 않고 심심할 때마다 일하고 있는 복이상궁을 향해 물었다는 것이다.

"너 누구냐?"

그러면 복이상궁은 대답했다.

"예에. 조치순으로 아뢰오!"

김용숙 교수의 책 《조선조 궁중복식 연구》에 기록되어 있는 일화인데, 김 교수는 그 이야기를 박창복 상궁에게서 들었다면서 이렇게 덧붙여서 기록해 놓았다.

"당시 복이상궁은 조치순이라는 이름의 여인이었던지, 박창복 상궁은 어제 일 같이 그 곱고 나직하던 음성이 잊혀지지 않는다고 술회했다."

인생에서 맡은 바 할 일을 갖고 있지 않은 사람이 느끼는 삶의 쓸쓸함과 무료함이 진하게 묻어나는 일화이다. 아무튼 구한말 같이 긴박했던 난세에 그처럼 허약한 인물이 통치자였던 것은 나라와 본인 모두를 위해서 매우 불운하고 고통스러운 일이었다.

한일합방으로 나라가 망한 뒤, 순종의 일상생활은 매우 단조롭고 조용했다. 정치는 일본 정치가들과 조선총독부에서 다하니 나라를 다스리려고 머리 쓸 일도 없고, 타고 난 성불구자여서 궁궐 안에서 후궁에 대한 사랑으로 벌어지는 분란이나 소동이나 갈등 같은 일도 일체 없었다. 그저 명목상의 조선 임금으로서 자주 파티나 열어 즐기면 되었다. 따라서 순종은 늘 시세에 순응하면서 온순하게 살았다. 그가 일본에 골치 아픈 일을 전혀 만들어주지 않았던 것을 높이 평가한 일본인 이왕직 관리 권등사랑개는 순종을 가리켜서 '평화의 임금' 이라고 극력 추켜세웠다.

그러나 워낙 좋지 않은 건강이 1926년에 이르자 한계에 이르렀다. 노환을 앓듯 뚜렷한 병명도 없이 시난고난 앓다가 1926년 4월 25일 새벽 한 시에 숨을 거두니, 향년 52세였다.

이은은 곧 이왕가의 왕위를 습위襲位해 '이왕 전하李王殿下'가 되었고, 각계각층 대표자들의 축하 인사를 받았다. 동경에서 천황과 황후가 보낸 칙사를 비롯해 각 황족 궁가의 조문 사자들이 달려왔다.

순종이 승하한 지 한 달 반이 지난 뒤인 6월 10일에 장례식이 거행되었고, 순종의 인산을 계기로 다시 시위운동이 일어났다. '6·10독립만세운동'이다. 고종의 승하를 계기로 1919년 3월 1일에 일어났던 '3·1독립만세운동'에는 훨씬 못 미치는 규모이고 열기였으나, 그래도 조선인들이 내내 마음에 품고 있던 항일의식을 드러내는 데는 모자람이 없었다. 순종은 금곡 유릉에 묻혔다.

순종의 승하로 조선에는 새 시대가 시작되었다. 이제부터는 새로운 '이왕'인 이은의 시대가 된 것이다. 그런데 그해 마지막 달에는 이왕가와 직결된 큰일이 많았다. 방자의 동생 규자의 결혼, 조선 왕공족에 관한 법률인 '왕공가 규범'의 제정, 대정천황의 별세 등이 모두 12월에 일어났다.

그해 12월 2일에 방자의 여동생 규자 여왕(1907년생)이 화족인 광교진光廣橋眞光 백작과 결혼했다. 사연이 많은 결혼이었다. 규자의 처음 결혼 상대는 산계궁 무언왕武彦王(1898년생)이었다. 무언왕의 첫 아내는 1923년 9월 1일의 관동대진재 때 무너지는 집에 깔려서 사망했다. 다음 해에 산계궁에서 규자를 후처로 맞으려고 혼담을 낸 결과 규자 여왕과 무언왕은 1924년 연말에 약혼했다. 그 뒤 이본궁에서는 규자 여왕이 산

⬆ **순종 장례식 행렬(1926).** 나라를 빼앗긴 지 16년, 그간 식물인간처럼 아무런 명색 없이 살아온 순종. 일본에 골치 아픈 일을 전혀 만들어주지 않았던 그를 이왕직 관리 권등사랑개는 '평화의 임금'이라 부르기도 했다. 그러나 워낙 좋지 않은 건강이 1926년 한계에 이르렀고 뚜렷한 병명 없이 향년 52세를 일기로 생을 마감한다.

평민이 된 왕 이은의 천하

계궁 비전하로서 머리에 쓸 보석관을 주문하는 등 결혼 혼수 준비에 분주했다. 언론의 반응도 뜨거워서 그녀가 산계궁 왕비가 된다는 소식만으로도 사진을 곁들여 보도하거나 여성잡지사에서 취재하러 찾아와 집안 모습까지 사진을 찍어서 보도하는 등 요란했다. 그런데 1926년 7월 14일에 산계궁으로부터 갑자기 "무언왕이 정신이상 증세를 보여서 결혼은 생각할 수도 없는 처지가 되었으니 결혼 약속을 취소해야겠다"는 통고가 와서 혼담이 깨졌다. 이때 받은 충격을 두고 방자의 모친 이도자비는 자서전에서 "머리에 철퇴를 맞은 것 같았다"고 표현했다.

무언왕과의 혼담이 깨진 뒤 이본궁에서는 파혼으로 받은 심적 타격이 매우 클 규자의 입장을 고려해서 부랴부랴 다른 신랑감 찾기를 서둘렀다. 그래서 주변 인물의 중매로 부모를 일찍 잃은 화족으로서 백작의 작위는 계승했으나 재산은 없는 빈궁한 청년인 광교진광 백작과의 혼담을 화급하게 추진해 12월 2일에 결혼식을 올렸다. 산계궁 무언왕과 파혼한 지 불과 5개월 만에 다른 남자와 결혼한 것이다.

신랑 광교진광 백작은 이도자비가 익살맞게도 '빈핍貧乏(가난하여 아무 것도 없는) 백작'이라고 이름 지어 불렀으리만큼 가난했다. 그는 경도제대를 나왔고, 결혼 당시에는 내무성 문관으로 근무하고 있었다. 결혼 뒤에 이본궁에서는 '규자 여왕의 화장품값'이라는 명목으로 매월 500엔씩을 보냈다. 월 500엔이면 연봉으로 치면 6,000엔이다. 당시 일본 총리대신의 연봉이 8,000 내지 1만 엔 정도였다니까, 다달이 매우 큰돈을 결혼한 작은 딸네 생활비로 보낸 것이다.

↖ 창덕궁 희정당 앞에서 이은 부부와 일행(1926). 순종의 승하로 조선에는 새로운 '이왕'인 이은의 시대가 시작되었다.

그 같은 이본궁 수정왕의 차녀 규자 여왕의 결혼 전말을 보면, 전에 이본궁에서 자발적으로 장녀 방자 여왕의 결혼 상대자로서 조선 왕세자 이은을 선택했던 일의 이면에 개재된 심리와 실상을 보다 선명하게 이해하게 된다.

그해 12월 25일에 대정천황이 별세했다. 건강이 매우 좋지 않은 상태로 엽산葉山 별장에서 정양 중이던 대정천황이 12월 16일에 위독해졌다. 궁내성의 연락을 받은 황족들은 모두 엽산으로 몰려가서 대기했다. 12월 21일에는 '왕공가 규범'이 제정되었고 그래서 방자에게 훈장을 하사한다는 연락이 왔다. 그녀는 동경의 궁성에 급히 들어가서 황후가 임석한 자리에서 훈일등 보관장을 하사받은 뒤 다시 대정천황이 있는 엽산으로 돌아갔다. 그 일을 두고 방자는 "내가 대정시대 최후의 수훈자가 되었다!"고 매우 감개 깊어 했다. 방자가 훈장을 받은 날로부터 나흘 뒤인 12월 25일에 대정천황이 붕어했다. 그간 섭정궁이라는 칭호를 갖고 천황의 업무를 대행하던 황태자 유인친왕이 즉시 천황의 자리를 계승해 소화昭和천황이 되었다.

이로써 같은 해에 똑같이 심신이 허약하고 병치레가 잦았던 조선과 일본의 임금들이 나란히 가고, 동양의 정치계는 새로운 시대에 들어섰다.

평민이 된 왕 이은의 천하

대망의
유럽 여행

이상한 일이었다. 이은 부부가 순종의 장례를 마치고 칭호가 '이왕 전하'와 '이왕비 전하'로 격상되어 동경에 돌아온 뒤, 돌연 유럽 여행 이야기가 쑥 들어갔다. 그리고 들려오는 이야기마다 일본 궁내성도 조선의 이왕직도 모두 이은의 유럽 여행을 반대한다는 말뿐이었다.

"이유가 무어요? 왜 갑자기 반대한다는 겁니까?"

평소답지 않게 이은은 분개한 얼굴로 따졌다.

"그간 황족들의 외유가 잇달아 있었기 때문에, 궁내성 예산이 부족한 점도 있고요……."

저택에 불려 온 궁내성 직원은 대답하기 어려운 듯 더듬거렸다.

"돈이 부족하다면 궁내성 지원을 전혀 받지 않고 내 돈으로 가겠소."

"그런데 그게, 저, 돈 문제만은 아니라고 합니다……. 전하는 일반 황족들과는 경우가 달라서 여러모로 신경을 많이 써야 한다고 합니다. 저, 그러니까, 예를 들자면, 유럽인들이 '이왕 전하'를 영어로 번역할 때 혹시 '프린스 오브 리'가 아니라 '프린스 오브 코리아'라고 한다면, 그렇다면, 그건 대내외적으로 오해의 소지가 있고……, 그래서……".

순종이 생존해 있던 1926년 봄에 왕세자 신분이던 이은에게 유럽 여행을 가라고 순순히 허락했던 때와는 공기가 전혀 다르게 바뀐 것이다. 이은의 신분이 '조선의 이왕가 왕세자'에서 '조선의 이왕'으로 변한 것 때문에 제기된 단세포적인 반대였다.

"아니, 무슨 그런 따위 말도 안 되는 이야기가 있소! 그런 게 내 여행을 반대하는 이유라는 거라니요!"

이은은 크게 분노했다. 대한제국이 멸망해서 일본의 속국이 된 지 어언 26년이다. 이제 와서 영어 번역에서 오는 오해 운운하면서 아예 해외여행 자체를 막는다는 것이 말이 되는가! 유럽 여행은 이은이 너무나 간절하게 바라던 것이었다. 그는 그간 견디기 어려운 일들을 다수 겪으며 심신이 모두 지쳤다. 어린 아들 진의 죽음, 관동대진재의 고난, 순종의 죽음……. 그리고 무엇보다도 혼혈의 결혼생활과 식민지의 명목상 임금이라는 전제조건이 야기하는 삶의 기본적인 불안감에서 오는 피로가 첩첩 겹쳐 있었다. 그렇기 때문에 일본도 아니고 조선도 아닌 먼 해외로 나가서 세계 각국을 돌아다니면서 그렇게 쌓여있는 것들을 풀어내고 싶었다. 그래서 늘 은인자중하는 삶을 조용히 살아온 이은도 이때만은 마음속에 쌓아둔 불만을 겉으로 크게 드러내면서 강력하게 분노했다.

"아니! '프린스 오브 코리아라고 할까 봐' 라니! '프린스 오브 코리아'라고 하면 도대체 무엇이 달라진다는 거요! 조선이 일본의 한 부분이 된 지 이미 오랜데!"

평민이 된 왕 이은의 천하

이은은 견딜 수 없는 심정으로 거듭 항의했다.

"아무튼 그런 게 그처럼 중요한 여행 반대 조건이 된다면, 좋소! 나는 '이왕'이 아닌 '이은'이라는 한 자연인의 자격으로 여행하겠소. 그러면 될 것 아니요!"

그뿐 아니었다. 조선의 신하들도 극력 반대한다는 소식이 날아왔다.

"전하께서는 일본 황족이 아니시니까 유럽 각국을 다니실 때 갖가지 냉대를 받으실 게 뻔합니다. 차라리 가지 않는 것이 나을 것입니다. 전하의 유럽 여행에 절대 반대합니다."

그건 식민지 사람들로서의 자격지심이었다. 이은은 그런 만류에도 격렬하게 반발했다.

"냉대 따위는 생각도 아니 하오! 나는 내 눈으로 세계를 직접 보려는 것이오!"

그러나 '돌부처에 벌침'이랄까, 이은의 항의나 반발은 아무런 반응을 일으키지 못했다. 게다가 그해 12월 하순에 대정천황이 별세하자 장례식이 치러지는 1927년 2월 7일까지는 더 이상 유럽 여행을 추진할 수 없었다. 대정천황의 장례식이 끝나자 이은의 해외여행 문제가 다시 수면 위로 떠올랐다. 평소 온순하고 만사에 순순하게 협조하던 이은이 이 문제에 대해서만은 예전의 그와 달랐다. 그가 드러낸 강렬한 열망과 그에 못지않은 큰 분노를 본 이왕직 차관인 일본인 소전치책篠田治策 박사가 돌연 입장을 바꾸어 이은의 편이 되어 나섰다.

"이 문제는 전적으로 이왕 전하의 뜻을 받들어 드려야 할 것으로 봅니다."

그는 나중에 경성제대 총장까지 지낸 국제법 전공학자였다고 하는데,

아무래도 일반 관리들과는 생각하는 게 달랐다.

"찾아보면 방법이 아주 없지는 않을 겁니다."

그가 궁내성 당국과 적극적으로 교섭한 결과, 이은은 '일본 백작'으로 신분을 위장해 유럽 여행에 나서기로 절충이 되었다. 해외여행 명목은 군사시찰, 기간은 1년. 육군에서는 그가 여행하는 동안 소속되어 있을 부서로 참모본부를 배정하고 발령을 내주었다.

1927년 4월, 이은은 조선에 가서 순종의 1주기 제사를 지낸 뒤에 곧 일본으로 돌아가서 해외여행 준비에 들어갔다. 해외여행에 나설 인원은 이은 부부와 수행원 7명을 포함해 모두 9명이었다. 수행단에는 이왕직 차관 소전치책 박사, 배속 무관 좌등佐藤 중좌, 고계高階 전의典醫, 족립足立 촉탁, 어용괘 삼포三浦, 적목鏑木 시녀 그리고 한국인으로는 김응선 대좌 한 사람이 포함되었다. 여성인 삼포와 적목은 방자를 시중들기 위한 수행원이었다.

1927년 5월 23일, 일행은 동경에서 가까운 횡빈 항구에서 우편회사의 기선인 상근호에 승선해 해외로 나가는 첫걸음을 떼었다. 이은은 조롱 속 새가 창살을 벗어나듯 기쁘게 해외로 나갔다. 그것은 모든 의미에서 문자 그대로 탈출에 해당했다. 그러나 뒤집어서 생각하면 이런 종류의 탈출은 결국 이은의 성격이 유약하고 심지가 얕은 사람임을 날카롭게 반영하는 것이기도 했다. 중국에 "섶에 누워서 쓸개를 맛 본다"는 '와신상담臥薪嘗膽'의 고사가 있지만, 세상에서 억울함을 당한 사람들이 처한 마음의 풍경은 좋은 음식도 좋은 잠자리도 거부하면서 결단코 치욕을 잊지 않도록 마음 깊이 새기고 그 수치를 설욕할 때를 기다리는 것이어야 정상이다. 그러나 이은은 자신이 처한 현실의 답답함을 해외여행으로 풀기만을 열렬히 바랐을 정도로 현실 순응적인 정서를 지닌 사람이었다.

5월 28일에 그들을 태운 기선은 문사門司를 출발했다. 서울에서부터 전송하러 온 환송객들인 조동윤 소장과 엄주명과 조대호와 어담 무관과 아도 조선총독 대리 등과 문사에서 작별 인사를 나누고 헤어진 뒤 기선은 대양으로 나갔다.

기선은 5월 30일 아침 7시에 첫 기착지인 상해에 도착했는데, 제1파견함대 사령관, 상해 총영사, 일본 군함 팔운호의 함장 등이 나와서 이은 일행을 마중했다. 아무리 명분상으로는 '백작'의 신분을 차용한 개인적 여행이라지만, 역시 '조선 왕'으로서의 이은의 위상을 중시한 것이다.

그런데 해외여행의 첫 기착지인 상해에서 이은이 처한 역사적 상황과 입장을 뚜렷이 드러내는 사건이 일어났다. 당시 상해에는 대한민국 임시정부가 있었고, 그들도 이은의 해외여행을 잘 알고 있었다. 그들은 이은이 상해에 도착하면 납치하려는 계획을 세우고 있었다. 게다가 그런 정보까지 일본 측에 그대로 알려져 있었다. 일본 측은 그에 대한 대비책으로 이은 일행이 상해에 상륙하는 일 자체를 막기로 했다. 그래서 이은 일행은 상해에 상륙하지 못하고 상해 앞바다에 정박해 있던 일본 군함 팔운호에 옮겨 탄 뒤에 군함 안에서 일박하고 다음 날 다시 타고 왔던 기선으로 돌아와서 상해를 떠났다.

전해지는 이야기로는 이때 임시정부에서는 이은을 납치해 상해의 독립운동 전선에 합류하게 하려고 했다고 한다. 그렇게 된다면 독립운동계는 물론 전 조선과 일본에 미치는 엄청난 파장을 계산한 것이다. 그런데 이은 부부가 일본 군함에서 하룻밤을 자고 그대로 떠나는 바람에 전혀 손을 쓸 수가 없었다. 이 일에 대해 이방자는 자서전에서 이렇게 술회했다.

> 영친왕은 나하고 결혼하신 후 여러 가지 국내외의 사정 때문에 신혼여행을 하지 못했다. 그래서 이번 신혼여행을 겸한 유럽 시찰여행을 하게 된 것이었다. 그 여로가 국제 도시인 상해를 거쳐 유럽을 가게 된다는 정보를 임시정부는 입수하게 되었다. 임시정부의 요인들은 천재일우의 기회라고 생각하고 만단의 준비를 갖추기 시작했다. 나라를 잊고 민족의 슬픔도 모르고 호의호식에 취하여 희희낙락 유람생활에 넋을 잃고 있을지도 모르는 영친왕에게 민족사상을 불어넣으려는 계획이었던 것이다.
> 배가 상해 부두에 닿으면 곧 납치를 해서 임시정부 요인들이 차례로 설득을 하고 격려를 할 계획을 세웠던 것이다. 이 계획은 영국 대사에게까지 협력을 요청해 두었다고 한다. 그러나 이 일을 계획한 클럽 중에는 일본 정부의 스파이가 끼어 있어서 미리 일본 정부에 알렸기 때문에 이에 놀란 일본 정부는 각 일간신문에 대서특필로 보도를 하게 하는 한편 영친왕의 상해 상륙을 금하고 그대로 홍콩으로 떠나도록 했다는 것이다(이방자, 《지나온 세월》).

용이 입속에 물고 있다는 여의주, 당시 일본과 조선 독립운동계 모두 이은을 그렇게 취급했다. 이은의 신분이 지니고 있는 상징성 때문에 서로 빼앗으려 하고 빼앗기지 않으려고 기를 쓴 것이다.

이은 일행은 홍콩을 거쳐서 싱가포르에 기착했다가 인도양으로 들어

가서 페낭에 도착했다. 가는 곳마다 일본 영사관 총영사를 비롯한 현지 책임자들이 환영 나오고, 영국 식민지에서는 영국인 총독들이 그들 부부를 초청해서 파티를 열어주었다. 모두 '백작'이라고 위장했으나 실제로는 '이왕 전하'인 신분을 감안한 접대였다. 인도양을 지나면서 방자는 다음과 같은 시를 지었다.

하얀 파도 높게 솟구치고
부는 바람은 미지근하다.
선실의 베드에 누워
살며시 모포 속에 얼굴을 파묻고
나도 몰래 까닭 없이 흐느껴 운다.
너 타고난 고향이 그리워졌는가?
어린 유년의 시절이 생각났는가?
아니다 아니다.
다만 까닭 없이 눈물이 나는 것이다.
광대한 인도양이 마음을 삼켰는가?
높은 파도의 압박에 몸이 고달팠는가?
아마 이것이 여수라는 것이겠지.
인도양에 오면 어느 나그네든지.
한번은 이 외로운 마음을 맛본단다.
고국을 멀리 두고 외로움을 느낀단다.
늙은이도 젊은이도 무엇인지
저도 모르는 느낌에 가슴 설레는 시간이란다.

젊은이들은 행복한 내일이 오리라고 생각하고
늙은이들은 어제의 행복을 생각하며
이 인도양 위에서 스스로를 부둥켜안고
마음에 새겨둘 무언가를 찾는다.
광대한 인도양에 둘러싸인 나는
홀로 선실에서 눈물 흘리며
살며시 내 가슴을 안아본다.

당시로서는 매우 경험하기 어려운 사치였던 유럽 대여행의 초입에 선 젊은 아내가 기대에 가득 부푼 마음과 잔뜩 감상적이 된 감흥을 쏟아낸 시이다. 방자가 당시 그 여행을 얼마나 크게 즐겼는지를 알 수 있다. 그것은 곧 이은의 마음이기도 했으리라.

콜롬보에 기착했다가 다시 항해해 홍해를 건너 수에즈 운하에 도착해 상륙한 그들은 알렉산드리아로부터 달려온 일본 총영사의 안내와 현지 관헌의 경호를 받으면서 카이로를 관광했다. 지중해에 들어서서 나폴리 항구에 도착했을 때는 로마 대사관의 서기관이 거기까지 마중 나왔다.

횡빈 항구를 떠난 지 43일 만인 7월 4일에 그들은 마르세유 항에 도착했다. 영사관 직원들과 육군 보좌관들의 마중을 받으면서 상륙해 관광한 뒤에 기차로 갈아타고 파리로 갔다. 그들은 가는 곳마다 일본 대사관이나 영사관의 마중과 안내를 받으면서 유럽 각국을 여행했다. 그들이 갔던 곳을 따라가 보면 다음과 같다.

횡빈(일본)→ 문사→ 상해(중국)→ 홍콩→ 싱가포르→ 페낭(말레이시아)→

평민이 된 왕 이은의 천하

콜롬보(스리랑카)→ 알샤브(사우드예멘)→ 수에즈 운하→ 카이로(이집트)→ 나폴리(이탈리아)→ 마르세유(프랑스)→ 리용→ 파리→ 베르사유→ 생 제르맹→ 말누존→ 베르됭→ 루체른(스위스)→ 융프라우→ 제네바→ 파리(프랑스)→ 런던(영국)→ 뉴캐슬→ 에든버러→ 글래스고→ 단베리→ 맨체스터→ 리버풀→ 런던→ 버밍엄→ 포츠머드 군항→ 파리(프랑스)→ 루앙→ 브뤼셀(벨기에)→ 헤이그(네덜란드)→ 암스테르담→ 로테르담→ 베를린(독일)→ 코펜하겐(덴마크)→ 골덴부르크→ 오슬로(노르웨이)→ 스톡홀름(스웨덴)→ 베를린(독일)→ 칼리닌그라드(동프로이센)→ 바르샤바(폴란드)→ 베를린(독일)→ 드레스덴→ 라이프치히→ 뮌헨→ 빈(오스트리아)→ 프라하(체코슬로바키아)→ 빈(오스트리아)→ 베니스(이탈리아)→ 로마→ 나폴리→ 폼페이→ 피렌체→ 밀라노→ 니스(프랑스)→ 몬테카를로(모나코)→ 칸(프랑스)→ 마르세유→ 나폴리(이탈리아)→ 수에즈 운하→ 콜롬보(스리랑카)→ 싱가포르→ 상해(중국)→ 신호(일본)

이처럼 많은 나라들과 도시들을 방문하면서 그들은 박물관, 역사 유적지, 병원, 대학, 사회복지 시설, 학교, 음악당, 미술관, 상점 등을 찾아서 관광도 하고 쇼핑도 했다. 또 오페라와 골프도 즐기고 파티에도 자주 참석했다. 당시만 해도 유럽에 많은 왕가들이 군림하고 있을 때여서 각국 황실 또는 왕실과 긴밀한 교제도 나눴다.

그들이 만난 유럽의 군주들, 곧 영국 왕, 벨기에 황제, 네덜란드 여왕, 덴마크 황제, 노르웨이 황제가 각기 자국 최고의 훈장을 이은에게 수여했다. 이은이 유럽 각국의 최고 훈장들을 받을 만한 업적을 쌓은 일이 전혀 없는데도 그처럼 가는 나라들마다 그에게 훈장을 준 것은 사양길

평민이 된 왕 이은의 천하

1927년 이은 부부의 유럽 여행

로마에서 이은

에 접어든 군주 가문들이 끼리끼리 즐긴 '훈장 놀이'에 해당했다.

이은이 군주국이 아닌 나라에서 훈장을 받은 것은 유일하게 당시 대통령제였던 프랑스에서 대통령이 자국 최고 훈장인 레종 도뇌르 대훈장을 그에게 준 것이었다. 그러나 그것은 이은의 장인인 이본궁 수정왕이 당시 제네바 군축회의에 일본 대표로 가 있던 조선총독 재등실과 프랑스 주재 석정국차랑石井菊次郎 대사에게 전보를 보내서 프랑스 당국에 훈장 수여를 교섭하도록 부탁해 그들이 프랑스 측에 막후 공작을 벌인 결과였다. 이은이 유럽 각국에서 받은 훈장은 다음과 같았다.

9월 9일: 프랑스 대통령으로부터 레종 도뇌르 대훈장을 수여받음.
9월 30일: 영국 버킹엄 궁전에서 국왕으로부터 브리티시 엠파이어 최고 훈장을 수여받음.
10월 16일: 벨기에 황제 초대의 오찬회에 참석해 레오폴드 훈장을 수여받음.
10월 25일: 네덜란드 여왕 윌헬미나의 초대로 만찬, 식후 이은은 그랜드 크로스 오브 제 네덜란드 라이언 대수장大綬章을 수여받고 방자는 오우 아레데 오브 제 하우스올더 오브 오렌지 기장記章을 수여받음.
11월 9일: 덴마크 황제와 황후를 배알하고, 단느 브록 대수장을 수여받음.
11월 13일: 노르웨이 황제를 배알하고 쌍 오라흐 훈장을 수여받음.

비록 비공식 방문이라는 형식으로 여행하는 것이지만 유럽 각국 왕실에서는 공식 방문에 못지않게 친절하게 이은 부부를 맞아주었다고 하는데, 각국에서 이처럼 자국의 최고 훈장을 이은에게 준 것을 보면 그 말이 맞는 것 같다.

이 여행 시기에 이은과 방자는 그들의 생애 최고 최상의 마음 편한 휴식을 맘껏 즐겼다. 그들에게 이 여행은 여러 가지 의미에서 특별했다. 무엇보다도 '국제결혼'에 대한 인식을 고양시킬 수 있었다는 점에서 매우 중요했다. 방자는 회고록에서 이 여행의 추억을 기술하면서 "노르웨이 황제는 덴마크 황제의 동생이고 황후는 영국 왕의 매씨였다"고 기록해 놓았다. 유럽의 각국 군주 집안들이 서로서로 국제적인 혼인관계로 맺어져 있는 것이 몹시 마음에 들었던 것이다. 그녀는 당시의 느낌을 이렇게 기술했다.

소화 2년(1927) 5월, 전하께서는 군사 상황의 시찰이라는 명목으로 유럽 각국을 순방하게 되었습니다. 마침 좋은 기회이므로 나도 동행하기로 했습니다. 결혼 후 이때까지 겨우 7년밖에 지나지 않았습니다만, 그동안 충격과 타격이 심한 사건이 뒤이어 일어났으므로, 우리들의 신경은 지칠 대로 지쳐 있었습니다. 그러므로 전하나 나나 이번 여행은 가물에 단비를 만난 것과 같은 기쁨이었습니다.…… 각국 원수들과 만나보기도 하고, 군사시찰도 하고, 명승고적을 찾기도 하며 1년이란 세월을 보냈습니다. 그 당시는 일본의 위세가 당당하던 때였으므로, 우리는 일본의 황족인 만치, 그리고 지금과는 달리 왕국이 많았던 때문도 있어서 우리는 극진한 환영을 받았습니다. 정말 꿈같은 시절이었습니다.
특히 유럽 여러 나라의 왕실에서는 국제결혼이 아무런 거리낌도 없이, 당사자들 사이에건, 국민들에건 받아들여지는 형편이어서, 깊은 감명과 부러움을 느꼈습니다. 그리고 한편으로는 자신을 갖게 되어, 시야를 국제적인 데로 보내게끔 되었습니다.

주어진 의무는 전혀 없이 여유롭고 호사스러운 장기간의 유럽 여행을 즐기면서 이은 부부의 마음은 흡사 우물 안 개구리가 우물을 벗어나서 너른 세상을 바라보는 듯 했다. 이때의 경험은 그들의 부부관계를 보다 돈독하고 편안하게 만드는 데 크게 기여했다.

그러나 이 여행에도 건드리면 몹시 아픈 통점痛點 같은 부분이 있었다. 이은 부부가 네덜란드 헤이그에 갔을 때였다. 여행을 마치고 출발하기 전날 오후, 호텔 문밖에서 떠들썩한 소리가 났다. 들어보니 수행원인 이왕직 조전 차관이 어떤 사람과 서투른 프랑스 말로 다투고 있었다.

"면회를 시켜주시오."

"안 되오."

"왜 안 된다는 거요?"

"그것은 말할 필요가 없소."

한참 다투다가 소리가 그쳤길래 내다보니 어떤 동양 남자 한 사람이 나가고 있는 뒷모습이 보였다. 이은이 조전 차관을 불러 연유를 묻자 그가 대답했다.

"조선인인데, 폴란드에서 한약방을 개업하고 있는 자라고 합니다. 전하를 뵙겠다고 하는데, 어떤 사람인지 몰라서 안 된다고 했습니다."

이은은 그 정도로만 알고 지나갔다. 그런데 조전 차관이 여행 뒤에 쓴 《외유 일기》에 그 사람에 관한 이야기가 상세하게 기술되어 있어 훗날 세상에 알려졌다. 면회를 거부당한 그 조선인은 당시 이은에게 자신이 가져온 '명심단明心丹'이라는 약상자를 꼭 전해 달라면서 놓고 갔는데, 조전 차관이 약상자를 뒤져 보니까 예상대로 그 안에 이은에게 드리는 '건백서建白書'라는 이름의 편지가 들어 있었다. 일본인인 조전 차관도 그 '건백서' 안에 들어 있는 간절한 충정을 차마 무시할 수 없었던가 보았다. 그냥 없애버리지 않고 그 내용을 자신의 일기에 옮겨서 후세에 전했다. 이름 모를 해외 거주 조선인이 충정과 충심을 다해 쓴 그 글은 그 시대의 해외동포들이 '대한제국 황태자'였던 이은에게 걸었던 기대와 실망과 한숨을 넉넉히 알아보도록 문장이 뜨겁다.

전하여! 전하께서 구라파를 순유하면서 각국 원수元首들과 친교를 맺으심은 경하할 일이오나, 한국 왕실이나 한국의 실재를 표시하지 않는 것은 심히 유감된 바입니다. 전하가 만일 고종 황제께서 한일보호조약을 무효로 만들고자 밀사를 일부러 헤이그에 보내셨던 사실을 잊지 않으셨다면, 신문기자에게 대하여 '나는 일본 황족이 아니고 한국의 황태자'라는 것을 명확하게 선언하소서! 우리들 구라파에 있는 한국인들은 그러한 일이 있기를 기대하고 전하를 일제로부터 탈환하여 상해나 노령으로 모시고 갈 계획도 세웠으나, 첫째 전하의 마음이 약하셔서 일본 군인을 앞에 세우고 다니면서 구라파 여행만 즐기고 계시니 어찌 한심하지 않으리이까! 전하께서는 모름지기 대의명분을 밝히셔서 고종 황제의 높으신 뜻을 저버리지 마소서!…….

무엇이 덕혜옹주를 미치게 했나

조선 왕공족 세 가문의 어린이들, 곧 제2세대 왕공족들은 모두 10세 안팎의 나이에 일본에 유학해야 했고, 자라서는 일본인과 혼혈결혼을 해야 했다. 그들 중 제일 먼저 결혼한 사람은 덕혜옹주였다. 제2세대 왕공족 3인의 삶을 결혼한 순서로 뒤쫓아본다.

덕혜옹주(1912~1989)의 결혼과 관련해 널리 알려진 이야기가 있다. 일찍이 고종이 덕혜옹주를 조선인과 결혼시키기 위해 특별히 김황진이라는 시종의 조카를 점찍어두었는데, 그런 기미를 알아챈 총독부가 김황진을 강제사직시켜서 고종과 만나는 일을 차단시킴으로써 무산되었다는 이야기다. 김을한의 저서에 나온 이야기로 여기저기 자주 인용된다. 그러나 고종은 1919년 1월에 승하했기 때문에 그 이야기의 배경은 1918년 이상을 넘어가지 못하는 것으로서, 가장 길게 잡아도 1912년생인 덕혜옹주가 6세 때의 일이니만치 실제로 큰 의미가 있는 이야기였다고 보기 힘들다.

덕혜옹주는 13세이던 1925년 3월에 일본 유학길에 올랐다. 조선 왕가에서는 덕혜옹주가 여자아이이기 때문에 일본에 보내기를 매우 꺼렸다. 매사에 온순하고 유약한 순종까지 극력 반대했다. 그러나 일본 측의 조선 왕공족 전원의 일본 조기 유학 방침에 따라서 일본행이 강행되었다. 방자의 회고록에는 이에 관해 다음과 같이 기술되어 있다.

원래 총독부에서는 왕공족을 극력 일본에 동화시키는 동시에 순수한 왕가의 피에 일본인의 피를 섞는 것을 통치의 비결로 삼고 있었습니다. 이러한 그들의 정책이 우리 바깥어른의 경우에는 성공한 셈이었습니다. 그래서 이번에는 단 한 분밖에 없는 누이동생 덕혜님에게 손을 뻗혔습니다. 그들은 우리 바깥어른과 마찬가지로 그분을 일본에 데려와서 일찍부터 일본에 동화시킬 작정을 했습니다. 덕혜님은 그때 아직 소학교 육학년생인 어린 몸에 지나지 않았습니다. 그러므로 오라버님 되는 이왕李王님으로서는 너무나 애처롭게 여겨지신 모양이었습니다. 극력 거기 반대하시는 동시에 적어도 여학교를 졸업할 때까지는 당신의 슬하에 두고 싶으시다고 여러 가지로 말씀하셨습니다. 그러나 나라를 잃은 임금님으로선 헛된 반항에 지나지 않았습니다. 일본 당국의 계획은 시계처럼 정확히 진행되었을 뿐입니다.
왕족 여러분의 원한과 눈물의 전송을 받고 덕혜님이 홀몸으로 일본을 향해 떠나신 것은 대정 14년(서기 1925) 3월이었습니다. 도오꾜오에서는 우리가 사는 집에 잇달린 건물에 거처하시면서 학습원 여자 중등과에 입학하시어, 한걸음 한걸음 기정 코오스를 밟게 되셨습니다(이방자, 《영친왕비의 수기》).

덕혜옹주는 서울에 있을 때는 명랑하고 활기 있고 노래 부르기를 즐기고 노랫말도 잘 짓던 머리 좋은 소녀였다. 본전절자가 《비련의 황태자비 이방자》에서 덕혜옹주의 일본 학습원 유학 시절에 관해서 쓰면서 "그녀는 말도 자유스럽지 못한 데다가 생활 습관도 달라서 동급생과 친숙해지지 못했다"라고 기술해 놓은 이래, 국내외의 후발 연구자들은 아무런 검증 없이 이를 받아들이고 있다. 그러나 그것은 지레짐작에 불과한 것으로서 사실과 아주 다른 이야기였다.

덕혜옹주는 만 네 살 때부터 덕수궁에 설립한 유치원에서 일본인 교사에게서 배웠고, 늘 일본인 가정교사가 있었으며, 소학교 2학년부터는 일본인 아이들이 다니는 일출소학교에 다니면서 일본인 교사에게서 일본어로 배웠다. 게다가 머리까지 좋았기 때문에 덕혜옹주는 일본 유학 이전부터 일본어를 모국어처럼 잘했다.

여기서 그간 제대로 알려지지 않았던 일을 소개한다. 덕혜옹주가 일출소학교 시절에 '일본어 동시 작가'로 명성이 높았다는 사실이다.

덕혜옹주는 일본어로 동시들을 지었는데, "뛰어난 동시!"라고 칭송이 자자했다. 일본의 저명한 동요 작곡가들이 그녀의 동시에 곡을 붙여서 동요를 만들었고, 그 동요들은 조선은 물론 일본에까지 널리 보급되었다. 그처럼 덕혜옹주의 동시를 동요로 만들게 된 것은 당시 조선총독이었던 재등실의 특별 주선에 의한 것이었다는데, 재등실로서는 일본과 조선의 민중들이 조선 왕실을 보다 친근하게 여기도록 만드는 수단이 될 것이라고 판단한 듯하다.

덕혜옹주가 지은 동시에 곡을 붙인 작곡가는 현재 잘 알려져 있는 유명 인사만 해도 세 명에 달한다. 근대 일본 음악의 선구자로 알려진 맹

인 작곡가 궁성도웅宮城道雄(1894~1956), 10권의 유명한 그림 동요집을 낸 흑택융조黑澤隆朝(1895~1987), 일본에서는 모르는 사람이 없을 정도로 유명한 동요작가인 좌좌목스구루佐佐木すぐる(1892~1966)이다.

덕혜옹주가 일출소학교를 다니고 있을 당시, 그녀가 작사한 일본어 동요들은 일본 아이들에게까지 널리 불렸다. 덕혜옹주가 작곡자를 직접 만나기도 했다. 작곡자 중 한 사람인 흑택융조의 경우, 1924년 여름에 조선에 왔다가 덕혜옹주가 쓴 〈비〉와 〈전단〉 등 네 편의 동시에 곡을 붙인 뒤 일출소학교를 방문해 덕혜옹주 앞에서 자신이 직접 노래를 불렀다. 그의 술회에 의하면, 당시 덕혜옹주는 "한눈에 과연 그렇다고 할 정도로 고아하고 단정 수려한 자태"였고, 그가 노래하는 동안 "줄곧 검고 동그란 눈에 웃음을 띠시고 듣고 계셨다"는 것이다. 그는 다음 해인 1925년 봄에 조선을 다시 방문했는데, 부산에서 경성으로 가는 기차에서 동석한 누나와 동생인 일본인 아이들이 덕혜옹주의 동시에 자신이 곡을 붙인 동요 〈비〉를 되풀이해 노래하고 있는 모습을 보고 감동했다는 이야기도 했다.

서울의 공회당에서 '노래회'가 열렸을 때 덕혜옹주가 다른 아이 둘과 함께 무대에 나가서 자신이 지은 동시에 곡을 붙인 동요를 직접 부른 일이 있었다는 국내 인사의 증언도 있다. 덕혜옹주가 지은 동시로 만들어진 동요들은 일본에서 출간된 유명한 동요집에 담겨 현재도 살아 있다. 그중 동시 4편이 일본인 작가 다호길랑多胡吉郎 씨에 의해 발굴되어 "덕혜옹주가 일본어로 쓴 동시 4편"이라는 제목으로 2011년 8월에 한국에 소개되었다.

↑ 일출소학교에 진열된 덕혜옹주의 과제물과 일본어 수업(1925). 덕혜옹주가 제작한 각종 과제물을 모아 송별회장에 전시해 두었다. 자수와 서화 등이 눈에 띄는데 이 방면에 남다른 소질이 있었음을 알 수 있다. 덕혜옹주는 즉조당 유치원 시절부터 일본인 교사에게 배웠고, 늘 일본인 가정교사가 있었다. 일본인 아이들이 다니는 일출소학교에 다니면서는 일본인 교사에게 일본어를 배워 일본 유학 전부터 그녀는 일본어에 능했다.

↗ 덕혜옹주의 동시 〈비〉에 흑택용조가 곡을 붙인 악보(《귀여운 동요》 제9집). 덕혜옹주가 일출소학교 재학 당시 지은 동시들에 일본인 동요작곡가들이 곡을 붙인 동요는 조선은 물론 일본에서까지 널리 불렸었다.

벌

노란 옷 입은
작은 벌은
엉덩이에 칼
군인 흉내 내며
뽐내고 있네

蜂

黄色い服着た
小さな蜂は
おしりに剣
兵隊のまねして
いばってる

비

모락모락 모락모락
검은 연기가
하늘 궁전에 올라가면
하늘의 하느님 연기가 매워
눈물을 주룩주룩 흘리고 있어

雨

むくむくむくむくと
黒い煙が
空の御殿へ上がったら
空の神様けむいので
涙をぼろぼろ流してる

전단

남쪽 하늘에서 날아온
커다란 날개 단 비행기가
전단을 수도 없이 날리고 있다
금색 전단 은색 전단
난 그걸 갖고 싶지만

びら

南の空から飛んできた
大きなお羽の飛行機が
たくさんびらをなげている
びらは金びら銀のびら
私はそれがほしけれど

평민이 된 왕 이은의 천하

바람의 하느님이 데리고 가네	風の神様つれてゆく
어디로 가는지 보고 있자니	どこへ行くかと見て居れば
솔개 옆에서 놀고 있네	鳶(とび)のところであそんでる

쥐	ねずみ
따라락 또르륵	がたんごとんと
쥐들의 난리법석	ねずみの大さわぎ
쥐야 쥐야	ちゅう吉ちゅう吉
무얼 하니	なにをする
오늘은 집안의	今日はおうちの
대청소	大そうじ
그래서 난리 부리며	それでさわいで
있는 게로구나	おります

《문학사상》 2011년 8월호

다호길랑씨는 이 동시들을 소개하면서 다음과 같은 이야기를 덧붙였다.
저명한 동요 작곡가 흑택융조가 덕혜옹주의 동시에 곡을 붙인 동요를 실은 동요집에 쓴 해설에 의하면, 그는 경성 체재 중에 "덕혜옹주 친필의 동요, 일상생활과 기타 사진을 보고, 직접 쓰신 네 편의 시에 작곡을 시도할 수 있는 영광을 얻었다"고 하면서, 자신의 조선 방문을 주선한 경성 거주 일본인 좌전초인佐田草人이 "동요에 비상한 천부적 재능을 지니신 덕혜옹주님을 시의 여왕으로 내지內地(=일본) 여러 도시의 아동

및 교육가들에게 순회공연을 계속하며 소개하는 노고를 하고 있었다"라고 기술했다는 것이다. 아부 섞인 표현이기는 하지만, 당시 어린 덕혜옹주가 일본인들로부터 공공연하게 '시의 여왕'이라는 칭송까지 들었음을 알 수 있다.

《궁성도웅 작품 전서》(1979)에도 덕혜옹주의 동시 〈벌〉과 〈비〉를 작곡한 동요가 실려 있다고 한다. 그런데 그 해설에 "작사자인 창덕궁 덕혜옹주는 이왕 전하의 동생이시며, 당시 일출소학교 5학년 재학 중으로, 일본어로 이와 같은 귀여운 시를 많이 만들어 '조선의 징궁澄宮 전하'라고 불릴 만한 분이었다. 내용은 너무도 어린이다운 천진한 것으로, 궁성도웅의 곡도 동시의 기분에 맞춘 아름다운 곡이다"라고 언급되어 있다. '징궁 전하'란 소화천황의 막내 동생인 '삼립궁三笠宮'을 가리키는데, 유별나게 동시에 특출한 재능이 있어서 많은 동시를 썼으며 '동시의 황자님'이라고 불렸다고 한다. 그런데 덕혜옹주를 가리켜 "조선의 징궁 전하라고 불릴 만한 분"이었다고 치켜세운 것이니, 덕혜옹주가 일출소학교 재학 중에 일본어 동시를 발표하면서 각계각층의 칭송을 얼마나 많이 들었는지를 보여 준다.

머리 좋은 덕혜옹주는 일본에 유학 가서도 언어에 대한 곤란이 전혀 없이 공부를 잘했다. 여자 학습원은 본과와 고등과가 있었는데, 수업 기한은 본과는 전기 4년, 중기 4년, 후기 4년이고, 고등과는 2년이었다. 그녀는 1925년 4월에 본과 중기 2년에 편입했다. 소전부웅차小田部雄次가 쓴 《낙선재의 마지막 여인》에 의하면, 조선총독이었던 재등실이 남긴 〈재등실 문서〉에는 어느 해인지는 밝혀져 있지 않은 덕혜옹주의 학업성적표가 들어 있는데 성적이 아주 우수했다고 한다. 제1학기와 제2

학기 동안 국어, 산술, 역사, 지리, 도화, 재봉, 수공, 통역 등은 10점 만점에 9 또는 10이었다. 품행도 갑이었다. 다만 체조는 8이고, 역사는 1학기에는 9였다가 2학기 때는 8로 떨어져서 그녀의 공부 취향을 짐작하게 했다. 소전부웅차는 "이때의 '역사'는 당연히 일본을 찬미하는 내용이었을 것"이라고 추정하면서, 그래서 덕혜옹주가 '역사'에 흥미를 갖지 못했을 것이라고 분석했다.

《매일신보》1928년 3월 10일자 지면에 전신 사진과 함께 실린 "십칠 세의 새봄을 맞으신 덕혜옹주, 고등과 오학년에 우등으로 승급昇級하압시었다"라는 제목의 기사는 그 시대에 덕혜옹주가 갖고 있던 위상과 명성을 매우 분명하게 드러내고 있다.

> 조선의 어린이들이 가장 경앙敬仰하는 우리의 덕혜옹주께서 어머님의 품을 떠나 동경에 유학 가신 지 벌써 5개 성상星霜—이번에 새 학기에는 학습원 여학부 고등과 제5학년에 가장 우수한 성적으로 승급을 하압시게 되었다. 화가和歌와 동화童話에 천재天才가 계시며 날로 고와가시는 천질天質은 근시자近侍者가 놀람을 마지않는 바이니, 십칠 세의 봄을 맞으시는 옹주의 앞에는 기쁨과 행복이 실리었을 뿐이다.

기사 제목에서부터 덕혜옹주가 "우등으로 승급"한다고 밝히고, 그녀가 동요를 잘 짓는다 하여 "조선의 어린이들이 가장 경양하는 우리의 덕혜옹주"라고 지칭하면서 "화가와 동화에 천재가 계신"다고 치켜세우고 있다. 매스컴까지 이처럼 한껏 덕혜옹주를 떠받들고 있었던 것이 당시 분위기였다.

덕혜옹주가 일본에 유학한 지 1년 만인 1926년 4월 25일에 오빠인 순종이 승하했다. 4월 5일에 순종이 위독하다는 소식이 오자 이은 부부는 그녀를 데리고 황급하게 서울로 갔다. 그들이 지극한 정성으로 간병했으나 순종은 4월 25일에 승하했다. 덕혜옹주는 밤낮으로 울면서 몹시 슬퍼했다. 그러나 일본 당국이 그녀의 도일을 계속 재촉한 결과, 미처 순종의 장례가 치러지기도 전인 5월 10일에 서울을 떠나 동경으로 향했다. 이은 부부는 6월 10일에 순종의 국장을 마치고 '왕세자 부부'에서 '이왕 부부'로 신분이 격상되어 6월 말에 동경으로 돌아왔다.

일본 궁내성에서는 순종이 별세한 뒤인 1926년 여름부터 덕혜옹주의 결혼 문제에 손을 쓰기 시작했다. 현재 덕혜옹주의 결혼 문제와 그로 인해 발생한 여러 문제들 역시 제대로 알려지지 않고 매우 큰 왜곡과 오해 속에 있다. 여기서 덕혜옹주의 결혼 문제를 전면적으로 상세하게 고찰해 전모를 정확하게 밝힌다.

1926년 여름에 덕혜옹주는 만 14세였다. 이때 궁내성이 덕혜옹주의 혼사 문제를 다루기 시작한 것은, 일본 황족 가문에서 이른 나이에 혼담을 결정짓는 관행을 따른 것으로 보인다. 순종의 장례를 지낸 지 불과 80여 일 뒤인 1926년 8월 30일에 《동아일보》와 《조선일보》에 일제히 '덕혜옹주와 일본 황족의 혼약설'이 보도되었다. 《동아일보》에는 기사 출처가 '동경 전보'로 명기되어 있다. 소식통이 일본 궁내성임을 말한다. 《조선일보》에는 아예 기사 속에 '궁내성 당국자'라고 소식통을 밝혀 놓았다.

동경에 계신 덕혜옹주께서는 금년이 십오 세이라. 아름다운 천질은 날로 아름다워감으로 벌써 일본 황족과의 혼인 문제가 일어났다는데, 승문한 바에 의지하면 방금 동경제국대학 문과 삼년에 재학 중이신 산계궁 등려왕山階宮 藤麿王 전하와 혼약하리라는 말도 있더라(동경전보)(《동아일보》 1926. 8. 30.).

그동안 궁내성宮內省 당국자와 리왕직李王職 당국자들은 덕혜옹주의 어 장래에 대하여 비밀리에 고려를 거듭해 오던 중 요사이에 이르러 어 혼담이 농후해 간다. 결혼 상대자로는 제대문과帝大文科 삼년생 산계궁 등려왕 전하山階宮 藤麿王 殿下가 가장 유력하다(《조선일보》 1926. 8. 30.).

위 기사들에는 한자로는 '山階宮 藤麿王'이라고 쓰고 그에 대한 한글 표기는 '산계궁 등려왕'이라고 쓰여 있는데, '갈 마麿' 자를 '려' 자로 잘못 읽고 잘못 표기한 것이다. 일본 황실과 황족들에 관해서 정리해 놓은 서적인 《황실황족성감皇室皇族聖鑑》에도 '山階宮 藤麿王'이라고 표기되어 있는 바, 우리말로 읽을 때는 '산계궁 등마왕'이 올바른 발음이다.

아무튼 위 기사들에서 당시 일본 정부가 갖고 있던 덕혜옹주 결혼 계획의 구조가 드러난다. 일본 궁내성에서는 덕혜옹주를 일본 황족과 결혼시키려는 계획을 세워놓고 있었고, 그 상대자로 '산계궁 등마왕'을 선정했다. 그리고 그런 사실을 양국 국민들에게 널리 알리기 위해서 이 때 신문에 일제히 보도되도록 조치한 것이다.

'덕혜옹주의 결혼 상대자는 일본 황족 산계궁 등려왕(등마왕)'이라는 혼약설은 처음 보도된 1926년 8월에서 1927년 중반까지 해를 넘기면서 계속 확실하게 이어졌다. 1927년 6월 14일자 《중외일보》는 '동경 전보'

곧 궁내성 소식통에 의거해서 덕혜옹주의 혼담에 관한 기사를 실었다. 그 기사 제목은 '덕혜옹주 어혼담 방금 진행 중이시라는 전보'로서, 내용은 상대자인 산계궁 등마왕이 다음 달에 조선에 건너와서 창덕궁 대비 전하께 위문(문안)할 것이라는 이야기였다.

> 동경 학습원 여학부(學習院 女學部)에 어 재학중이신 덕혜옹주(德惠翁主)께옵서는 산계궁 등려왕(山階宮 藤麿王) 전하와의 사이에 어 혼담이 진행 중이시라는데 등려왕 전하는 오는 칠 월 중순에 어 도선하셔서 창덕궁대비전하(昌德宮大妃殿下)께 위문하시리라 하며 명치 삼십팔년의 어 출생이시라더라(〈동경전〉).

이 기사가 명확하게 증명하는 것은, 그간 덕혜옹주와 산계궁 등마왕의 혼담이 매우 구체적으로 추진되고 있었다는 사실이다. 산계궁 등마왕이 '칠월 중순'에 조선에 건너가서 창덕궁 대비 전하께 문안드릴 것이라는 보도까지 나올 정도로 진전된 것이다.

산계궁 등마왕은 누구인가. 산계궁은 일본 황족 11가문 중 하나로서, 명치유신 이전인 1864년에 복견궁에서 갈라져 나와 새로 창립된 황족 가문이었다. 가문을 창립한 초대 궁주宮主는 황친왕晃親王이며, 제2대 궁주는 국마왕菊麿王이었고, 제3대 궁주가 국마왕의 장남인 무언왕武彦王이다. 등마왕은 1906년생으로 국마왕의 셋째아들이자 무언왕의 동생이다.

일본 궁내성에서는 산계궁을 조선에 호의적인 황족 가문이라고 간주했던 듯하다. 1916년에 일본 궁내성에서 이은의 정략결혼을 추진하면서 신부 후보자로 일본 황족 여성 3인을 선정했을 때 그중 한 사람이 산계궁 2대 궁주 국마왕의 외동딸인 안자 여왕女子女王(1901년생)이었다. 그런데 10년 뒤인 1926년에 궁내성에서 조선의 덕혜옹주 신랑감으로서 산계궁 등마왕을 선정했는데, 등마왕은 바로 안자 여왕의 남동생인 것이다.

조선과 산계궁이 어떤 연관이 있어서 그런 것일까? 일본의 황족 가문들 자체는 본래 조선과 아무런 관련이 없었고 보면, 아무래도 처가 쪽과의 인연 때문인 듯하다. 국마왕의 계비繼妃인 상자비常子妃가 살마번주 가문의 당주 도진충의島津忠義 공작의 제3녀인데, 살마번은 이도자비의 좌하번과 마찬가지로 임진왜란 때 큰 병력으로 조선에 출병했었다. 그런 연고로 궁내성 당국자들이 산계궁에서 조선에 대해 호의적인 감정을 갖고 있으리라고 생각했던 것으로 추정된다.

1927년 7월 한여름에 산계궁 등마왕은 실제로 조선에 건너가서 창덕궁 윤비를 방문하고 조선 각지를 방문하는 등의 행사를 치렀다. 그때 일이 여러 차례에 걸쳐서 신문에 보도되었다. 특히《매일신보》1927년 7월 12일자를 보면, 등마왕이 수행원들과 경성제대를 방문한 모습을 찍은 사진과 함께, "등마왕, 대비 전하 어방문"이라는 제목으로 "작일 오후 한시 경성제국대학의 어참관을 마치신 산계궁 등마왕 전하께서는 자동차로 돈화문으로부터 리왕가李王家에 대비 전하를 어방문하시고 동 두 시 이십오 분에 어퇴출하사 리왕직 아악대雅樂隊에서 봉주하는 조선고아朝鮮古雅를 들으시었다고 배청되더라"고 그의 동정을 보도했다. 흥미로운 것은, 당시 '덕혜옹주의 결혼 상대자'로 알려져 있었던 그의 조선 방문과 동정에 관해서《매일신보》만 부지런히 보도했을 뿐,《동

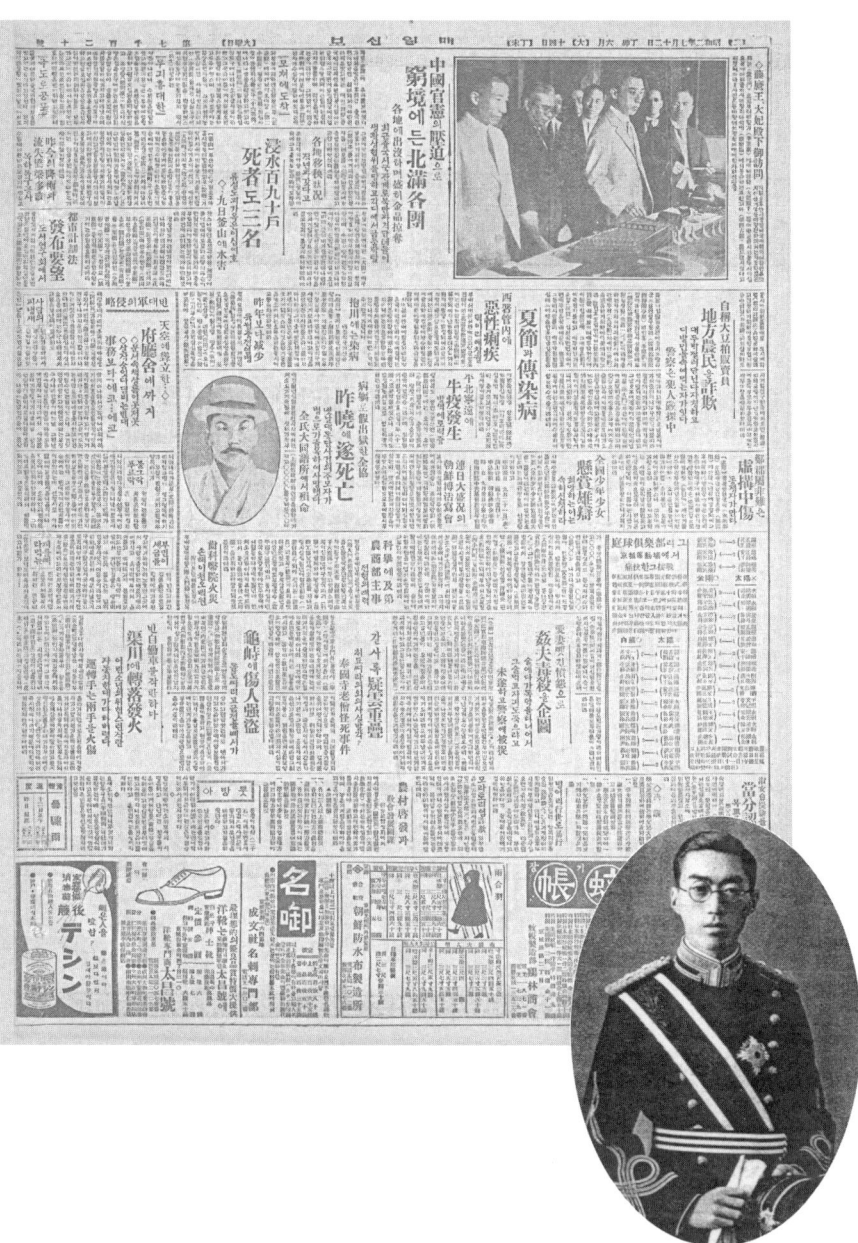

평민이 된 왕 이은의 천하

아일보》와 《조선일보》는 일체 침묵했다는 사실이다.

다음 해인 1928년 봄에는 이은 부부에게 중대한 일이 생겼다. 궁내성에서 그들이 그간 살던 마포 조거판에 있는 저택을 반환받는 대신에 국정구麴町區 기미정정紀尾井町에 있는 전에 북백천궁北白川宮이었던 저택을 주기로 조치한 것이다. 대지가 2만 평이나 되는 곳이었는데, 이은 부부는 그곳에 영국풍의 서양식 건물인 새 어전御殿을 짓기로 했다. 이은은 지난번 유럽 여행을 하면서 보았던 서구 건물 양식을 절충한 형태를 원했고, 궁내성의 건축기사가 설계를 맡아서 건축에 들어갔다. 건평 500여 평에 달하는 3층 건물이었다. 그 건물이 현재 동경 프린스 호텔 구관으로 남아 있다.

조거판의 저택은 명치천황의 하사품으로, 이은은 소년 인질로 일본에 끌려와서 그 집에 몸을 담고 20년을 살았다. 1920년의 결혼에 맞추어 추가 증축했으나 본래 대지가 천여 평에 불과한 집이었다. 그러니 이때 궁내성에서 대지 1천여 평의 조거판 저택과 대지 2만 평의 대저택을 맞교환해 준 것은 이은에게 커다란 특혜를 베풀어준 셈이었다.

《동경조일신문東京朝日新聞》 1930년 2월 26일자의 보도에 의하면, "재작년 5월부터 국정구 기미정정에 한원궁閑院宮의 저택과 마주보는 방향에 신축 중이던 이왕가의 동경 저택은 이번에 공사를 모두 마쳤으며, 이왕과 비 전하는 덕혜옹주와 함께 3월 3일 삼짇날 좋은 날을 택해 이전하시게 되었다"고 하여 저택 신축이 1928년 5월부터 시작되었고,

◢ 《매일신보》 "藤麿王, 大妃殿下御訪問" 기사와 산계궁 등마왕. '덕혜옹주의 결혼 상대자'로 알려져 있었던 산계궁 등마왕의 조선 방문과 동정을 보도한 1927년 7월 12일자 《매일신보》 기사다. 산계궁 등마왕이 창덕궁 윤대비와 경성제국대학 등을 방문한 일정을 언급하고 있다.

완공되어 이사한 날은 1930년 3월 3일이었음을 명기하고 있다. 이은 부부가 유럽 여행에서 동경에 돌아온 날은 1928년 4월 10일이었다. 저택 신축 공사를 시작한 때가 1928년 5월이니까, 얼마나 공사를 서둘렀는지를 알 수 있다.

이때 일본 측이 이은에게 이처럼 큰 특혜를 베푼 이유가 무엇이었을까? 우선은 이은의 신분이 '조선 왕세자'에서 '조선 이왕'으로 승격된 것이 주된 이유였을 터이고, 두 번째로는 일본 측이 요구하는 대로 온순하고 평온하게 매우 협조적인 자세로 살아가고 있는 것에 대해 포상한다는 의미도 담았을 것이다.

1929년 5월 30일에 덕혜옹주의 생모인 복령당 양씨가 유방암으로 별세했다. 생모의 별세가 준 타격은 매우 컸다. 그런데 1926년에 제정된 '왕공가 규범' 제193조는 "왕공족은 황족, 왕공족 또는 화족, 조선 귀족이 아닌 친족을 위해서는 상을 입을 수 없다"고 규정하고 있다. 그래서 조선총독부는 "덕혜옹주는 생모 양귀인을 위해서 복상服喪할 수 없다"고 결정하고, 그녀가 어머니의 복을 입는 것을 막았다. 그런 부당한 일들을 겪으면서 그녀는 마음에 큰 상처를 받았다.

1930년 3월 3일 삼짇날에 이은 부부와 덕혜옹주는 기미정정의 새 저택으로 이사 갔다. 그런데 그 뒤 불행한 일이 연달았다. 지난해 말부터 방자에게 태기가 있어 몹시 기뻐했는데 임신 5개월 만인 4월 하순에 유산한 것이다. 그리고 무엇보다도 덕혜옹주의 건강 상태에 이상이 생겼다. 미약한 신경쇠약 증세로 시작해 점차 심각한 정신분열증으로 진행되고 있었다. 방자는 이때의 일을 다음과 같이 증언한다.

이 무렵, 덕혜님은 약간 신경쇠약의 기미가 있었습니다. 뭔가 학교 친구들로부터 들은 말을 감정적으로 강하게 받아들여 끙끙거리며 언제까지나 신경을 쓰거나 하는 것이었습니다. 마침 혼기도 가까워지고 어머님의 죽음이라고 하는 커다란 슬픔에 부닥쳤던 충격은 아물지 않는 마음의 상처로 되어 있었던 것입니다.

여름휴가 때에는 내가 곁에서 시중을 들어야 했습니다. 학교가 개학이 되어도 가고 싶지 않다고 종일 자리에 누워 있고 식사하러 나오려 하지도 않으셨습니다. 밤에는 심한 불면증으로 고생했습니다. 때로는 갑자기 밖으로 튀어나가 놀라서 찾아보면, 뒷문으로 나가 아까사까이쓰께 쪽으로 걸어가고 있으시거나 하는 일이 있었습니다. 보통 일이 아니었습니다. 정신과 선생님에게 부탁하여 간호원도 딸려 당분간 오오이소의 별장에서 정양하시게 했습니다.

본래 내향적인 성격의 분이긴 했으나 우리들에게는 밝고 희망에 찬 말씀을 하시곤 했습니다. 장래는 학교의 선생이 되겠다고 말씀하시어 즐겁게 듣곤 하였는데, 지금은 우울하게 침상에 틀어박혀 있을 뿐인 것입니다.

"빨리 원기를 회복하셔야지요……."

➤ **학습원 시절의 덕혜옹주.** 덕혜옹주의 '신경쇠약'을 두고 많은 연구자들은 그 원인을 '어머님의 죽음'으로 추정했다. 그러나 그런 추정은 정확하지 않다. 당시 주변 사정과 정황상 원인은 결혼 문제였음이 밝혀졌다.

하고, 베드의 베갯머리에 무릎 꿇고 몇 번이고 눈물을 흘리면서 이야기했었습니다. 그러나 응답이 없으셨습니다. 드디어 조발성치매증早發性痴呆症이라고 진단되었습니다.
소학교 6학년일 때 어머님의 슬하를 떠나신 이래, 너무나도 자극이 강했던지, 아니면 뇌의 어딘가에 약한 성질을 가지셨던지 모르지만, 우리들이 아무리 정성을 다해도 차도가 없었습니다. 손이 미치지 못하는 깊은 곳에 덕혜님의 불행이 쌓이고 있었던 것입니다(이방자, 《바람부는 대로 물결치는 대로》).

애처로운 마음을 누를 수 없게 하는 증언이다. 그런데 의문이 일어난다. 덕혜옹주는 일본에 유학하기 전부터 일본어로 동시를 쓸 정도로 일본어에 능숙했고, 일본에 와서도 혼자 외롭게 산 것이 아니라 오빠인 이은의 집에서 함께 살았고, 학교에서는 '전하'라는 경칭을 들으면서 높이 대우 받았다. 또한 성적이 매우 우수한 것으로 보아 학교생활에도 잘 적응하며 지내고 있었음을 알 수 있다. 그런데 1925년 봄에 일본에 유학 와서 5년 동안이나 공부 잘하면서 잘 지내고 있던 덕혜옹주가 왜 1930년 봄에 돌연 이렇듯 크게 망가지기 시작한 것일까?
방자가 "덕혜님은 약간 신경쇠약의 기미가 있었습니다. 뭔가 학교 친구들로부터 들은 말을 감정적으로 강하게 받아들여 끙끙거리며 언제까지나 신경을 쓰거나 하는 것이었습니다. 마침 혼기도 가까워지고 어머님의 죽음이라고 하는 커다란 슬픔에 부닥쳤던 충격은 아물지 않는 마음의 상처로 되어 있었던 것입니다"라고 서술해 놓은 증언의 뒷부분에 주목한 대부분의 연구자들은 덕혜옹주의 발병 원인을 '어머님의 죽음'

으로 추정했다.

그러나 그런 추정은 정확하지 않다. 방자는 덕혜옹주의 발병 원인으로서, 학교 친구들이 덕혜옹주에게 "뭔가" 말했고, 덕혜옹주가 "그것을 감정적으로 강하게 받아들여 끙끙거리며 언제까지나 신경을 쓰거나 한 것"이 신경쇠약의 시작이었다고 매우 분명하게 증언했기 때문이다. 그 '뭔가'를 방자가 제대로 밝혀놓지 않은 것에서 오해의 소지가 발생했다.

학습원 친구들이 덕혜옹주에게 말했다는 '뭔가'가 무엇일까? 그것은 결코 '어머님의 죽음'일 수는 없다. 여러 해를 한 교실에서 같이 공부한 친구가 어머니의 죽음이라는 크나큰 불행을 당했는데, 그 죽음에 대해서 유족인 딸이 "그것을 감정적으로 강하게 받아들여 끙끙거리며 언제까지나 신경을 쓰도록" 만들 만큼 나쁜 말을 할 리가 없기 때문이다.

정답은 가까운 곳에 있었다. 당시의 주변 사정과 정황을 살펴볼 때, '뭔가'의 정체를 금세 찾아낼 수 있다. 그것은 결혼 문제였다. 덕혜옹주의 결혼 관련 신문보도를 추적해 보면, 덕혜옹주의 결혼 상대자가 여러 차례 바뀌었음을 알 수 있다.

첫 번째 대상은 산계궁 등마왕이었다. 그와 결혼할 것이라고 1926년 8월부터 1927년 6월까지 연달아 신문에 보도되었다. 당연히 학습원 친구들 모두 그 소식을 알고 있었을 것이다.

그런데 1929년 늦가을에 돌연 큰 변동이 생겼다. 양귀인이 별세한 지 6개월 뒤인 1929년 11월부터 덕혜옹주의 혼담이 다시 언론에 보도되기 시작했는데, 그 내용이 과거와 전혀 판판으로 바뀌었다. '황족 산계궁 등마왕' 설은 쑥 들어가서 '없던 일'이 되고, 새롭게 '조선 귀족과의 결혼설'이 보도된 것이다.

덕혜옹주의 결혼에 관한 궁내성 계획에 큰 변동이 있음을 보여주는 기사가 처음 실린 것은 《동아일보》 1929년 11월 8일자였다. 기사는 "(덕혜옹주가) 일본 황족과 혼약하신다는 소문도 있었으나 조선 귀족 중에서 적당한 후보자를 택하게 되리라고 하더라"는 내용이었는데 기사 출처를 '동경 전보'로 밝혀놓았으니, 곧 궁내성에서 나온 소식이었다. 이틀 뒤인 11월 10일자 《조선일보》에는 "덕혜옹주께서는 이십 세 되시는 후 명년에 학습원을 졸업하시게 됨으로 어혼담의 내의內議가 진행된다는 바 후보자는 조선 귀족 중에서 적당한 인물을 택하여 창덕궁의 어 비호로 일가를 창립하게 되리라더라"고 보도되었다.

이 기사들은 무엇을 뜻하는가? 궁내성에서 그간 추진하고 있던 '덕혜옹주와 일본 황족 산계궁 등마왕의 결혼'이라는 계획을 완전히 폐기하고, 새롭게 '덕혜옹주와 조선 귀족의 결혼'을 추진하기 시작했음을 보여준다.

그렇다면 궁금할 수밖에 없다. 조선 신문지상에 덕혜옹주의 결혼 상대자로 '산계궁 등마왕' 설이 마지막으로 보도되었던 1927년 6월로부터 1929년 11월에 새롭게 '조선 귀족' 설이 보도될 때까지 그 사이에 어떤 일이 있었는가?

《황실황족성감》에는 본래 황족이었다가 신적臣籍으로 강하降下하는 조치를 통해 신분을 화족(귀족)으로 바꾼 사람들에 관한 자료가 있는데, 거기 대답이 들어 있었다. 문제의 기간에 산계궁 등마왕의 신분이 변했다. 그는 1928년 3월에 '신적 강하'를 신청해서 '황족'의 지위를 버리고 '화족'인 후작이 되면서, 성을 '축파筑波'라고 새로 창씨 해서 '축파등마 후작'이 되었다. 명치유신으로 천황 친정체제가 갖추어진 이후 산계궁 등마왕이 축파등마 후작이 된 때인 소화 3년(1928)에 이르기까지 60년 동안, 황족이 신적 강하를 통해서 신분이 화족으로 내려간 사례는 단지 5명(명치시대 1명, 대정시대 3명, 소화시대 1명)에 불과했을 정도로 드문 일이었다. 그런데 그가 그것을 실행한 것이다.

이때 등마왕이 덕혜옹주의 남편이 되기 싫어서 황족의 지위를 버렸는지 그 내막은 알 수 없다. 아무튼 산계궁 등마왕이 더 이상 황족이 아닌 존재가 되자 덕혜옹주의 결혼 상대자로서의 위치에서도 벗어난 것으로 보인다. 그래서 궁내성에서는 '일본 황족'과의 결혼을 단념하고 '조선 귀족' 중에서 덕혜옹주의 배필을 찾기로 방향을 틀었던 것으로 보인다. 후일담이지만, 산계궁 등마왕은 '축파등마 후작'이 된 뒤에 일본 자작의 딸과 결혼해 단란한 가정을 꾸리고 살았다.

일본 상류층의 결혼 풍습을 보면 약혼 기간은 보통 2, 3년 걸렸고, 4년이나 걸리는 경우도 더러 있었다. 그래서 덕혜옹주의 혼담이 보도된 뒤 2, 3년의 시간이 지난 것은 별로 이상한 일이 아니었다. 그런데 1928년 3월에 산계궁 등마왕이 황족에서 화족으로 신분이 바뀐 데다가, 1929년 11월에 가서는 "덕혜옹주의 배우자는 조선 귀족 중에서……"라는 신문보도가 나온 것이다.

일이 그렇게 진전되자 1930년 봄학기가 시작되기 이전에 덕혜옹주의 학교 친구들은 모두 '덕혜옹주와 일본 황족의 혼담'이 깨졌다는 사실을 확실히 알게 되었고, 당연히 그 일은 친구들 사이에 큰 화젯거리가 되었을 것이다. 그 결과 덕혜옹주는 자신의 깨진 혼사에 관해서 설왕설래하는 친구들의 말들을 "감정적으로 강하게 받아들여 끙끙거리며 언제까지나 신경을 쓰게" 되었을 것이다. 방자가 1930년 3월 기미정정의 새

집에 이사한 무렵에 덕혜옹주가 '약간 신경쇠약의 기미'가 있으면서 건강에 이상이 생기기 시작했다고 한 이야기와 시기적으로 완전히 일치한다.

여기서 먼저 검증해야 할 사안이 있다. '덕혜옹주가 일본 유학 및 일본 황족과의 결혼을 어떻게 받아들였을까?' 하는 점이다. 현재 덕혜옹주에 관한 저서들마다 모두 덕혜옹주의 일본 유학은 '강제로 끌려간 것'이고, 그래서 어머니 양귀인이 몹시 속상해하고 마음 아파했다고 기록하고 있다. 책에 따라서는 "양귀인이 침식을 잊고 슬퍼했다"고까지 기술되어 있다.

그러나 그것 역시 한갓 지레짐작일 뿐, 전혀 사실이 아니다. 당시 양귀인은 덕혜옹주의 일본 유학을 매우 크게 반겼다. 덕혜옹주가 일본 유학을 간 것은 한일합방으로 나라가 멸망한 뒤 15년이나 지난 때로서, 대한제국 시절에 어린 황태자 이은이 인질이 되어 끌려간 때와 비교할 때 상황도 의미도 크게 달라져 있었다. 인질로 끌려간 이은도 결혼 이후에는 자주 조선을 왕래하고 있었고, 게다가 의친왕의 아들 이건과 이우가 일본에 유학하면서 방학 때마다 조선을 왕래하고 있었다. 물론 친일적 성향을 배양하고 조장하기 위해 강요한 일본 유학이긴 했지만, 이제는 '인질'이라기보다는 문자 그대로 '유학'으로서의 의미와 비중이 더 커진 시기였다.

게다가 덕혜옹주가 일본에 가면 오빠인 이은의 집에서 같이 살도록 예정되어 있었다. 그것은 곧 다음 왕위에 오를 분과 매우 가깝게 지내는 사이가 됨을 의미했다. 따라서 양귀인으로서는 이때의 일본 유학이 덕혜옹주의 생애에 아주 좋은 도움이 되리라고 생각하고 크게 기뻐했다.

김명길 상궁의 회고록에 그 점이 명확하게 증언되어 있다.

양귀인은 얼굴이 둥글고 똑똑한 분이었다. 그런데 덕혜옹주가 일본에 간다는 소식을 듣고는 큰 벼슬이라도 따가지고 오는 줄 알고 기뻐했는데 그 점은 조금 이상스럽게 느껴졌다(김명길, 《낙선재 주변》).

김명길 상궁은 양귀인이 덕혜옹주의 일본 유학을 기뻐한 것이 "이상스럽게 느껴졌다"고 했는데, 그것이야말로 자식 있는 후궁인 양귀인과 자식 없는 보통 궁녀인 김상궁이 지닌 감각의 차이에 해당한다. 왕녀를 낳은 후궁의 입장에서는 절로 '정치적인 감각'이 발달해, 어떤 일이든 간에 그것이 자기 자식의 장래에 어떤 형태로 연결될 것인가를 염두에 두고 받아들이게 된다. 그런 감각에서 보자면, 덕혜옹주의 일본 유학은 당시 정황상 '큰 벼슬이라도 따 가지는' 전초 작업에 해당했다.

그리고 무엇보다도 중요한 점은 덕혜옹주가 '일본' 또는 '일본적인 것'에 별다른 반감을 지니지 않았을 뿐더러, 반일 정서에 노출된 일이 전혀 없다는 것이다. 거듭 말하지만, 그녀는 만 네 살 때부터 덕수궁 안의 유치원에서 일본인 보모에게 배웠고, 늘 일본인 가정교사가 있었고, 또 일본인 학교인 일출소학교에서 일본인 교사들에게서 일본어로 친일 교육을 받았다. 그래서 학교에서 〈호따루 찬가〉 등 일본 노래를 배우면 궁궐에 돌아온 뒤 자청해서 윤비에게 불러드릴 정도였고, 일본어로 능숙하게 동시를 썼고 칭찬도 많이 받았다. 재등실 총독조차 자발적으로 나서서 그녀의 동시를 칭찬하고 노래로 만들도록 주선해 주는 등, 늘 봄날 같이 화기애애한 친일 정서 속에서 살았다.

게다가 덕혜옹주가 일본에 유학 갔을 때 불과 13세였다. 한집에서 같이 살고 있는 오빠의 아름다운 부인 방자 여사가 일본 황족이기에 극진한 공경과 대우를 받고 사는 것을 옆에서 지켜보면서, 일본 사회에서 '황족'이 지닌 의미를 피부로 절감했을 것이다. 따라서 '일본 황족과의 결혼'에 반감은커녕 자신이 할 수 있는 가장 이상적인 형태의 결혼으로 받아들였을 소지가 다분하다. 황족과 결혼하기만 하면 신분상으로나 경제적으로나 일본 사회 최상의 존경과 최고의 대우를 받기 때문이다. 그녀가 다니는 학교가 일본의 황족과 귀족 집안의 자녀만 다니는 학습원이었고, 또 거기서 왕족으로서 특별대우를 받으며 지냈던 점도 그런 인식과 정서를 한층 강화했을 것이다.

그런 상황에 있는 소녀라면 약정되어 있던 황족과의 혼담이 깨졌을 때 필연적으로 큰 상처를 받을 수밖에 없다. 본래 일본 황족 중 결혼 적령기 남자의 수는 매우 적다. 황족 가문이 단지 11가문뿐이기 때문이다. 그래서 황족 남자와 약혼을 했다 하면 그것만으로도 매우 부러움을 샀고 사회적으로도 큰 화제가 되었다. 황족과 결혼하는 여성은 나머지 생애를 '비 전하'로 불리면서 극상의 대우를 받기 때문에 모두들 부러워했다. 그렇기 때문에 그 혼담이 깨지면 상황이 일시에 정반대로 돌변해 비웃거나 딱하게 여기는 대상이 될 수밖에 없었다.

방자의 여동생 이본궁 규자 여왕의 경우가 바로 그러했다. 그녀는 여자 학습원 재학 중이던 1924년 말에 17세 나이로 산계궁 무언왕의 후처가 되기로 하여 약혼한 뒤 '비 전하'로서 쓸 보관寶冠을 구입하고 여러 신문 잡지와 인터뷰를 하는 등 호사로운 시간을 보냈다. 그러다가 1926년 7월에 상대방 사정에 의해서 파혼을 당하자 매우 큰 상처를 받았다.

그래서 다급하게 다른 결혼 상대자를 찾아서 혼담이 깨진 뒤 불과 다섯 달 만에 부모도 없고 매우 가난한 청년이었던 광교진광 백작과 결혼식을 올렸다. 그녀는 같은 황족으로서 그 자신 '여왕'이라는 칭호를 듣는 신분이었는데도 그러했다.

규자 여왕의 경우에 미루어 보아도, 덕혜옹주의 경우는 불문가지의 일이다. 기정사실화되어 있던 황족과의 혼담이 깨지면 여성인 당사자로서는 심리적으로 매우 견디기 어려운 상황이 된다. 그 문제에 관해 수군거리는 학교 친구들의 말에 예민하게 반응하고 몹시 고통스러워하게 된다. 더구나 덕혜는 머리가 좋은 데다가 조선 왕가의 유일한 옹주로서 막중한 사랑과 떠받들림을 받으며 자랐기 때문에 평소 자신의 신분의 존귀함에 대한 긍지가 대단했을 터였다. 그런데 이제 일방적으로 파혼당한 것과 같은 무참한 입장에 떨어졌으니 견디기 힘들었을 것이다. 절로 "학교 친구들로부터 들은 말을 감정적으로 강하게 받아들여 끙끙거리며 언제까지나 신경을 쓰거나 하게" 될 수밖에 없고, 따라서 "학교 가기를 거부"할 수밖에 없었을 것이다.

방자는 자신의 여동생도 학습원 재학 중에 황족인 산계궁 무언왕과 약혼했다가 파혼당하고 막심한 고통을 겪은 일이 있기 때문에 비슷한 경우를 당한 덕혜옹주의 심정을 잘 알았다. 그러나 그런 속사정을 제대로 밝힐 수 없어서 방자는 회고록에서 덕혜옹주의 발병 원인을 "마침 혼기도 가까워지고 어머님의 죽음이라고 하는 커다란 슬픔에 부닥쳤던 충격은 아물지 않는 마음의 상처로 되어 있었던 것"이라고 얼버무린 것이다. 하지만 그녀가 그 구절에 굳이 "마침 혼기도 가까워지고"라는 말을 집어넣은 것은, 나름으로 발병의 원인을 강력하게 암시하고자 했던 의도로 보인다.

방자의 증언으로는 덕혜옹주가 처음에는 약한 신경쇠약 증세를 보이다가 악화되었고, 끝내 '조발성치매증'이라는 진단을 받았다고 했는데 다른 말로 하자면 '정신분열증'이었다. 그 시대에는 정신분열증이 어린 나이에 흔히 발생한다 하여 '조발성치매증'이라고 불렀다고 한다. 1930년 여름방학이 끝나고 9월이 되어 학교는 개학했지만, 덕혜옹주는 학교에 가기 싫다고 등교를 거부했다. 그래서 학교를 쉬게 하고 간호사를 붙여서 대기의 별장에 내려 보내어 정양하도록 했다. 그러자 증세가 조금씩 호전되었다고 한다.

그런데 덕혜옹주의 배우자에 관한 신문보도에 다시 큰 변동이 생겼다. '조선 귀족설'을 보도한 1929년 11월로부터 11개월이 지난 1930년 10월 31일에 느닷없이 《동아일보》에 "명춘明春 어졸업을 기다려 덕혜옹주 혼인, 구조九條 공 저택에서 첫 대면, 구舊 대마도對馬島 번주가藩主家와" '동경 30일발 지급전보'라는 제목 아래, 덕혜옹주의 혼인에 대한 '중대 보도'가 실린 것이다. 기사 내용은 다음 같았다.

목하 동경 여자학습원에 재학 중인 이은 전하의 여동생 덕혜옹주는 이번에 동경제국대학 영문과 3학년에 재학 중인 구 대마도 엄원번주(嚴原藩主) 고 종중망(宗重望) 가의 유자 백작 종무지(宗武志) (20)와 결혼하시기로 결정되었으며, 가까운 시일 안에 정식 발표가 있을 것이라고 한다. 전기 무지 씨는 덕혜옹주와 오는 11월 초순경 구조도실(九條道實) 공 저택에서 첫 대면이 있고, 금년 안으로 약혼 예물을 교환하고 명년 봄에 두 사람의 졸업을 기다려 결혼식을 거행하게 된다고 한다. 덕혜옹주는 금년 19살이

시다.

이 기사는 덕혜옹주의 결혼 상대자가 다시 '일본 화족'으로 바뀌었음을 알린 것이다. 일본 황족, 조선 귀족, 일본 화족……. 그간 일본 궁내성에서 덕혜옹주의 결혼 상대자 선정 문제를 두고 갈팡질팡했던 모습이 신문보도의 흐름을 통해 그대로 드러난다.

왜 이런 혼란이 빚어졌던 것일까? 결혼 대상자로 선정되었던 황족의 반발과 덕혜옹주의 건강 문제 등이 복합적으로 작용한 것으로 보인다.

1929년 11월에 신문에 '조선 귀족설'이 나오게 된 결정적 이유는 덕혜옹주의 배우자로 결정되었던 일본 황족 산계궁 등마왕의 반발로 빚어진 차질로 보인다. 그래서 덕혜옹주의 배우자는 조선 귀족으로 해야겠다는 의견이 강력하게 대두해, 언론을 통해 세상에 널리 알려지도록 조치했을 것이라고 추정된다.

그러나 궁내성의 정책은 다시 '조선 왕공족의 결혼은 혼혈 정략결혼을 시행한다'는 원칙의 준수로 돌아갔다. 그런데 그동안 덕혜옹주의 정신 건강에 이상이 생긴 것이 알려지자, 이번에는 결혼 상대자의 격을 황족이 아닌 화족으로 대폭 낮추어서 대마도 번주 가문의 상속자 종무지 백작으로 결정한 것으로 보인다. 역사적으로 대마도 번주 가문이 조선과 깊은 관계가 있었던 사이임을 감안하고, 또 일본에서도 역시 대마도 번은 한 수 낮추어 보았던 까닭에 "화족이라지만 가난한 대마 가문의 상속자라면 정신병 있는 신부와 결혼시켜도 괜찮을 것이다"라는 정치적 판단이 작용한 것으로 보인다.

바람 부는 대로 흩날리는 한 장의 낙엽 같이 가련한 존재, 덕혜옹주는 그녀를 하나의 인간이 아니라 국가정책 시행의 대상으로만 여겼던 냉혹한 일본 정부의 결정에 따라서 이리저리 흔들리며 나부끼다가 결국 구 대마 번주 가문의 가난한 상속자에게 시집가게 된 것이다.

여기서 한 가지 밝힐 것이 있다. 방자의 회고록에 나오는 증언인 "덕혜옹주가 뭔가 학습원 친구들로부터 들은 말을 감정적으로 강하게 받아들여 끙끙거리며 언제까지나 신경을 썼고, 또 1930년 가을 학기부터는 학교 가기를 거부했다"는 이야기는 세월의 흐름에 따라 점점 엉뚱한 가지를 치고 괴이한 줄기가 뻗어서 나중에는 전혀 사실 아닌 이야기로 변형되고 날조되어서 세상을 돌아다녔다. 대표적인 것이 의친왕 이강의 다섯째 딸인 이해경(1930년생)의 증언이다. 그녀는 《나의 아버지 의친왕義親王》(1997)이라는 책을 펴냈다. 그런데 자신을 길러준 어머니(의친왕비 김씨)에게서 들었다면서 그 책에 이렇게 기록해 놓았다.

나는 어려서부터 어머니께 옹주아씨의 비참한 생애에 관한 얘기를 많이 들었다. 11세(실제는 만 13세)의 어린 나이로 생모 양귀인梁貴人의 품을 떠나 유학이란 명목으로 일본으로 끌려간 덕혜옹주께서는 동경의 학습원學習院(일본의 귀족 및 황족학교)에 들어가 공부를 했는데 하루는 일본의 황족인 내친왕內親王에게 인사를 하라는 명이 떨어졌다고 한다. 그러나 덕혜옹주께서는 "나도 대한제국의 황녀인데, 왜 내가 절을 해야 해" 하시며 인사하는 것을 단호하게 거절했었다고 전한다. 그 말을 듣고 일본인들이 옹주의 기氣를 꺾기 위해 멀쩡한 옹주를 "병病이 들었으니 휴양休養을 보내야겠다"고 파도소리만 들리는 외딴 고도孤島로 보냈고, 멀쩡했던 옹주는 진짜로 이상해졌다고도 전한다(이해경, 《나의 아버지 의친왕》).

이 에피소드가 의친왕 가문에서 나온 것이어서 신뢰성이 있다고 느껴졌는지, '덕혜옹주가 학습원에서 집단 따돌림을 당했다'는 증거로서 여러 연구자들의 책에 인용되어 있다. 그러나 전혀 사실이 아니다. 우선 덕혜옹주가 "나도 대한제국의 황녀인데……" 운운했다고 하는 말은 아예 개연성이 없다. 덕혜옹주는 대한제국이 멸망해 일본의 식민지가 된 때로부터 2년 뒤에 태어난 사람으로서, 다른 사람도 아닌 일본 황족을 상대로 "나도 대한제국의 황녀"라고 자칭할 근거도 없고, 그럴 상황도 아니기 때문이다. 그리고 덕혜옹주가 '파도소리만 들리는 외딴 고도'로 보내진 적도 없다. 그리고 무엇보다도 덕혜옹주는 학습원에서 일본의 내친왕, 곧 '일본 천황의 딸'과 함께 공부하거나 만난 일이 전혀 없었다.

덕혜옹주가 일본 학습원에 다닌 시기는 1925년 봄부터 1930년 여름 방학 전까지였다. 그런데 일본 천황들의 딸의 나이를 살펴보면 다음과 같다. 먼저 명치천황은 5남 10녀를 두었으나 덕혜옹주와 같은 때 학교를 다닐 연령에 해당하는 딸은 전혀 없었다. 덕혜옹주가 13세의 나이로 학습원에 편입했던 1925년에 명치천황의 제8황녀 윤자允子 내친왕은 34세의 유부녀였고 제9황녀 총자聰子 내친왕은 29세의 유부녀였다. 막내딸인 제10황녀 다희자多喜子 내친왕은 1897년생인데 두 살 때인 1899년에 사망했다. 명치천황의 아들인 대정천황은 딸 없이 아들만 4남을 두었다. 그렇기 때문에 대정천황 시대에는 내친왕 자체가 단 한 사람도 없었다. 대정천왕의 아들인 소화천황의 경우에는 제1황녀인 성자成子 내친왕이 1925년 12월 6일에 태어났다. 덕혜옹주가 학습원에 들어간 해 12월에 첫 딸이 태어난 것이다.

역대 일본 천황의 딸들의 나이가 그러했기 때문에, 덕혜옹주가 학습원에서 일본의 내친왕에게 인사하라는 요구를 거절하기는커녕 일본의 내친왕이라는 사람들과는 우연히 얼굴을 마주칠 가능성조차 아예 없었다. 그럼에도 불구하고 누군가에 의해서 위와 같이 터무니없는 에피소드가 날조되어 전해지고 전문 연구자들의 저서에 버젓이 인용되고 있다. 덕혜옹주에 관한 사료들에는 이처럼 사실과 다른 것들이 매우 많다. 그것은 거꾸로 생각해 보면 그녀의 삶이 너무도 기구했음을 방증하는 징표이기도 하다.

덕혜옹주와 종무지 백작의 결혼이 확정된 때는 1930년 10월이었다. 11월 초순, 덕혜옹주와 종무지 백작은 동경에 있는 구조九條 공작의 저택에서 맞선을 보았다. 그 시대에는 선을 본 이상 결혼하는 것이 상식으로서, 맞선은 곧 확정된 결혼 절차 중 하나에 불과했다. 맞선 당시 덕혜옹주는 만 18세의 학습원 본과 졸업반 학생이고, 종무지 백작은 만 22세의 동경제대 문학부 영문과 졸업반 학생이었다.

종무지 백작은 어떤 사람인가?

본마공자가 쓴 《덕혜옹주》에 종무지 백작의 가계에 대한 설명이 상세하다. 종무지 백작은 1908년생으로 본래 종씨 가문의 사람이 아니라 천엽현千葉縣의 작은 번인 구류리번久留里藩(3만 석) 번주 가문인 흑전黑田 집안 출신이었다. 처음 이름은 흑전무지黑田武志로 10남매 중 4남이자 막내아들이었다. 그의 아버지 흑전화지黑田和志 자작은 옛 대마 번주인 종중정宗重正의 친동생으로 이름이 종화지宗和志였는데, 후사가 끊어진 흑전 집안에 양자로 가서 가문을 이었다. 그래서 흑전무지에게는 종씨 문중이 부친의 친가에 해당했다. 부친은 흑전무지가 아홉 살 때인 1917년에 예순다섯 살의 나이로 타계했다.

그런데 당시 동경에 살고 있던 대마도 종씨 가문의 35대 당주에게 후사가 없었다. 그러자 흑전화지의 막내아들인 무지를 종씨 가문의 양자로 삼겠다는 이야기가 나왔고, 1918년에 소학교 5학년이던 열 살의 흑전무지는 양자가 되기 위한 준비 과정으로 가족과 떨어져서 홀로 대마도에 가서 살기 시작했다. 대마도에서는 그를 엄원심상고등소학교 교장인 평산위태랑平山爲太郎의 집에 맡겨서 3남 6녀인 그 집안 아이들과 같이 자라면서 공부하도록 했다. 집 주인인 평산위태랑의 부인은 훗날 "아홉 명이나 되는 자신의 아이들보다 타케 사마(흑전무지)에게 더 목숨을 걸었다"고 술회했을 정도로 심혈을 쏟아 뒷바라지를 하면서 키웠다.

1920년에 대마중학교에 진학한 흑전무지가 열다섯 살이었던 1923년 10월, 제35대 당주였던 양부 종중망 백작이 동경에서 타계했다. 그래서 흑전무지가 공식적으로 사후 양자의 자격으로 종씨 가문의 후계자가 되어 가독을 상속받아 종무지 백작이 되었다. 양모도 같은 해에 타계했다.

그런데 가문의 승계 문제가 순조롭지 않았다. 양부의 사후 그에게 거액의 부채가 있는 것이 알려졌는데 가문에는 그 빚을 갚을 재력이 전혀 없었다. 그래서 한때 그 빚을 갚아줄 수 있는 경제력이 있는 다른 집안에서 양자를 데려오는 일이 거론되어 매우 구체적으로 의논되었고 인선도 거의 확정되었다. 그런데 대마도의 유지인 영류소태랑永留小太郎이라는 사람이 분연히 일어나 혈통 존중설을 외치면서 거액의 사재를 내어 그 빚을 해결해 줌으로써 처음 계획대로 구 번주 가문의 혈통을 지닌 흑전무지가 사후 양자로 입적될 수 있었다. 이때 700년 내려온 번주 가문의 혈통을 제대로 유지하게 되었다 해서 대마도 인들이 모두 미친 듯이 기뻐하며 서로 축하하고 영류소태랑의 공적에 대해 감사했다고 한다.

　대마도 번은 본래 영지가 작고 가난한 번이었지만 막부 시절에 일본과 조선 사이의 외교를 맡아 활약하는 등의 중요한 역할을 수행해 10만 석급 대명으로 대우받았다. 그래서 폐번치현할 때 화족령에 따라 번주가 '백작'의 작위를 부여받았다. 화족의 작위는 세습되었다. 따라서 대마도 번주 가문을 잇는다는 것은 곧 대대로 '백작'이 된다는 것을 의미했기 때문에, 많은 돈을 써서라도 아들을 대마도 번주 가문의 양자로 만들려는 사람이 있었던 것이다.

　다만 하나 이상한 것은 흑전무지가 열 살 때 이미 종씨 가문의 양자가 되기 위해 어린 몸으로 혼자 대마도까지 내려가서 살고 있었음에도 불구하고 5년이나 지나도록 종씨 가문 35대 당주인 종중망 백작이 그를 정식으로 양자로 맞아들이는 조치를 일절 취하지 않고 살다가 그대로 사망했다는 사실이다. 그가 양부와 직접 만난 것은 대마도에 내려가기 직전 단 한 차례뿐으로 시간도 잠깐이었고 양부가 말하는 음성을 들은 것도 겨우 몇 마디뿐이었다고 한다. 무슨 이유 때문이었을까. 혹시 그가 타고난 사팔뜨기였던 것을 양부가 꺼려서 그랬던 것일까.

　그는 대마중학교에 재학 중 양부가 죽자 사후 양자의 자격으로 가문을 이어받아서 '평민 흑전무지'에서 '백작 종무지'로 이름과 신분이 바뀌었고, 그 후 2년 만인 1925년 3월에 대마중학교를 졸업했다. 그는 그해 동경으로 올라가서 4월에 학습원 고등과에 입학했다. 같은 시기에 덕혜옹주도 조선에서 동경으로 가서 여자 학습원에 편입했다. 이해에 종무지의 생모도 타계했다.

　종무지는 학습원에 다닐 때 공부를 열심히 한 것은 물론 시를 쓰면서 당대의 대시인이었던 북원백추北原白秋의 문하에 들어가서 시를 공부했다. 또 그림을 그리면서 동료들과 미술부를 창립하고 미술부 잡지를 창간했다. 예술적인 재능과 두뇌가 뛰어난 젊은이의 화사한 학창시절이었다. 그가 어린 나이에 예술 세계에 그처럼 깊이 몰입한 것은 어떤 연유인가. 한쪽 눈이 사팔뜨기였던 그의 신체적 약점이 그로 하여금 세상을 보다 넓고 깊게 보고 이해하도록 만든 것일까.

종무지는 1928년 3월에 학습원을 졸업하고 4월에 동경제국대학 문학부 영문과에 입학했다. 당시 대학은 3년제였고, 3년에 걸친 대학생활 동안 그는 영어는 물론 시와 회화까지 깊이 있게 공부했다. 그는 1931년 3월에 동경제대를 졸업했다. 그런데 졸업을 앞둔 1930년 가을에 궁내성 종질료에서 그를 불러서 덕혜옹주와 결혼하도록 통고한 뒤 결혼이 빠르게 추진되었고, 대학을 졸업한 지 두 달 뒤인 1931년 5월 8일에 결혼식을 올렸다.

덕혜옹주의 결혼 상대자로 종무지 백작을 생각해 낸 사람은 대정천황의 부인인 정명 태황후였다고 전해진다. 태황후의 친정인 구조 공작 가문은 대마도 번주 가문과 세교가 있어서 황태후도 36대 당주가 된 젊은 종무지 백작을 알고 있었다. 아마도 정명 태황후가 그와 덕혜옹주의 결혼을 추진하려고 마음먹었던 때였던 것 같은데, 그를 궁중으로 불러서 이것저것 이야기를 시켜본 뒤 "저 정도라면 한 지방의 성주로서 창피하지 않겠다"고 칭찬한 일이 있었다 한다.

1931년 3월 덕혜옹주는 5년 동안 다닌 학습원 본과를 졸업했다. 본과는 수업 연한이 전기 4년, 중기 4년, 후기 3년이었다. 덕혜옹주는 1925년 4월에 중기 2학년에 편입학해 후기 3년 과정을 마치고 졸업했다. 그러나 졸업반의 여름방학 이후로는 학교에 가지 않았는데 그대로 졸업장을 준 것이다. 그리고 그녀는 졸업한 지 두 달 만에 결혼했다.

이들의 결혼을 양측에서 어떤 시선으로 보았을까?

먼저 조선 측에서는 매우 모욕적인 조치로 받아들였다. 조선의 민중은 덕혜옹주가 정신병을 앓고 있는 것을 전혀 몰랐기 때문에 더 그랬다. 대마 번은 본래 조선왕조 시절에 신하로서의 위치와 예를 지키면서 조선 조정에 드나들었다. 그래서 조선 측에서는 일본 본토에 있는 번보다 대마 번을 더욱 낮게 보았고 그렇게 대우했다. 그런데 조선의 왕녀가 일본 정부의 강요로 하필 대마 번으로 시집가는 것이다. 이들의 결혼식을 보도하면서 《동아일보》는 아예 사진을 싣지 않았고, 《조선일보》는 신랑의 사진은 삭제하고 신부인 덕혜옹주가 웨딩드레스를 입고 혼자 서 있는 사진만 싣는 파격을 보였다. 모두 그 결혼에 대한 반감을 노골적으로 드러낸 것이다.

종무지 백작의 외모 또한 반감의 대상이었다. 종무지는 훤칠하게 키가 크고 얼굴은 미남형이었으나 한쪽 눈이 사팔뜨기였다. 그러나 조선에서는 종무지 백작의 출신에 대한 반감과 외모에 대한 악평이 합쳐져서 자꾸 확대되고 악순환된 끝에 "키가 작은 데다 애꾸눈에 못생겼고 성격도 아주 나쁜 자"라고 알려져서 굳게 믿어졌다.

한편 종무지 백작 쪽에서 보자면 이 결혼은 해볼 만한 것으로 선뜻 받아들여졌을 듯하다. 물론 그는 결혼하기 전에는 덕혜옹주에게 정신병이 있다는 사실을 몰랐을 것이다. 따라서 객관적으로만 보자면, 그의 예술가적 기질로 보아 결혼 상대자가 대마 번이 대대로 섬기던 '조선의 왕녀'라는 점은 오히려 큰 호감을 느끼게 하는 요소로 작용할 수 있었

↑ 《매일신보》와 《조선일보》의 덕혜옹주 결혼 기사. 총독부 기관지인 《매일신보》조차 두 사람이 각자 따로 찍은 평상복 차림의 명함판 사진을 실었다. 《조선일보》는 신랑의 사진은 삭제하고 신부인 덕혜옹주가 웨딩드레스를 입고 혼자 서 있는 사진만 싣고 있다. 이는 조선의 왕녀가 일본 정부의 강요로 대마 번의 자손과 결혼하는 데 대한 반감을 노골적으로 드러낸 것이다.

다. 게다가 경제적인 측면의 이점 또한 아주 매혹적이었다. 종씨 가문의 35대 당주였던 양부가 사망한 뒤, 가문이 지고 있는 거액의 부채 때문에 그 돈을 갚아줄 수 있는 집안 아들이 이미 양자로 선정되어 있던 그를 제치고 새로 양자가 될 뻔했을 정도로 종씨 가문은 가난했다. 그런데 천황가에 버금가는 엄청난 세비를 받고 그 밖의 수입도 막대한 대부호로 꼽히는 조선 왕가의 왕녀와 결혼한다면, 경제적인 면에서 즉각 큰 혜택을 누릴 터였다. 실제로 그들의 약혼이 성립되자 곧 이왕직에서 그들 부부가 동경에서 살아갈 저택을 신축할 준비에 들어갔기 때문에, 《동아일보》는 1931년 4월 14일자로 "일전에 대마도주의 양세자 종무지 백작과 약혼한 덕혜옹주는 다음 달 10일경에 결혼식을 거행하게 되었는데, 이왕직에서는 그 저택 공사를 가까운 시일 안에 시작하게 되었다"라고 보도했다.

그들이 구조 공작의 집에서 맞선을 보았을 때, 덕혜옹주의 심정은 어떠했을까? 옛날 조선조식의 감각으로는 '신언서판身言書判'이라고 하여 사내대장부가 갖추어야 할 덕목의 하나로서 당당한 외모도 매우 중시했다. 그래서 사팔뜨기는 매우 낮추어 보았다. 그런데 결혼 상대자라고 하여 맞선을 보러 나갔는데 신랑감이 하필 사팔뜨기였으니 그녀의 기분이 어떠했을지 불문가지의 일이다. 게다가 지금까지는 왕족으로서 '전하'라는 경칭을 들었는데, 백작과 결혼하면 그 신분이 화족으로 격하되어 '전하'라는 경칭도 듣지 못하게 된다. 이래저래 덕혜옹주로서는 결혼해야 한다는 사실 자체가 별로 마음에 들지 않았을 것 같다.

그들이 결혼한 날의 풍경은 어떠했을까? "덕혜옹주 어혼례御婚禮. 금 8일에 거행, 왕전하와 이별의 식사, 11시 20분 초례醮禮"라는 제목 아래 보도된 1931년 5월 9일자 《동아일보》의 기사는 다음과 같다.

덕혜옹주와 종무지 백작의 혼인식은 예정대로 8일 오전에 거행되었다. 이날 아침 어여쁘게 단장을 하시고 이왕 동비 양 전하에게 마지막 인사를 드리고 세 분이 한자리에서 식사를 하신 후, 오전 11시 10분 종백작가 宗伯爵家로부터 마중 온 송원松園 남작의 인도로 로브·데고르테를 입으시고 자동차로 종백작가에 이르러 11시 25분부터 순일본식으로 초례를 지내시었다.

그렇게 진행된 결혼식 모습을 바로 옆에서 지켜본 이방자는 자신의 회고록에 그때의 풍경을 이렇게 담아놓았다.

이왕직의 한韓 장관이 서울에서 오셔서, 대마도의 번주 종무지 백작과 덕혜옹주님과의 결혼 이야기도 일어나고 있었습니다. 그러나 그런 상태로는 그러한 경사의 날이 언제나 올 것인지 알 수가 없었습니다. 그런데 소화 6년(1931)을 맞이하여 덕혜님은 많이 안정되었으며 식사도 잘하시고 이야기도 조금은 조리 있게 말할 수 있게 되었기에 종 백작과의 결혼도 순조롭게 진행되어 5월 8일에는 결혼식을 거행하게 되었습니다.
이런 날이 빨리 오기를 누구보다도 기다리던 전하와 나였지만, 또 병이 조금 소강상태에 들었다고는 하지만, 하얀 양장 차림의 모습이 뭔가 가엾고 애처로운 생각이 들어 나도 몰래 눈물이 나왔습니다. '과연 이것으로 행복이 약속되었다고 할 수 있을까. 좀더 그대로 가만히 계시도록 해드렸어야 하지 않았을까' 하는 것이 본심이었지만, 그런 것이 통하지 않는 것이 실상이었던 것입니다.

일부러 머나먼 동경까지 데려올 게 아니라 그대로 어머님의 슬하에서 여학교를 마치시고 귀족 중의 어느 좋은 분과 결혼하시는 편이 행복하셨을 텐데……

결혼식장에서 생각할 일도 아니고 마음먹어도 안 될 일이겠지만, 재발에 대한 걱정과 조선의 피를 무리하게 일본의 핏속에 동화시켜 버리려고 하는 당국의 의도에 은근히 반발도 느끼고 있었던 것입니다(이방자, 《바람부는 대로 물결치는 대로》).

여기서 특기할 일이 있다. 그간 알려지지 않았던 덕혜옹주와 종무지 백작의 결혼사진을 찾았다. 웨딩드레스를 입은 덕혜옹주와 훈장 하나 단 예복으로 성장한 종무지 백작이 같이 찍은 사진이다. 덕혜옹주의 옷과 차림새는 1931년 5월 12일자 《조선일보》에 보도된 웨딩드레스를 입고 홀로 있는 모습과 똑같다.

결혼한 종무지 백작과 덕혜옹주가 살 저택은 1931년 봄부터 동경의 상목흑구上目黑區에 큰 규모로 건축되기 시작해 10월경에 완공되었다. 천여 평의 대지에 세운 저택은 서양식 2층 건물인 바깥채와 일본식 건물인 안채의 두 부분으로 구성되었고, 두 건물 중간에 사무소가 있었다. 잔디 깔린 정원 주변에는 떡갈나무가 늘어서 있고 집 주위는 기와를 얹은 하얀 담장으로 둘러싸여 있었다.

결혼에 따른 경제적 혜택은 대저택의 제공만으로 끝나지 않았다. 본마공자의 《덕혜옹주》에 실린 증언에 의하면, 그 저택에서 부렸던 아랫사람이 '10여 명'에 달했다고 한다. 결혼 당시 종무지 백작은 동경제대

↑ **덕혜옹주와 종무지 백작 결혼식(1931).** 조선의 반일 감정과 사팔뜨기인 종무지 백작에 대한 반감으로 그동안 잘 알려지지 않았던 두 사람의 결혼사진이다. 종무지는 큰 키에 미남형 얼굴이었으나 대마 번주 가문 상속자였고 사팔뜨기였던 탓에 조선에서는 그에 대한 악평이 끊이지 않았다.

를 막 졸업한 청년으로서 취업을 하지도 않았고, 가문에 본래 비축된 재산이 있는 것도 아니고, 화족에게는 나라에서 생활비가 지급되지도 않았다. 그렇기 때문에 갓 결혼한 젊은 부부가 '10여 명'이란 고용인을 부리면서 호화롭게 살아간다는 것은 아내인 덕혜옹주에게 제공되는 세비가 없었다면 도저히 불가능한 일이었다.

  그러나 병이 많이 나아서 결혼했다고는 하지만, 역시 덕혜옹주의 정신병은 그들 가정의 깊은 상처였다. 결혼 뒤 5개월 만인 그해 10월 30일에 부부가 처음으로 대마도로 여행을 갔을 때 일이다. 당시 덕혜옹주는 대마도 방문 기념 식수도 했다니까 어느 정도 대외활동이 가능한 상태였던 듯하다. 그러나 역시 정신병의 흔적이 깊었다. 본마공자에 따르면, 당시 그들 부부를 만났던 평산위태랑 노인이 직접 목격하고 일기에 기록해 놓은 덕혜옹주의 정신분열증 증상은 '병적인 웃음'으로서, 다음과 같았다.

11월 3일(화)
…… 코모리 씨, 사이토 관리인, 백작, 나, 네 사람이 그림에 관한 이야기, 그리고 난초 재배 등에 관해 오랫동안 이야기를 나누었다. 그러던 중 덕혜 부인이 느닷없이 자리를 함께하였다. 인사를 드렸지만 한마디 말도 없이 답례할 뿐. 그리고 끊임없이 소리를 내서 웃기를 몇 번이나 했던가. 정말 병적인 거동이었다. 백작의 가슴 속은 과연 어떨까. 안타깝기 짝이 없다…… (본마공자, 《덕혜옹주》).

평산위태랑은 예전 대마번의 가신家臣 집안 출신이자 종무지 백작이 소년시절에 홀로 대마도에 가서 살던 때 다녔던 소학교 교장으로서, 어린 그를 맡아서 자기 집에서 자기 자녀들과 함께 길렀다. 자식처럼 기른 백작이 이제 어른이 되어 정신병에 걸린 여자와 결혼해 찾아온 걸 지켜보면서 그가 가슴 아파하는 모습이 그대로 드러나 있다.

학습원에 다니고 있던 1930년 초반만 해도 덕혜옹주는 심한 불안증과 분노를 드러내고 있었다. 극심한 불면증으로 고통받았고, 갑자기 집

🍂 **덕혜옹주와 종무지 백작의 대마도 방문(1931).** 정신병이 많이 좋아져 결혼했지만 그 흔적은 깊었다. 결혼 뒤 5개월 만인 10월에 부부가 처음 대마도 여행을 갔고 방문 기념식수도 했으나 당시 증언에 의하면 덕혜옹주의 정신분열증 증상은 날로 악화되고 있었다.

밖으로 뛰쳐나가서 정처 없이 걷기도 했다. 그런데 결혼 이후 보인 행동은 그처럼 달라졌다. 정신분열증의 증상을 전문학자의 저서에서 찾아보면 다음과 같다.

정신분열증의 가장 두드러진 특징은 역시 상황에 부적절하고 메마르고 단조로우며 무감동한 정서이다. 대부분의 정신분열증 환자는 초기에 우울, 공포, 불안 등을 많이 보이다가도 이들 정서는 사라지고 메마른 정서와 부적절한 정서 반응으로 변화된다. 부적절한 정서의 가장 대표적인 예는 웃을 상황이 아닌데도 낄낄거리며 웃는 것이다. 주변 사람이 보기에 그 웃음은 아무런 의미가 없어 보이고 바보스럽게 여겨진다.
장애가 진행되면서 그 정도는 더욱 심해지고, 다른 사람의 감정에 대한 공감능력도 점차 사라진다. 더불어 웃음도 사라진다. 결국 음성 증상 위주로 발전하는 것이다. 그렇다고 환자가 아무 것도 느끼지 못하는 것은 아니다. 겉으로 무감동하고 무미건조하며 목석처럼 보일지라도 그들 내면에는 다양한 정서의 물결이 흐르고 있다. 한 가지 부언하면, 정신분열증의 무감동 상태는 항정신병 약물의 부작용이라기보다는 정신분열증 자체의 증상이라는 것이다(원호택·이훈진, 《정신분열증》).

덕혜옹주가 학습원 시절과 결혼 뒤에 보인 증상이 달랐던 이유는 병의 진행 과정에 따른 변화였다. 그러나 1931년 당시만 해도 정신분열증에 대한 인식과 치료방법이 별로 발전하지 않은 때였다. 종무지 백작은 덕혜옹주에게 병원 치료를 받게 하지 않았는데, 덕혜옹주의 명예를 생각해서 그랬을 것이라는 견해가 설득력이 있다.

어쨌든 종무지 백작은 그런 이상증세를 보이는 덕혜옹주를 기피하거나 싫어하지 않았고 부부관계도 정상적으로 가졌던 것으로 보인다. 덕혜옹주는 결혼한 해인 1931년에 아기를 임신했고, 다음 해 8월 14일에 외동딸 정혜貞惠가 태어났다. 결혼한 지 15개월 만에 정혜를 낳은 것이다.

그간 한국 측 자료에서는 덕혜옹주의 결혼 상태와 그녀의 남편 종무지 백작을 끔찍한 인물로 폄하해서 묘사해 왔다.

- 종무지 백작은 애꾸눈에 키가 작고 아주 못생긴 추남인 데다가 성격도 아주 나빴다.
- 덕혜옹주는 남편에게 늘 맞고 살았다. 하도 잔인하게 맞아서 실어증까지 생겼다.
- 임신했다가 만삭이 된 때 남편에게 구타당하여 유산이 된 일이 있다.
- 강제 결혼 3년 만에 정혜라는 딸 하나를 낳고 그만 정신병자가 되고 말았다.
- 정신병이 악화되자 강제 이혼을 당하고 정신병원에 들어가 있었다.

그러나 앞에서 고찰해 보았듯이, 그런 소문들은 거의 다 심하게 과장되고 왜곡된 것들이다. 종무지 백작이 사팔뜨기였는데 애꾸눈이었다고 알려진 것이 그나마 좀 비슷할 뿐, 그 나머지는 사실과 전혀 맞지 않는다. 시기적으로도 맞지 않고, 일의 선후도 뒤바뀌었다. 증언이나 정황으로 비추어 보아도 덕혜옹주가 종 백작에게서 잔인한 구타를 당하고 살지도 않았다.

종 백작은 사팔뜨기의 용모를 갖고 태어났고 열 살 때부터 가족과 떨어져서 홀로 대마도로 가서 살아야 했던 것 등을 비롯해서 인생에서 여러모로 각박한 대우를 받아온 사람이다. 그래서 아내인 덕혜옹주의 정신병 역시 인생으로부터 받는 또 하나의 각박한 대우 중 하나로 순순히 받아들인 듯하다.

  당시 정황은 덕혜옹주에게 매우 불우했다. 정신분열증에 대한 적절한 치료방법이 제대로 개발되지 않은 것은 물론, 병에 대한 인식 자체가 제대로 되어 있지 않은 시절이었기 때문이다. 그래서 덕혜옹주에 대한 치료가 제대로 되지 않았다. 따라서 덕혜옹주의 병은 전혀 나을 기미를 보이지 않았다. 그렇다고 빠른 속도로 악화되지도 않았다. 당시 고용인이었던 중촌국지中村國枝는 1938년부터 2년여 동안 저택에 근무하면서 덕혜옹주의 딸 정혜를 돌보는 시녀로 근무했는데, 그녀에게서 본마공자가 들은 증언에 '딸을 낳은 뒤의 덕혜옹주 증세'가 나온다. 그것은 거친 말이나 행동은 전혀 없이 그저 멍하게 있으면서 때때로 혼자 웃어대는 것이었다. 하녀로 고용되었을 때 18세였다는 그녀의 증언은 다음과 같다.

덕혜 마님의 시중은 주로 (우츠노미야에서 온) 미요 씨와 와다 씨 두 사람이 들었는데, 마님은 양장을 하기도 하고 기모노를 입기도 했습니다. 상태가 좋지 않을 때는 잠옷에 가운을 걸친 모습도 많았던 것 같습니다. 때때로 2층에서 마사에正惠 아가씨의 방까지 내려오셔서 의자에 가만히 앉아 계시는 일도 있었는데, 그럴 때도 물론 미요 씨 등이 함께 했습니다. 그런 때 아무 말씀도 하지 않으셨지만 이름을 물으면 한자로 '德惠'라고 쓰셨습니다. 그리고 '아가씨 이름은 뭐예요?' 하고 물으면 '正惠'라고 쓰셨지요.

가끔 지압 마사지를 하는 노인이 왔지만 의사처럼 보이는 사람이 온 적은 없었습니다. 저는 마님의 병환이 지압 같은 걸로 나으려나 하는 생각을 했지만, 운동도 하시지 않으니 지압을 하면 몸이 좀 좋아지셨겠지요. 마님은 가냘프고 우아한 몸매에 손도 정말 가늘고 예쁜 분이셨습니다. 가끔씩 상대가 아무도 없는 2층에서 마님의 웃음소리가 들려오는 일이 있었습니다. 마님은 그런 상태셨고, 집 안은 전체적으로 조용한 분위기였습니다(본마공자, 《덕혜옹주》).

위의 증언에는 끔찍한 데가 있다. 비록 말투는 공손하지만 하녀로서 병든 주인인 덕혜옹주를 만만하게 보고 함부로 대했던 모습이 역연하기 때문이다. 그 시대 일본 풍습으로는 화족 집안의 고용인은 주인과 말도 제대로 나누지 못할 정도로 계급 차이가 컸다. 종무지 백작 집안에서도 주인과 하인이 다니는 계단이 따로 정해져 있었다. 그런데 젊은 하녀의 신분으로 감히 여주인의 이름을 본인에게 직접 물어보고 딸의 이름도 물어보았다는 것이다. 상대가 정상인이라면 상상조차 할 수 없는 무례를 아무렇지도 않게 감행한 것이다.

정신의학 책에 정신분열증 환자의 증세에 대해서 "겉으로 무감동하고 무미건조하며 목석처럼 보일지라도 그들 내면에는 다양한 정서의 물결이 흐르고 있다"고 쓰여 있는데, 당시 병들어 무력한 상태의 덕혜옹주도 젊은 하녀의 극히 무례한 질문에 응해 자신의 이름과 딸의 이름을 손수 쓰면서 내심 원통함을 느꼈을 것이다. 그리고 "한 가지 일 보아 열 가지 일"이라는 속담대로 하녀의 그런 무례는 맞대놓고 이름을 물어

보는 정도로만 끝나지 않았을 것이다. 덕혜옹주를 대하는 일 전반에 걸쳐서 같은 태도였을 것이다. 그리고 그건 어린 딸 정혜를 돌보는 시녀로 고용되었던 그녀 한 사람에게만 국한된 것도 아닐 것이다. 다른 하인들이 모두 덕혜옹주를 깍듯하게 모셨다면 감히 젊은 하녀 혼자서 그렇게 무례한 태도를 취할 수는 없기 때문이다.

집안에서 사용된 부부에 대한 호칭에 관해서 그 하녀는 "우리들은 당주當主를 '백작님'이라고 불렀으며, 덕혜 사마를 '고젠사마[御前樣]'라고 불렀습니다"라고 회고했다고 한다. 당주라 함은 '당대當代의 호주戶主, 또는 집안을 대표하는 주인'을 말한다. 그 증언에 대해서는 본마공자는 이렇게 부연 설명했다.

'고젠'이라는 말은 옛날에는 여성에 대한 경칭으로도 사용되었지만, 명치 이래 화족의 저택 안에서는 보통 당주에 대한 경칭이었다. 그런데도 종 백작가에서는 부인인 덕혜옹주가 '고젠사마'로 불리고 있었다. 이것은 종질료의 지시 때문이었을 텐데, 아내의 신분이 높은 것을 고려한 호칭이었다고 생각된다(본마공자, 《덕혜옹주》).

'종질료宗秩寮'는 일본 궁내성의 한 부서로서, 황족과 왕공족을 관리하고 지원했다. 어쨌든 하녀 중촌국지의 증언을 분석해 보면, 그녀가 저택에 근무했던 1938년에서 1940년까지의 만 2년여 동안 덕혜옹주가 발작이라든가 거칠고 사나운 언행을 벌인 일은 전혀 없었던 것으로 파악된다. 매우 온순하고 조용한 환자였던 것이다.

그러나 이 시기쯤이면 이미 종 백작은 덕혜옹주와 같이 외출하는 일

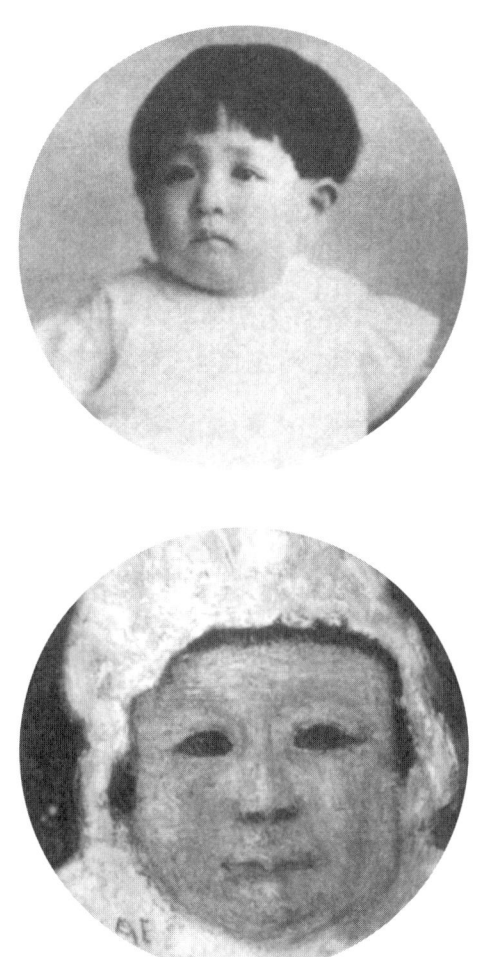

⬆ 덕혜옹주의 딸 정혜와 종무지 백작이 그린 정혜(〈MASAE〉, 생후 3개월). 1932년 8월 14일에 태어난 정혜는 덕혜옹주의 유일한 아이다.

이 전혀 없이 지냈다. 등산을 가도 딸 정혜와 둘이서만 갔고, 그 일을 소재로 시를 써서 남기기도 했다. 훗날 그가 쓴 시 중에는 병든 아내에 대한 아픔과 연민을 담은 시들이 있어서 그가 덕혜옹주에게 지녔던 심정을 전하고 있다. 다만 보다 직접적인 교감과 친밀한 정서를 요구하는 그림에서는 그게 가능하지 않았던가 보았다. 화가이기도 했던 그가 덕혜를 그린 그림은 전혀 없다. 그러나 딸 정혜를 그린 그림은 생후 3개월의 모습을 그린 것을 비롯해 여러 점이 남아 있다. 그는 온전한 정신을 지니지 못한 아내에게서 받은 마음의 상처와 공허를 딸을 사랑하는 것으로 채웠던 듯하다.

추녀의 깊은 정

▦ ▤ ▥ ▦ 조선 왕공족 제2세대 세 사람 중에서 가장 나이가 많은 사람은 이건(1909~1991)이다. 1912년생인 덕혜옹주와 이우보다 세 살 많은 그는 덕혜옹주가 결혼한 지 5개월 뒤인 1931년 10월에 동경에서 일본 여자와 정략결혼을 했다. 그는 세 사람 중에서 가장 일제 측의 의도에 맞게 자랐고 그렇게 살아간 사람이기도 했다. 그는 1919년 봄에 일본으로 유학 가서 학습원 초등과를 나온 뒤에 군사학교인 중앙유년학교에 진학했고, 1926년 4월에 육군사관학교에 입교해 졸업한 뒤 군인이 되었다.

이건은 정직한 사람이 아니었다. 그의 회고록에는 사실과 다른 기술이 자주 눈에 띈다. "일본에 와서 오랫동안 나는 부친의 의지에 따라 한국에 가는 것을 금지당하고 있었다. 그런 까닭인지는 몰라도 나는 한국인과 만나면 입이 말을 듣지 않는다"라고 기술했는데, 실제는 그렇지 않았다. 당대의 신문을 보면 방학을 맞을 때마다 어린 그가 한국에 다니러 오는 모습이 사진까지 곁들여서 보도되었다. 그는 일본에 살면서 어린 시절에 경제적으로 무척 궁색한 처지였던 것 같이 "나는 맛없는 음식을 먹어야 했고 필요한 물건을 살 길이 없었고 학습원까지 전차통학을 해야 했는데도 그 전차값조차 절약하지 않으면 안 되었기 때문에 돌아오는 길은 걸어야 했다"라고 써놓았다. 그러나 신문보도를 보면 그는 동경에 처음 갔을 때부터 그를 위해 마련된 집에서 시중을 전담한 하인 일가가족과 그 밖의 시녀 한 사람의 시중을 받으면서 살고 있었다. 재등실 조선총독이 동경에 갔을 때 우정 시간을 내어 그를 만나서 당시로서는 매우 귀했던 비싼 만년필을 선물했을 정도로 사회적인 대우도 받았다. 공족인 이강 가문의 상속자였기 때문이다.

그런 그에게 뜻밖의 행운이 일찍 찾아온 것은 1930년이었다. 그해 6월 12일에 부친 이강이 일본 당국에 의해서 공식적으로 은거를 당해 '공公'의 작위를 잃고, 대신 장남인 그가 '공'의 작위와 가독을 계승했다. 당시 일제는 이강을 은거시키고 일본에서 살도록 규제하면서 매달 일정 금액의 생활비를 지급하기로 했다. 은거가 공식 발표되기 한 달여 전인 1930년 5월에 이강은 조선총독부 정무총감과 이왕직 장관을 만나 셋이서 합의해 나란히 서명한 각서를 작성했다. 이강에 대한 은거 조치 및 그에 따른 처우와 조건을 확정한 문건이다.

이때 일본 측이 이강을 굳이 은거시킨 이유는 무엇일까? 그리고 이강은 어떤 사람이었는가?

이강은 본래 여성 편력이 무분별하고 사치가 매우 심하고 재산을 마구 써대는 것이 도를 넘은 사람이었다. 옷 사치도 심해서 일찍이 미국에 몇 년간 유학했을 때도 '꽃을 꽂는 조끼 달린 양복만 87벌'을 갖고 있었다는 것이다. 평생 관계한 여성과 자식의 수가 수십 명을 넘어간다는 말

↑ **이건·의친왕·이우(1930년대).** 일제강점기 조선의 왕공족을 관리하는 기관인 이왕직에서 의친왕 이강의 자식으로는 단 두 명의 아들, 즉 장남 이건과 차남 이우만 인정했다. 해방 뒤에 이강의 호적을 새롭게 정리할 때 그의 호적에 오른 자녀의 수는 14명의 여인들에게서 낳은 '22명'이었으나 이후 파악된 자녀수는 '29명'이었다. 여성 편력이 무분별하고 사치가 심했던 이강은 1930년 5월 자신의 작위와 가독을 큰아들 이건에게 물려주고 공식 은거에 들어갔다.

이 늘 따라다녔는데, 화류계 기생이나 집안의 어린 자녀들을 돌보는 보모나 전화교환수나 가정교사 등 누구건 간에 눈에 들어오는 여자면 상대를 가리지 않고 관계를 맺었고 여자가 애를 낳으면 으레 집을 사 주고 생활비를 대어주었다. 그렇게 드는 돈만 해도 매우 막대해서 빚을 지는 등 자주 돈에 몰리는 생활을 했다.

이강은 1930년에 공식적인 은거 조치가 실행되기 이전 몇 년에 걸쳐서 일본 당국자들에게 자신의 궁색한 처지를 호소하고 선처를 바라는 편지를 자주 보냈다. 과거 대한제국 황족이었던 신분이나 한 인간으로서 자존심을 생각한다면 결코 할 수 없었던 처신이었다. 소전부웅차의 《낙선재의 마지막 여인》에 의하면, 그는 상해로 탈출하려다가 실패한 때로부터 불과 한 달여 만인 1919년 12월 14일에 재등실 조선총독에게 진정서를 제출해 "이왕직 직원들이 (상해행 탈출사건 이전에) 모두 자신에게 불친절하고 무례했으며 자신을 경멸했고, 보아도 인사도 없이 모른 척하거나 자신의 일에 대해 반대하고 자신에게 심하게 대했다"는 등의 말을 잔뜩 늘어놓으면서 자신에 대한 처우에 신경 써줄 것을 호소했다고 한다. 그는 총독에게 보낸 또 다른 편지에서는 "이왕직 관리들의 감독을 받게 된다면 또다시 무슨 일을 저지를지 알 수 없다"고 협박하면서 "금후 만약 좋지 못한 일을 했을 때는 법률상 상당한 처분을 내리기를 희망하며, 결코 배일적, 정치적 사상은 꿈에도 갖지 않을 것"이라고 약속하는 한편 "이강은 작위도 재산도 버리고 은둔이라도 하면서 매달 적지 않은 생활비를 받아서 여생을 편하게 생활하기를 간원한다"고도 호소했다.

이강은 왜 그런 내용의 진정서를 일본 당국자들에게 자꾸 제출했던 것일까? 그는 자신이 탈출사건을 벌였다가 실패했음에도 일본 당국이 조선인들에게 미칠 영향을 생각해 공족인 자신을 전혀 처벌하지 못하는 것을 보자, "'공족'으로서의 신분을 버리겠다!"고 내세우는 것이 일본 측에 큰 압박수단이 된다고 내심 계산한 듯하다. 그래서 그는 일본 당국자들에게 보내는 진정서마다 "공족의 신분을 버리고 평민으로 은둔하겠다"거나 또는 "공족의 신분을 버리고 일개 귀족으로 살아가겠다"는 말을 빼놓지 않고 앞에 내세웠다.

이강은 조선총독만이 아니라 조선 주둔 일본군 사령관 등의 실력자에게도 편지를 보내 자신의 처지를 변명하고 이왕직 관리들을 매도하고 경제적 곤란을 호소했다. 심지어 1925년 5월 15일에 대정천황의 은혼식에 참석하기 위해서 동경에 갔을 때, 당시 '섭정궁'이란 칭호 아래 천황의 직무를 대리하고 있던 황태자에게 "저는 자녀가 많고 빈곤하므로 제발 구제해 주기를 바란다"면서 "공인을 폐하여 평민이 되고 싶다"는 구차한 내용의 청원서를 제출하기까지 하여 말썽이 크게 일기도 했다.

결국 '은거 타령'을 시작한 지 11년 만인 1930년 5월 5일에 그는 일본 동경 제국호텔에서 조선총독부 정무총감 아옥수웅兒玉秀雄 및 이왕직 장관 한창수 남작과 셋이서 만나서 자신에 대한 은거 조치와 그 부대조건에 관해 최종 합의를 보고 3인 연명으로 각서를 작성했다. 그 각서들은 현재 원문이 남아 있다.

당시 이강과 일본 당국은 이강이 은거하고 공족으로서의 작위를 사퇴하는 대신에 "채무 변제와 기타 정리비로서 '30만 엔'을 이강에게 주기"로 하고, 또 이강이 앞으로 조선이 아닌 일본에서 살도록 하고, 일본 저택 마련비로 3만 5,000엔을 별도 지불하기로 합의했다. 또 매년 12만 엔의 돈을 생활비로 주되 그중에서 2만 엔은 부인인 이강 공 비에게 주어 생활비로 쓰도록 한다고 약정했다. 이로써 그때까지 이강이 진 빚과 기타 정리해야 할 돈이 '30만 엔'이라는 거금에 달했음을 알 수 있다.

아무튼 일본 총리대신의 연봉이 8천 내지 1만 엔이던 시절에 일본 측이 이젠 공족도 아닌 이강 부부의 생활비로 매년 '12만 엔'을 지불하기로 약정한 것이다. 일본 황족 가문에게 주는 세비 중에서 최고액이 '동구이궁 11만 엔'이었다는 점과 대비해서 보면, 세비에 관한 한 일제 당국은 조선 왕공족들에게 매우 후하게 특별대우한 것을 알 수 있다.

1930년 6월 12일에 공식적으로 이강의 은거가 공표되면서 그의 장남인 이건에게 '공'의 작위와 가독이 넘어가서 '이건 공 전하'가 되었고, 이강 본인은 '공'이 떨어져 나간 그냥 '이강 전하'로 불리게 되었다. 당시 이강은 각서의 조건을 이행하느라 첩실인 수인당 김씨를 데리고 일본에 건너가서 여러 해를 살았다고 한다. 당시 이강이 일본 구주 지방의 온천 도시 별부別府에 가서 3년간 살았음이 각종 문서로 증명되고 있다.

사실이 그럼에도 불구하고, 현재 '의친왕 이강'의 후손이나 연구자들 중 일부에서 당시 이강이 독립운동을 하고 배일적 행동을 해서 일제 당국에 의해서 강제로 은거 조치를 당한 것으로 주장하고 있는데, 사실과 큰 거리가 있다.

이건은 '이건 공'이 된 때부터 신분이 격상되고 집안 재산의 소유권자가 되고 공족으로서의 세비도 받기 시작해서 큰돈을 마음대로 쓸 수 있게 되었다. 학습원에서 동생인 이우는 '이우 공 전하'인데 자신은 평민이라서 동급생들로부터 "엄청난 경멸을 받았다"고 주장했던 그가 자신도 '전하'라고 불리는 동시에 큰 재산을 소유한 신분이 된 것이다. 그는

평민이 된 왕 이은의 천하

이때 몹시 기뻤을 것이다.

'이건 공 전하'가 된 지 한 달 뒤인 1930년 7월에 그는 육사를 졸업하고 소위로 임관되었고, 다시 기병학교를 거쳐서 기병장교가 되었다. 그는 그해 12월 16일에 서울에 와서 10일간 머물면서 신궁참배, 능묘전배陵墓展拜, 습가피로襲家披露 등의 행사를 치렀다. 습가피로는 이건의 가독 상속을 축하하는 잔치로서, 그가 가문을 대표하는 당주가 되었음을 공식 확인하는 행사였다.

다음 해인 1931년 10월 5일에 이건은 덕혜옹주에 이어 두 번째로 결혼했다. 이건은 회고록에 자신의 결혼에 대하여 이렇게 기술했다.

소화昭和 초에 나는 어떤 여자를 아내로 삼으려고 했으나 끝내 승낙을 얻지 못하고 말았다. 그래서 나는 퍽 고민했다. 그때까지 마시지 않던 술을 마시게 되었다. 그것을 보고 근심해 준 사람이 호리바掘場 씨였다. 그의 손으로 결혼 이야기가 진행되었다. 나는 결혼할 필요가 있다면 여자라면 누구든지 좋다고 생각해서 만나본 일도 없는 한 부인婦人, 해군대좌 마쓰다이라松平胖 씨의 딸 요시코佳子와 결혼해 버렸다. 그러한 결혼이었으니 서로의 불행은 당연할 뿐 아니라 상대편에게는 미안하다고 생각한다(이건, 《이건 공의 수기》).

그러나 이런 술회 역시 신빙성이 떨어진다. 호리바 씨는 이건이 네 살 때부터 부부가 함께 그의 시중을 들어온 하인이었다. 그런데 조선의 제2세대 왕공족 중 최연장자인 이건의 혼혈 정략결혼을 추진하는 일을 일개 하인에 불과한 호리바가 자의에 의해서 전담했다는 것은 있을 수 없

평민이 된 왕 이은의 천하

는 일이다. 더구나 이건의 상대자인 송평가자松平佳子(마쓰다이라 요시코)의 가계를 따져 보면 혼혈 정략결혼을 위해서 매우 신중하게 선정된 명문 가문임을 알 수 있기에 더욱 믿기 힘들다. 송평가자는 방자의 외갓집 사촌동생이다. 방자의 넷째 이모인 준자俊子가 가자의 모친이니, 가문의 뿌리가 과도번에 속했다. 과도번 번주 가문의 제19대 당주였던 과도직대 후작의 넷째 사위가 송평 해군 대좌였다. 이은과 방자가 혼혈 정략결혼임에도 불구하고 결혼생활을 무난하게 잘 꾸려가자, 일본 궁내성에서는 그 뒤를 이은 조선 왕공족의 정략결혼 역시 방자의 외가 집안 여성으로 선정한 것이다.

이건의 결혼은 상대 여성을 선정한 것으로 끝나지 않았다. 형식상의 문제가 있었다. 송평가자의 집안은 덕천막부의 친가 중 하나에 속하는 매우 유서 깊은 명문으로서 그녀의 백부가 백작이었다. 그러나 송평가자의 부친 본인은 황족도 화족도 아니었다. 그런데 '황실전범'에 의하면 "일본 황족은 황족이거나 특별히 칙허를 받은 화족과 결혼해야 한다"고 되어 있다. 일본 궁내성은 '조선의 왕공족은 일본 황족에 준하여 예우한다'는 방침을 세우고 있었으므로, 이건의 결혼에 대해서도 그 조건을 성취시키려고 나섰다. 그래서 송평가자의 신분을 화족으로 만들기 위해 그녀의 이름을 성자誠子로 바꾸고 방자의 여동생인 규자의 남편 광교廣橋 백작의 '여동생'으로 입적시켰다(《이본궁이도자비의 일기》). 그래서 그녀의 이름은 '광교성자廣橋誠子'로 바뀌었고 '백작의 가족'으로서 화족 신분이 되었다. 이은의 가족사를 다루는 서적들 대부분에 이

🔖 **이건과 송평가자.** 1930년 아버지로부터 공의 작위를 물려받은 이건은 다음해 1931년 송평가자(마쓰다이라 요시코)와 결혼한다. 송평가자는 이방자의 외갓집 사촌동생으로 명문 가문 출신이었다. 이

때의 일에 대해 "송평가자를 '광교 백작의 딸'로 입적시켰다"고 쓰여 있는데, 틀린 기술이다.

1931년 10월 5일, 이건은 화족이 된 광교성자(송평가자)와 결혼했다. 결혼하면 남편의 성을 따르는 일본의 관습에 따라 이건의 아내 이름은 '이성자李誠子'로 바뀌었고 '이건 공 비 전하'로 불렸다. 이후 그들 부부는 일본 사회에서 조선 공족으로 크게 대우받는 자신들의 위상과 비중과 부요함을 매우 즐기며 일본 황족들과 어울렸다. 그래서 이건은 뒷날 회고록에서 이렇게 술회했다.

오늘날까지 내가 본 바에 의하면 한국 왕실의 왕족을 대하는 태도와 일본 황실의 황족을 대하는 태도에는 판이한 점이 있다. 일본 황실의 태도에는 따뜻한 맛이 있는데 한국 왕실에는 냉담만이 있다.…… 나는 일본 황실의 온정을 잊을 수 없다. 한 달에 한 번씩 일본 황족들과 부부 동반해서, 밤새 거리낌 없이 마시고 놀고 한 기억이 그립기까지 하다(이건, 《이건 공의 수기》).

위의 글로 보아 일제강점기에 조선 공족인 이건은 민족의식 같은 건 전혀 염두에 없이 완전한 일본인으로 살면서 일본에 대한 호감과 애정을 극력 키우고 있었음을 알 수 있다. 일본 측에서 볼 땐 말 그대로 "추녀醜女의 깊은 정", 곧 별로 달갑지 않은 애정공세에 해당했으리라.

이건 부부 사이에서는 1932년 8월 14일에 장남 이충李沖이 태어났고, 1935년 3월 4일에 차남 이기李沂가, 1938년 12월 19일에는 딸 옥자沃子가 태어나서 모두 2남 1녀의 자녀를 두었다.

혼혈결혼을 거부하다

▓ ▒ ▒ ▒   조선 왕공족 제2세대 3인 중에서 마지막으로 결혼한 사람은 이우 공(1912~1945)이다. 이우는 아홉 살 5개월일 때 일본에 유학해 학습원을 거쳐 중앙육군유년학교를 나오고 육군사관학교를 졸업해 육군 소위로 임관되었다. 일본 정부에서 조선 왕공족에게 강요한 길을 그대로 걸은 것이다. 그러나 그는 뚜렷한 민족의식을 갖고 독자적인 길을 모색하려고 애썼다. 머리가 좋고 기개도 뚜렷한 인물이어서, 이왕직에서는 그를 다루기 아주 버거워했다고 한다. 김을한은 이우의 그런 면모에 대해 이렇게 증언했다.

해방 전의 일인데, 필자가 제1선 기자로 있을 때 하루는 이왕직이 있는 창덕궁에 들어갔더니, 그때 회계과장으로 있던 사또佐藤라는 일본인 사무관이 "이건 공은 온화한 분이라 별 문제가 없지만, 이우 공은 측근자의 말을 도무지 듣지 않아서 곤란하다"고 하였다.
나는 그 말을 듣고 그들이 좋지 않게 말하는 것은, 즉 그만큼 영특한 것을 의미하는 것이므로 이우 공은 다시 말할 것도 없이 만만찮은 사람임을 알 수 있었다. 그래서 그랬던지, 당시 들리는 말로는 무엇을 사려고 백화점 같은 데 갔을 때, 이건 공은 따라온 사무관에게 일일이 물어 보고 물건을 사는 데 반하여, 이우 공은 무엇이고 사고 싶은 것이 있으면 "이것을 다오" "저것을 다오" 손가락질을 해서 산더미 같이 물건을 사므로, 혹 수행했던 사무관이 "암만 나중에 지불하는 외상이라 할지라도 너무 많지 않습니까?"라고 할 것 같으면 이우 공은 얼굴에 노기를 띠고 "내 돈 가지고 내가 사는데 네가 무슨 상관이냐?"고 꾸짖어서 사무관이 무안을 당했다는 이야기도 있다(김을한, 《인간 이은人間 李垠》).

이우는 자신이 그 유명한 흥선대원군 이하응의 적통을 이은 사손嗣孫이라는 사실을 투철하게 의식하면서 살았던 것 같다. 자신의 뿌리에 대한 강한 자긍심이 없음과 있음이 곧 이건과 이우의 차이였다.

이우가 자신의 기개와 성품을 아주 강렬하고 확고하게 드러낸 것은 결혼 문제에서였다. 일본 궁내성은 이우의 혼혈 정략결혼에 대비해 일찍이 일본인 신부감을 물색해 두었다. 화족인 유택보승柳澤保承 백작의 딸이다. 이번에도 배후에 과도번이 자리 잡고 있었다. 유택 백작은 이본궁 이도자비의 부친인 과도직대鍋島直大 후작의 다섯째 사위였다.

과도직대 후작은 다섯 명의 딸을 두었는데, 대영주 가문의 당주답게 모두 명문가의 사위를 얻었다. 첫째 사위는 전전이사前田利嗣 후작이고, 둘째 사위는 이본궁 수정왕이며, 셋째 사위는 뒷날 궁내대신이 된 송평항웅松平恒雄 영국 대사인데 그의 딸은 소화천황의 친동생인 질부궁 옹인친왕과 결혼했다. 그리고 넷째 사위는 송평반松平胖 해군 대좌이며,

다섯째 사위가 유택보승 백작이었다. 다섯 명의 사위 중에서 황족인 이본궁 수정왕은 말할 것도 없고, 나머지 네 명의 사위들 모두 덕천막부 시절부터 일본 유수의 명문대가로 꼽혀온 집안 출신이었다.

그런데 과도 후작의 사위들은 조선 왕공족과 인연이 깊었다. 과도 후작의 둘째 딸인 이도자와 이본궁 수정왕의 사위가 이은이었고, 넷째 딸인 준자와 송평 해군 대좌의 사위가 이건이었다. 그래서 다섯째 사위인 유택 백작의 딸과 이우가 결혼하게 되면, 한일합방 이후 조선의 역대 왕공족 중에서 미혼이던 남자 세 사람 모두 과도 후작의 외손사위가 되는 것이었다.

이우는 혼혈 정략결혼 자체에 반감도 깊었지만, 특히 그런 식의 근친혼에 대한 반감이 매우 컸다고 한다. 그는 일본의 혼혈정책을 단연코 거부하기로 마음먹고 조선 여성과 결혼할 길을 찾기 시작했다. 그는 만 열 살도 되기 전에 일본에 유학 보내졌고 계속 일본에서 군인이 되기 위한 군사교육을 받으면서 지내다가 방학 때나 겨우 돌아오고는 했으므로 조선 여성을 사귈 기회가 별로 없었다.

그러나 길이 전혀 없는 것은 아니었다. 이우는 자신의 결혼 상대자인 조선 여성으로 박영효 후작의 손녀인 박찬주朴贊珠를 선택했다. 박찬주는 1932년 3월에 서울 경성여고보를 졸업한 뒤 동경으로 유학해 여자학습원 중기에 재학 중이었다. 이우와 박찬주의 결혼설이 처음 등장한 것은 1933년 12월이었다. 박찬주는 1914년생으로 이우보다 두 살 아래였다. 두 집안은 본래 잘 아는 사이였고, 이우가 일본으로 가기 전 어린 시절에 궁중에서 박찬주를 몇 번 보아서 서로 아는 처지인 데다가 육사 예과 시절에 잠시 귀국했을 때도 만난 적이 있었다.

　이우는 1933년 7월 11일에 육군사관학교를 졸업하고 10월에 육군 소위로 임관되었다. 그런데 그가 1933년 11월 27일에 서울에 왔다. 당시 신문은 이때 그가 서울에 온 목적에 대해 "금번 도선하는 용무는 별반 특별한 것이 없으시고", 고 이준 공비와 고 이희 공비에게 소위로 임관되었음을 보고하고 연회를 베풀 예정이며, 12월 중순에 일본으로 돌아갈 것이라고 보도했다.

　그런데 나중에 알고 보니, 이때 그는 결혼 문제를 해결하기 위해서 조선에 나온 것이었다. 일본 궁내성이 공식적으로 자신의 정략결혼을 추진하기 전에 그는 먼저 선수를 치고 나갔다. 그는 생부 이강과 박영효의 양해를 얻은 뒤, 사주단자와 약혼반지를 박찬주의 집에 보내어 혼약의 증거로 삼았다. 그가 일본으로 돌아간 날은 12월 11일이다. 그런데 돌연 12월 13일자 조선 신문들이 일제히 "이우 공 전하 박 후작 영손 박찬주 양과 어혼약 내정"이라는 제목으로 이우와 박찬주의 약혼 사실을 보도했다. 그 기사들은 모두 '동경 전통電通' 또는 '동경 전화電話'라고 약혼 소식의 출처를 밝혀놓았다. 동경에서 전신이나 전화로 전해진 소식에 의해 쓰인 기사임을 밝힌 것이다. 그래서 기사의 출처가 당시 동경에 있던 이우였음이 증명된다. 이우는 조선에 가서 약혼 절차를 추진하고 동경에 돌아간 뒤, 조선 신문을 상대로 전통이나 전화로 정보를 제공해 일제히 보도되게 만듦으로써 약혼을 기정사실화하려고 했던 것이다.

관련 연구자들 대부분이 당시 이우의 혼약 사실을 알렸던 조선 신문의 보도들은 박영효 후작이 고도의 계략으로 언론 플레이를 한 것이라고 기술하고 있는데, 당시 문제 기사들의 출처가 '동경'이라고 명백하게 밝혀져 있었던 사실을 간과한 단순한 추측에 불과하다.

당시 이왕직 장관은 한창수 남작으로, 대표적인 친일파에 속한 인물이었다. 그는 신문보도를 보고 크게 놀라고 분개했다. 조선 왕공족에 대한 사무 일체를 총책임지고 있는 자신에게 전혀 상의 없이 이우가 박찬주와 약혼했고 게다가 그것을 신문보도를 통해 알린다는 것은 자신을 아예 무시한 처사라고 받아들인 것이다. 더 나아가 일본 정부 당국이 조

▲ **이우와 박찬주(1935).** 이우는 일본의 혼혈정책을 거부하며 박영효 후작의 손녀 박찬주와 결혼했다. 1935년 5월 3일에 동경에서 혼인식을 올렸는데, 한일합방 이후 조선 왕공족 중 최초이자 최후로 동족과 결혼한 것이다. 자신의 뿌리에 대한 강한 자긍심이 이우와 이건의 결정적 차이였다.

선의 왕공족 2세대 세 사람 모두 일본인과 정략결혼시키려고 계획해 놓고 있음을 잘 알고 있기에, 왕공족 관리 부실로 책임추궁을 당할까 두렵기도 했다. 그래서 약혼을 취소하라고 강력하게 압박했다. 그러나 이우는 강경하게 버텼다. 하지만 한창수가 현행법인 '왕공가 규범 위반'을 혼인 반대 조건으로 들고 나왔기 때문에 그 상태대로 혼인을 밀고 나가기에는 현실적으로 무리가 있었다.

일이 이에 이르자 박영효가 나서서 새로운 수를 썼다. 그는 일단 사주단자와 반지를 이우에게로 돌려보내어 '약혼을 취소했다'는 모양새를 갖춤으로써 이왕직과 궁내성의 체면을 세워준 다음, 동경으로 건너가서 막후교섭에 들어갔다. 그는 일본 망명 시절에 사귀었던 상류층 인맥 등을 동원해 일본 정부의 권력자들에게 교섭한 결과, 궁내성의 방침이 이우와 박찬주의 결혼을 허가하는 것으로 바뀌었다.

드디어 1934년 7월 12일자 《매일신보》에 궁내성 종질료의 발표를 인용해 "이우 공 전하와 박영효 후작의 영손 박찬주 양과의 어연담에 대하여 어내허를 마치었는데 금후 정식 수속을 취하여 어혼약이 될 것이라고 생각한다"는 보도가 나왔다. 이우가 통쾌한 승리를 거둔 것이다.

1935년 5월 3일에 이우는 마침내 동경에서 박찬주와 혼인식을 올렸다. 한일합방 이후 조선 왕공족 중에 최초이자 최후로 동족과 결혼한 쌍이 나온 것이다. 결혼한 이듬해인 1936년 4월에 그들 부부 사이에서 장남 청清이 태어났고, 1941년에 차남 종淙이 태어났다.

평민이 된 왕 이은의 천하

이구 왕세자 태어나다

▏▏▏ ▏▕▏ ▏▚▏ ▏▏▏▏   1920년에 결혼하고 다음 해에 첫아들 진을 낳았다가 비명에 잃은 이은 부부는 그 후 10년이 지나도록 아이를 갖지 못했다. 그간 방자는 두 번 더 임신을 했으나 원치 않는 유산으로 심신만 거듭 상했다. 이은 부부가 아기에 대해 갖는 바람은 '열망'이라고 표현할 만한 것이었다. 한 가정의 구성원으로서의 아기도 소중했지만, 양자제도를 인정하지 않고 대를 이을 아들을 낳지 못하면 그대로 가문을 폐절시키도록 규정되어 있는 '왕공가 규범' 때문에 아들을 낳는 것이 더욱 절박했다. 이왕가의 존속 여부가 방자가 아들을 낳는가 못 낳는가, 에 달려 있었다.

1931년 5월 8일의 덕혜옹주의 결혼식날, 피로연에 참석한 방자는 가슴이 답답하고 불편했다. 그녀는 결혼식 행사로 흥분한 탓이라고 생각했는데, 나중에 알고 보니 입덧이었다. 다음 달에 가서야 비로소 임신이라는 걸 알게 된 부부는 기쁨을 금치 못했다. 또 유산될까 봐 아주 조심조심하는 동안에도 태아는 잘 자라주었다. 방자는 "희미하게나마 태동을 느꼈을 때의 그 기쁨은 말로 표현할 수가 없었습니다. 살며시 배에 손을 대고 '이번만은 무사하게……' 하고 빌지 않고는 가만히 있을 수가 없었습니다"라고 술회했다. 너무도 오랫동안 임신하기를 기다리고 애를 태우던 끝이었기에 그 기쁨은 유달랐다.

이해 10월 5일에는 이건과 송평가자의 결혼식이 거행되었다. 이 결혼식을 두고 방자는 "혼자서 맺어온 조선과 일본 간의 기반羈絆이 두 가닥에 의하여 합쳐지는 마음 든든함을 느꼈습니다. 가자님은 외가 쪽의 사촌누이에 해당합니다"고 술회했다. 아무리 굳센 의지로 대처한다 해도 일본과 조선의 통치자 가문 역사상 최초의 혼혈결혼을 한 당사자들은 역시 외로웠던 것이다. 그래서 자신들과 같은 처지로 결혼한 커플이 생기는 것을 그처럼 마음 든든하게 받아들였다.

1931년도 저물어가는 끝자락, 12월 29일 아침 8시 22분에 동경의 이왕가 어전에서 방자 부인이 아기를 순산했다. 너무나 기쁘게도 그토록 바라던 사내아이였다. 사내아이 탄생 소식은 즉시 일본 궁내성에 전달되고 조선에도 전해졌다. 궁내성 종질료의 통지를 받은 조선총독부 기관지 《매일신보》는 즉각 "왕세자 전하 어탄생"이라고 아주 큰 활자로 표기한 '호외'를 발행해 그 소식을 세상에 알렸다.

이처럼 호외까지 발행한 것은 당시 일본 정부와 총독부로서도 이은 부부가 아들을 낳아 이왕가가 편안하게 존속되기를 열렬히 바라고 있었음을 드러낸다. 이은의 아들 출생에 관한 호외는 일본 동경에도 뿌려졌다. 《동경조일신문東京朝日新聞》은 출생 당일인 12월 29일에 "이왕비 전하 오늘 아침에 왕세자를 분만하시다"라는 제목을 달아서 "오전 8시 22분 옥구슬 같은 왕세자를 분만하셨다. 왕비 전하의 모친은 즉시 이왕가로 달려가셨다"라는 등의 기사로 채워진 호외를 발행했다. 조선은 물론 일본에서도 크게 축하할 일로 취급된 것이다.

이은 부부가 큰아들 진을 낳았을 때만 해도 출생 당일에 대정천황의 칙명으로 "아기를 '전하'라고 부르라!"고 명해 새 아기의 위상과 대우를 명시할 필요가 있었다. 그런데 1926년에 '왕공가 규범'이 공포되면서 이왕가의 장남은 당연히 '왕세자 전하'로 불리게 규정되어 있었기 때문에, 이번에는 그런 절차를 거칠 필요가 없었다. 방자는 이때의 일을 이렇게 술회했다.

12월 9일에 9개월의 착대식을 끝마쳤습니다. 드디어 여기까지 도달했다고 하는 기쁨과 앞으로 하루하루 언덕길을 올라가는 안타까움과 숨을 죽이는 불안이 교차했습니다. 그 세 가지가 막다른 골목에 이른 12월 29일, 겨울의 햇살이 화창하게 창을 비추던 8시 22분, 마침내 첫 울음의 소리도 드높게 남자 아이가 탄생했습니다.
아, 이날을 그 얼마나 기다렸던가.
전하는 바로 산실에 오셔서 나의 손을 꼭 쥐시고는,
"고생하셨소."
하시고는 더 말씀을 잇지 못했습니다.
"이것으로 저의 임무도 다했습니다……"
기쁨에 눈물짓는 나는 말로는 다할 수 없는 생각을 이를 악물고 참고 있을 뿐이었습니다. 이윽고 목욕을 마치고 데려온 내 아들을 곁에 다가서서 안아 눕히고 들여다보시는 전하의 형언할 수 없는 밝은 얼굴을 쳐다보면서 나는 마음속으로, '이제 어떠한 일이 있어도 이 애가 성장할 때까지는 결코, 조선 땅을 밟지 않으리라'고 굳게 맹세했습니다. 그러나 또 반드시 어느 날엔가는 조선 왕국의 피를 이어받은 이 애에게 '부조父祖의 나라에 확고하게 설 날을 맞게 하지 않으면 안 된다'고 하는 비원悲願도 동시에 마음속 깊이 새겼던 것입니다.

쌓이고 쌓인 10년의 고민이 오늘 개이고
고고의 첫 울음소리에 기쁘기만 하구나.

소화 7년(1932) 1월 4일, 아기에게 구玖라고 명명命名했습니다. 서울에서도 축하의 사자使者가 왔습니다. 10년간의 공백을 메우고 모자 함께인 가정다운 공기 속에서, 오로지 육아에만 전념하였습니다. 공식 이외의 외출은 일체 하지 않고, 밤의 수유도, 목욕도, 남의 손을 번거롭게 하지 않았습니다. 밤에 우는 아기에 익숙하지 못해 함께 울고 싶어지는 때도 있었습니다. 그러나 나 자신, 시녀에 의하여 양육된 것을 생각하고 아무리 고통스러워도 자기의 손으로 양육할 결심을 하였습니다(이방자, 《바람부는 대로 물결치는 대로》).

일본 상류층 풍습으로는 아기가 태어난 지 7일째 되던 날 이름을 발표하는 '명명식命名式'을 치른다. 이은 부부도 출생 7일째 되던 날인 1월 4일에 아기의 이름을 발표했다. 이름은 '구玖'였다. 이번에는 왕가의 항렬자를 무시한 작명이었다. '구玖'는 훈이 '옥돌' 또는 '구슬'로서, '옥'이란 뜻을 지녔다. 흥미로운 것은 '구'자의 자전적인 해석은 그러하나, 글자 자체로 보자면 '임금 왕王'과 '오랠 구久'자가 합쳐진 형태이다. 곧 '오래도록 임금 노릇을 하라'는 숨은 기원이 담긴 글자이다.

《매일신보》1932년 1월 5일자에는 이구의 이름 명명과 관련된 기사가 실려 있다. "왕 전하께서 1월 4일 오전 8시경에 친히 어산전御産殿에 납시어 리왕가 봉직자 등 일제 진참 하에 옥음玉音 낭랑히 새로히 탄생하신 왕세자 전하의 어명을 오늘로부터 '玖(구슬 구)'라 일컬으실 뜻을 명정하시었다"는 것인데, 그 기사에 의하면 "왕세자 전하의 어명을 구玖로 일컬으시게 된 바를 삼가 승문한 바에 의하면 시전詩傳 투아이목이投我以木李 보지이경구報之以瓊玖라는 경구瓊玖로부터 취하신 바이라 한다"고 되어 있다.

《시전詩傳》은 《시경詩經》의 해설서이다. 그런데 위 구절은 《시전》은 물론 《시경》에도 나와 있다. 《시경》의 '위풍衛風' 편에 있는 시 '모과木瓜'의 마지막 문단에 나온다.

모과木瓜

나에게 모과를 던져주기에	投我以木瓜
어여쁜 패옥인 경거瓊琚로 갚아주었지	報之以瓊琚
꼭 갚자고 하기보다는	匪報也
길이 사이좋게 지내보려고.	永以爲好也
나에게 복숭아를 던져주기에	投我以木桃
어여쁜 구슬인 경요瓊瑤로 갚아주었지	報之以瓊瑤
꼭 갚자고 하기보다는	匪報也

평민이 된 왕 이은의 천하

길이 사이좋게 지내보려고.	永以爲好也
나에게 오얏을 던져주기에	投我以木李
어여쁜 옥돌인 경구瓊玖로 갚아주었지	報之以瓊玖
꼭 갚자고 하기보다는	匪報也
길이 사이좋게 지내보려고.	永以爲好也

이은이 오랜만에 얻은 아들의 이름을 왜 하필 《시경》에 전거를 둔 단어에서 딴 것일까. '오얏'은 조선왕조의 상징이다. 그런데 '오얏을 던져주기에 어여쁜 옥돌인 경구瓊玖로 갚아주었다'는 시구에서 따서 '구玖' 자를 선택한 것과, 그 글자가 바로 '임금 노릇을 길이 오래도록 한다'는 형태를 가졌다는 것이 하나로 어우러져서 '이왕가의 왕통'이 영원히 지속되기를 바라는 기원을 담은 것으로 보인다.

그간 바라고 바라던 후사 문제가 해결되자 이은의 어전에 드리웠던 근심과 걱정의 그늘이 활짝 걷히고 밝고 명랑한 기운이 어전을 가득 채웠다. 단지 하나 마음에 걸리는 것은, 아기를 데리고 조선으로 가서 윤대비를 비롯한 왕가 사람들에게 보이지 못하는 것이었다. 방자는 이번 아기는 다 성장할 때까지 조선에 데려가지 않겠다고 마음 깊이 서원하고 그대로 실천했다. 그래서 이구는 일본이 패망하고 성인이 될 때까지 조선을 방문한 일이 일체 없었다.

'이왕李王 이은'의 아들이 '이구'라는 이름을 받은 1932년은 조선 왕

← 이구(1932). 1922년 큰아들 이진을 잃은 후 10년이 지나도록 아이를 갖지 못한 이은 부부는 1931년 12월 29일 둘째아들 이구를 낳는다. 한일 양국 모두 호외를 발행해 이구의 출생을 알렸다.

공가 가문들에 특별한 해가 되었다. 그해에 조선 왕공가 가문의 제3세대인 후예들이 태어나기 시작한 것이다. 1932년 8월 14일에 덕혜옹주가 딸을 낳았는데, 그녀가 낳은 유일한 아이로서 이름은 정혜正惠였다. 또 같은 날에 이건의 부인이 장남을 낳았는데, 이름은 충冲이었다. 이로서 조선 왕공가 제3세대의 출생과 삶이 시작되었다.

마지막 평화

"1928년 4월 유럽 여행에서 돌아온 뒤로부터 1935년 8월 우도궁宇都宮 연대장이 될 때까지 7년 정도 사이가 이왕李王의 일생을 통하여 아마도 가장 평안한 나날이었음직하다. 군대 경력으로는 근위 보병 제2대대장, 보병 제1연대 배속, 교육총감부 근무로 이어지게 된다."

'이왕은전기간행회李王垠傳記刊行會' 에서 펴낸 《英親王 李垠傳(영친왕이은전)》의 기록이다. 그 지적이 맞았다. 사실 이 시기에 이은은 직업군인으로서 매우 행복했다고 할 만한 삶을 살았다. 전쟁이 없는 시절의 군인이었기 때문이다.

하기는 전쟁이 아예 없는 세월은 아니었다. 만주에 주둔하고 있던 일본 관동군의 계략으로 1931년 9월 18일에 만주사변이 발발한 이래, 관동군이 만주 일대를 점령하는 전투와 정책이 계속되고 있었다. 하지만 그것은 어디까지나 만주에 주둔하고 있던 관동군이 담당했던 국지전 성격의 전쟁이었다. 일본은 만주를 손에 넣은 뒤, 1932년 3월 1일에 만주국 건국을 선언했고, 1934년 3월 1일에는 청의 마지막 황제였던 부의溥儀를 만주제국 초대 황제로 내세웠다.

그러나 만주에서 벌어진 전쟁은 동경의 이은과는 아무런 연관이 없었다. 1937년 7월 7일에 북경 교외의 노구교에서 중일 양국군이 충돌해 발발한 중일전쟁으로 일본제국이 본격적인 해외 전쟁에 뛰어들 때까지, 이은은 일반적인 군사업무를 담당하고 훈련만 거듭하는 평온한 군대생활을 하고 있었다. 당시 이은의 평온하고도 사치스러웠던 군대 근무 모습을 보여주는 증언이 있다. 중촌충영中村忠英(육사 31기)은 1931년 벽두부터 이왕 이은은 소좌이고 그는 대위로서 교육총감부 제2과 소속으로 같은 방에서 근무했는데, 다음과 같이 증언했다.

기미정정紀尾井町에 있는 어전에서, 전하는 하이드볼硬球 테니스를 압鴨 선수의 지도를 받아 연습, 상당히 느셨다. "토요일 오후에 어전에 좀 들려 연습하지 않겠는가?" 하시는 권유가 있으셨던 데다가 매촌독랑梅村篤郎 무관(중좌였음)의 권유도 따랐기에 흑전중덕黑田重德(뒤에 중장, 필리핀 방면군 사령관이 됨) 중좌와 나는 속담에 "장님 뱀 무서운 줄 모른다"는 격이 되어 매주 찾아뵙고 연습이라기보다 육체운동을 해왔다. 흑전 중좌는 영국에 주재했던 동안에 연습을 좀 했던 모양이어서 나보다는 선수였다. 한참을 뛰고 나서 땀을 닦고 쉬면서 이야기를 나누고 있으면 위스키 같은 것이 나오기도 했고, 늘 저녁때까지 어전에서 시간을 보내는 것을 상례로 삼았다. 흑전 중좌는 넉살이 꽤 좋은 편인 사람이었던 관계로 무엇이든지 솔직하게 여쭙는 성품이었는데, 때로 "저는 아직 정식 일본 요리를 한 번도 먹어본 적이 없습니다"라든가 "그 조선식 반찬은 참 맛있더군요"라고 생각나는 대로 말씀드렸다.

그렇게 되면 전하는 의례히 "다음 토요일에 일본 요리를 한번 실컷 먹읍시다"라든가 "그 조선 반찬 갖다 드리지요"라고 하셨고, 그러면 그는 움찔해서 황공해 하면서 "그런 생각으로 말씀드린 것은 아닙니다만"하고 변명하고는 했다.

며칠 뒤 매촌 무관이 반찬 상자를 흑전 중좌 앞에 내놓으면서 "비행기로 (조선에서) 날라 왔다"는 설명을 덧붙였다. 또 주말에는 과장 이하 모두 전하의 초대를 받아 훌륭한 일본 요리를 실컷 먹어보았던 적도 한두 번이 아니었다.

1931년 왕세자 구玖 전하가 태어나시자 어전에 관계자들을 초대하셔서 피로연을 여셨다. 우리도 말석에 끼어 앉았다. 마침 이때에 나는 큰딸을 보았다. 전하는 세자 전하의 성장 상태에 퍽 관심을 가지셨고, 또 매우 즐거우신 표정으로 보시고 계셨다. "중촌군. 자네 집 아기는 금주에 몇 돈중 됐나. 우리는 몇 돈중 됐는 걸" 이렇게 나날이 성장하시는 모습에 낙을 갖고 계시면서 우리 딸이 자라는 것과 비교하면서 기뻐하시기도 했다(이왕은전기간행회, 《영친왕 이은전》).

전쟁이 없는 시기에 일본의 고급 직업장교들이 평온하고 여유롭게 나날의 삶을 즐기는 모습이 생생하게 담겨 있는 증언이다. 이런 증언을 통해 명확하게 증명되는 것이 있다. 이은이 어린 소년이던 학창시절에 동료 학생들에게 선물을 과도하게 하는 것으로 자신의 위상을 유지하거나 높이려고 했던 일이 그가 고급장교가 된 시절에도 역시 그대로 반복되었다는 사실이다.

이은은 1932년 8월 8일에 육군 보병 중좌(중령)로 승진했다. 중좌 시절의 일로 특별히 눈에 띄는 것은 이은이 조선인 출신 육군사관학교 생도들에게 베푼 '은혜'이다. 이 부분에 대해서는 이기동이 쓴 《비극의 군인들》(1982)에 상세한 이야기가 나와 있다.

본래 육사는 재학생 전원이 기숙사 생활을 하는 곳으로서, 일요일에만 외출과 외박이 허용되었다. 그래서 동경에는 각각 자기 고향 출신 선배 장교들이 관여하는 현인회縣人會에서 운영하는 일요하숙들이 있어서 외출 나온 생도들이 그곳을 이용하는 것이 상례였다. 그렇게 일요하숙의 기능을 하는 회관들 중에서 큰 곳은 300여 명을 수용하리만큼 대규모였다고 한다. 그런데 조선인 출신 사관생도들에게는 그렇게 이용할 일요하숙이 없어서 외출을 나와도 갈 곳이 없었다.

1933년 여름에 이은은 중좌로서 교육총감부에 근무하고 있었는데, 조선인 생도들의 그런 사정을 딱하게 여겨서 조그만 회관을 일요하숙으로 사용하도록 주선해 주었다. 위치는 동경 사곡四谷에 있는 일본인 소유 운송점의 뒤채에 있는 조그만 2층 건물로서 매월 집세가 15원이었다. 당시 일요하숙처를 정하면 친목단체 이름으로 학교 당국에 등록해야 했다. 조선인 생도들은 친목단체를 조직해 '계림회鷄林會'라는 명칭을 정하고 그 이름으로 일요하숙을 이용했다. 이은은 매월 20원을 내놓아 집세를 내고 남은 5원은 회원들의 회식비로 쓰도록 조치했다. 조선인 육사 생도들에게는 그러한 이은의 배려가 없는 것보다는 있는 것이 분명 크게 도움이 되었을 것이다. 그러나 집세가 한 달에 15원인데 단지 20원을 내놓아서 남은 5원을 생도들의 회식비로 쓰게 했다는 것은 너무 야박한 조치였던 것 같다. 그가 일본인 장교들이나 부대원들에게 계속 베풀었던 갖가지 과도한 후대며 배려와 비교해 볼 때 그런 인상이 더욱 짙다.

1935년 8월 1일에 이은은 육군 대좌(대령)로 승진했다. 보통 장교들보다 월등하게 빠른 승진이었다. 당시 이은의 동기인 육사 29기 전체에서 가장 우수해서 가장 빠르게 승진한 장교의 계급이 중좌였는데, 황족과 왕공족의 승진은 그런 제약을 벗어난 특별 배려였기 때문에 가능했다. 왕족인 이은의 근무지는 대체로 동경이었지만 때로 예외도 있어서, 그는 대좌로 승진하면서 우도궁 주둔 보병 제59연대 연대장으로 발령을 받았다. 이은으로서는 생애 최초로 '연대장'에 임명된 것이다. 일본군 장교 출신이 서술한 《영친왕 이은전》에는 군대 안에서 '연대장'이란 지위가 갖는 의미가 다음과 같이 명확하게 서술되어 있다.

"군대 지휘관으로서 연대장 자리만큼 하늘이 내린 더 없이 복된 자리는 없다. 보통 사람들은 사단장이나 참모장 자리가 높고 좋은 자리로 보일 것이지만, 부하가 가장 많은 자리는 연대장이다. 연대장의 입장에서는 좀처럼 부하들의 이름을 외우기가 어렵지만 부하들 편에서는 절대로 잊혀지지 않는 것이 연대장이다."

역시 그 말이 진리였다. 이은도 우도궁 제59연대 연대장 시절을 매우 즐겼고, 그곳을 떠난 뒤에도 평생토록 그립게 생각하며 지냈다. 우도궁은 동경에서 서쪽으로 120킬로미터 떨어진 지방 도시다. 이은이 우도궁 주둔 보병 제59연대 연대장에 임명되었을 때 왕세자 이구는 네 살이었는데, 이구를 포함한 이은의 전 가족이 우도궁 시 서쪽에 있는 서원정西原町에 있는 신축 민가로 이사해 살았다. 당시 황족이나 왕족이 지방에 있는 연대에 근무하는 예는 흔치 않았기 때문에, 연대에서는 연대장 이은 대좌를 맞으면서 몹시 긴장하고 어려워했다. 그런데 막상 부임한 뒤에 보니까 온화하고 진중하고 너그러운 왕자의 풍격이어서 모두들 안도의 숨을 내쉬었다고 한다.

이은의 연대장 취임 피로연에는 연대 장병들은 물론 다수의 지방 관민도 초청되었다. 지방민들은 왕족을 구경할 겸 이왕 이은의 연대장 부임을 크게 환영했다. 이은은 부임하자마자 장교 전원을 교대로 어전에 초대해 왕비 전하도 동석하는 저녁식사를 대접했다. 장교 수에 비해 어전이 좁아서 여러 차례에 걸쳐서 초대했다고 한다. 당시 일본 군대의 관행상 이런 사례는 거의 전례를 찾아볼 수 없도록 드문 것이었다. 《영친왕 이은전》은 이 일화를 기록하고 그에 덧붙여서 이렇게 기술했다.

"일동들은 '궁양宮樣(황족, 왕족인 귀인을 가리키는 호칭-저자)이란 이렇게도 고마우신 존재인가' 하고 생각했을지 모르지만, 이왕만은 역시 특별했던 것이다. 당시의 이왕직에는 특별한 재산이 있었기 때문에 보통 황족들보다 재정이 풍부했던 것이 그렇게 베푼 이유였기도 했을 것이다. 그러나 그런 이유보다는 이왕이 어렸을 적에 명치천황이 손 크게 하사품을 내리며 보여주신 왕자의 덕이 그대로 이왕의 몸속에 이어 받아진 것 때문일 것이라고 생각된다."

역시 세상에 공짜는 없는 법이어서, 이은에게 큰 베풂을 받은 부하들이 이은에 커다란 호의를 갖고 있었음을 여실히 증명하는 코멘트라고 할 수 있다.

1935년 10월 중순부터 추계연습이 실시되었는데 이은 연대장은 밤추위를 무릅쓰고 병졸들과 행동을 같이했다. 이때 장교와 사병들이 곧잘 척후의 임무를 띠고 부대 밖으로 나갔었는데 돌아와서 보고를 마치면 이왕 전하 이은은 초콜릿이며 과자 등의 하사품을 내렸다. 또 야영연습 때는 장병들의 무료함을 달래주기 위해 야간에 야외에서 영화를 보여주기도 했다. 또 어느 날은 동산온천에 있는 여관에서 전체 연대 장교들의 회식이 있었는데, 회식 뒤에 이왕 연대장은 같은 여관에 묵고 있던 송죽가극단을 불러서 장교 일행에게 두 곡의 무용 공연을 관람하도록 마련해 주었다. 경리 장교였던 산본山本 대위의 청에 의한 것이었다고 하는데, 당시 풍류를 모르고 예술과 거리가 먼 삶을 살던 직업군인들에게는 "파천황破天荒(이전에 아무도 한 적이 없는 일을 하는 것)의 특별한 일이었다"고 《영친왕 이은전》에 기록되어 있다.

1936년 2월 26일에 일어난 '2·26 사건'은 육군 황도파皇道派의 청년 장교들이 군부 정권 수립을 목적으로 1,400여 명의 병사를 이끌고 반란을 일으켰던, 일본군 역사에서 유명한 사건이다. 반란군은 수상 관저를 습격하고 내대신 재등실, 대장성대신 고교시청 등을 암살하고 경시청, 내무성, 육군성을 4일간 점령했다. 이 사건은 이은의 개인사에서도 뚜렷한 자취를 남겼다. 사건을 진압하기 위해 우도궁에 있는 이은의 연대 소속 혼성대대가 출동하게 되자 이은이 연대장으로서 부대를 총지휘하며 상경했기 때문이다. 이때 "그 같은 사건으로 왕족 신분의 귀하신 분에게 출동의 괴로움을 드린다는 것은 있을 수 없는 일이다"라고 만류하는 여론이 있었으나, 이은은 "연대 주력부대가 출동하는 이상, 연대장이 직접 지휘하는 것이 당연하다"면서 단호하게 직접 출동하겠다는 결의를 표명했다고 한다.

동경에 올라간 진압군은 2월 29일 오전 8시를 기해 전투를 개시했는데, 이즈음 향추香椎 계엄사령관이 그 유명한 "병사에게 고함"이라는 포고문을 고시했다. 이때 이은이 "이걸 듣고도 아무 것도 느끼지 못하는 자는 일본인일 수 없다"라고 힘주어 말했다는 사실이 전해 내려온다. 자신을 완전한 '일본인'으로 생각하지 않았다면 절대 나올 수 없는 발언이다. 그 시기에 이은의 의식이 얼마나 철저하게 일본인화되어 있었는지를 극명하게 드러내는 일화라 하겠다.

진압을 위한 전투가 개시되자마자 귀순병이 속출한 결과 이내 총성이 멎었고, 오후 2시에 이르러 장교를 제외한 전원이 귀순해 사건이 진압되었다. 사건이 진정된 직후, 이은은 즉시 궁성에 들어가서 소화천황을 알현하고 부대로 돌아왔다. 일반 장교로서는 도저히 불가능했던 그런 행보 때문에 부대 안 이은 연대장의 위상은 더 한층 높아졌을 것이다.

요정에서 열린 연회를 즐긴 때도 있었다. 같은 해 4월 7일부터 1주일에 걸쳐서 제1기 검열이 실시되었는데, 검열행사가 끝나자 이은은 장교 전원에게 위로연을 베풀었다. 1차는 장교집회소에서 열렸고, 2차는 요정에서 열렸다. 이은은 요정에서 열린 게이샤가 나오는 연회가 퍽 마음에 들었던 모양이어서 그 뒤로는 "다음 연회는 언제 하기로 합니까?"라고 자주 재촉했고, 그런 연회가 열릴 때마다 늘 '과분한 금일봉'을 하사했다고 한다.

4월 중순에는 이왕 연대장이 통재統裁하는 좌관과 위관급 장교를 상대로 한 현지전술(간부들만이 지도를 보면서 현장에서 아군과 적군의 상황을 설정한 상태로 용병과 지휘의 실체를 훈련하는 실습) 행사가 있었고, 5월에는 중위와 소위급 장교를 상대로 한 현지전술 행사가 있었다. 훈련은 계속 이어져서 5월 말부터 6월 중순에 이르기까지 약 1개월에 걸쳐서 야영훈련을 실시했다. 연대장 이은은 이 기간 동안 거의 쉬지도 않고 잠도

자지 않는 상태로 훈련을 통재統裁했다고 한다. 이 야영 기간 동안 이은은 자신의 개인 부담으로 장교들에게는 매 주일 정종 술 큰 병 하나, 하사관들에게는 맥주 한 병씩을 하사하고, 병사들에게는 당시로서는 매우 보기 힘들었던 토키 영화(유성 영화)를 야간에 야외에서 보여주었는데, "이 같은 일은 전무후무前無後無한 일이었다"는 것이 《영친왕 이은 전》에 나오는 찬탄이다. 이 시기에 이은 연대장이 어떻게 활약했는지 살펴본다.

8월 8일에 항례행사인 군기제軍旗祭가 있었는데, 그 전날 밤에는 우도궁 극장을 대절하여 전야제가 열렸다. 이때 이왕은 자비로 동경으로부터 군악대를 초청하여 음악회를 열었다. 지방 관민도 다수 초대되어 성황을 이루었다. 군기제 당일에도 관민 다수를 초대하셨는데, 분열식에도 그 군악대가 참가한 것은 물론이다. 이왕비와 왕세자도 참렬하셨는데, 지방에서 이처럼 성대한 군기제가 거행된 것은 극히 보기 드문 일이었다.
나팔소리로 시작되는 '연대의 노래' 레코드는 당시 이왕이 호산戶山 학교 군악대로 하여금 편곡시킨 것으로서 지금도 보목회寶木會(우도궁 보병 제59연대 출신들의 친목단체)에서 매년 애창되고 있다. 그리고 이때의 군기제 광경은 영화로도 찍었는데, 1975년경 '사라진 연대'라는 제목으로 텔레비전에 방영된 일도 있다.
추계연습은 나가노현 지역에서 10월 30일부터 11월 14일까지 거행되었는데, 며칠 동안은 철야 연습도 계속되었다. 관평箸平, 육리원六里原에서 벌어졌던 사단의 가설 연습 때는 갑작스런 눈보라가 몰아쳐서 추위가 살을 에는 혹한이었는데, 연대장은 솔선해서 장병들과 행동을 함께 했다.

척후장교가 돌아와서 보고했을 때는, 상황에 대한 적절한 질문 외에 척후병의 신상 문제까지 마음을 쓰셨다.…… 이 연대에서는 연말에 장교들에게 동기작업冬期作業을 숙제로 내주는 관례가 있었는데, 12월에 이왕은 장교들에게 '군인칙유軍人勅諭'(명치천황이 명치15년에 육해군인에게 내린 칙유로서, 충절·예의·무용·신의·검소의 다섯 가지를 유시한 것임)를 청서해서 제출하도록 명하셨다. 이왕은 이것을 일일이 점검하고 잘못 쓴 곳은 정정하셨는데, 그 모습은 누구의 눈으로 보더라도 진짜 제국 군인이 돼버리신 그대로라고 비치게 되어 뜻있는 사람들에게 깊은 감명을 주었다(이왕은전기간행위원회, 《영친왕 이은전》).

우도궁 연대장 시절에 특기할 일로는 1937년 2월 8일부터 3일간 실시된 내한행군耐寒行軍이었다. 눈과 얼음으로 덮인 길을 걸어 염원鹽原으로부터 미두치尾頭峙 재를 넘어 귀노천鬼怒川을 서쪽으로 건너 천치川治 온천을 거쳐 부대로 귀영하는 경로였다. 이때 재마루의 적설량은 두 자가 넘을 정도였는데, 기관총과 보병포 등의 중화기 부대의 행군 상황 및 도보 부대의 스키 활용을 연구하려는 목적으로 실시된 행군이었다. 이왕 이은은 애마를 타고 부대 선두에 섰는데, 눈이 깊이 쌓인 재를 통과할 즈음 연도 주민들이 모두 국기를 내걸고 제대한 재향군인들도 모여와서 부대와 동행하면서 협력했다. 재에 많이 쌓인 눈 때문에 보병포와 기관총 부대의 행군이 심히 곤란해지자 그럴 걸 예견했던 재향군인의 일부가 포차들을 비탈길 위로 끌어올리는 작업을 거들고 나섰다. 그 모습을 본 이왕이 즉시 무관을 보내어 "군은 모든 훈련을 자력으로 실시해야 한다"고 훈계하자 일동은 그만 모두 황공해서 어쩔 줄을 몰랐다는 것이다.

그런 모습이 현지인들의 뇌리에 매우 깊은 인상을 주었던 모양이다. 3년 뒤인 1940년에 그때의 행군을 기념해 촌민들이 미두치 재마루 위에다 "이 곳을 이왕 전하께서 지나가셨다"고 쓴 기념비를 세우고 두고두고 그 덕을 기렸다고 한다.

1937년 3월 1일, 이은은 동경에 있는 육군사관학교 교수부장으로 전임 발령을 받았다. 이날 연대에서 전별식이 있었고, 2일 밤에는 송별회가 열려 이왕비 방자도 참석했는데, 군의 상하와 지방 관민 모두가 작별을 못내 아쉬워했다. "그건 결코 의례적인 것이 아니라 마음속으로부터의 경애심에서 우러난 것이었다"고 기록되어 있다. 3월 5일, 성대한 환송을 받으며 이왕 이은의 일가족은 우도궁 역에서 기차에 올라 동경 본가로 올라갔다.

우도궁 시절은 이은에게만이 아니라 가족에게도 매우 즐겁고 의미 깊은 시기였다. 방자 부인 역시 우도궁 시절을 매우 호감을 갖고 회상하고 있다.

1935년의 여름이 되자 전하는 59연대장으로 승진돼 우도궁으로 전근되셨다. 우리 집도 우도궁 서쪽에 있는 서원西原 거리로 이사했다. 나는 처음으로 평범한 일반 가옥에서 사는 게 무척 즐거웠다. 뭔가 머리에 씌워진 듯한 분위기에서 벗어났다는 해방감을 느낀 것이다. 시대는 점차 바뀌어가고 있었다. 아들 구玖를 왕족들과의 접촉이 적은 평범한 일반 가옥에서 기른다는 게 오히려 더 좋다는 생각도 들었다. 이제 우리는 여행도 자유로 할 수 있었다. 나는 구를 데리고 부근 농가에 가서 토끼, 닭 등을 구경하기도 하고 돌아오는 길에는 달걀을 사 왔다.

명랑한 젊은 장교들은 수시로 집에 찾아왔다. 갑자기 들이닥쳐서는 저녁밥을 내놓으라고도 했다. 그 쾌활한 젊은 장교들은 왁자지껄 요란하게 떠들면서 집으로 들어왔다. 그러면 나는 그들을 대접하느라 부산하게 움직였다. 그들이 진실로 전하를 좋아하는 것 같아서 나는 정말 그들이 방문하는 것을 좋아했다.

인생을 살 때 행복한 날은 계속된다고 하기보다 순간순간에 점철된다고 생각된다. 그 시절이 바로 점철된 행복한 순간이었던 것 같다. 우리 식구 셋은 정말 행복하게 살아가고 있었다. 그래서 우도궁이라는 단어는 나에게 퍽 친근하다. 수시로 나는 '우도궁 시절'이라고 되뇌기도 한다. 전하도 "요즘은 좀 재미가 있군. 일을 행복한 기분 속에서 할 수 있단 말야" 하고 말씀하신 적이 있다.…… 우도궁에 사는 동안 전하와 나는 등산과 스키를 즐겼다. 이 무렵에 배운 스키를 내가 어찌나 좋아했던지 1937년 3월 전하가 육군사관학교 교관으로 전근하시게 됐을 때 스키를 즐길 수 없다는 생각으로 굉장히 실망했다(이방자, 《지나온 세월》).

이은이 우도궁을 떠난 1937년은 평화로운 시절의 마지막이었다. 1937년 7월 7일에 일본 군부의 계략과 도발로 중일전쟁이 발발했고, 그렇게 막을 연 일본의 본격적인 해외 침략전쟁은 1941년 12월 8일에 미일전쟁으로 확대되었다.

전쟁의 세월 시작되다

▞ ▞ ▞ ▞ 1937년 3월 1일에 육군사관학교 교수부장으로 임명된 이은 대좌는 1938년 12월 10일까지 육사에서 근무했다. 이 시기에 그는 전술학부장戰術學部長의 직임을 맡아 중좌와 소좌와 대위로 이루어진 약 30명의 전술학 교관들을 지휘했다. 전술학부장으로서 그는 도상전술圖上戰術과 현지전술의 훈련에 중점을 두었고 "실전에 소용되는 전술을!"이라는 교육목표를 강조했다고 한다. 1937년은 중일전쟁이 발발한 해로서, 목하 외국과의 전쟁이 한창 치열하게 전개되고 있었기 때문에 '실전'과의 관련성을 특히 강조했을 것이다.

이 시기에 이은이 어떤 방식으로 살아가고 있었는지를 보여주는 흥미로운 증언이 있다. 그가 우도궁 연대장 시절에 하사관이었던 병사가 육사의 소위후보생 시험에 합격한 뒤 이은을 만났던 때의 일화이다.

이왕가 자동차로 넌스톱

영도규永島圭(소위후보생 18기)

나는 이왕 전하가 우도궁 연대장으로 계실 당시 연대본부 서기였었는데, 당시 계급은 조장組長(지금의 '상사'에 해당하는 하사관 계급)이었습니다. 우리 연대는 1937년, 즉 일지사변(중일전쟁)이 났던 바로 다음 달인 8월에 북지北支(중국 화북지방)에 출정했습니다.

1938년 4월 북지의 황하 도하작전 때 육사에 합격했다는 소식과 함께 입교 명령을 받고, 같은 처지였던 봉수하광남蜂須賀光男, 웅창행치熊倉幸治, 대택금부大澤金夫 등과 함께 귀국했습니다. 동경에서 하차, 전하께 인사차 4명이 기미정정의 어전에 문후를 드렸습니다.

전하는 "잘했군!" 하시며 아주 기뻐하셨고, 연대 장병들의 근황을 물으셨습니다. 우리는 나수궁웅那須弓雄(뒤에 중장. 남태평양 가다르카날에서 전사) 연대장 이하 일동의 사기가 왕성함을 아뢰고, 동시에 종종 전하께서 보내주신 그 많은 위문품을 받은 것에 대한 감사말씀을 아뢰었습니다.

전하께서 "본국에 돌아와서 마시고 싶은 것, 먹고 싶은 것은 무엇인가?"고 물으시기에 "물입니다. 물맛이 좋은 것에 대하여 고국의 고마움을 알게 되었습니다(중국의 황하지역은 물이 귀하면서도 수질이 몹시 나빠서 반드시 끓여먹어야 함-저자)"고 대답했더니, "그럼 당장 우리 집 물부터 마시게!" 하시기에, 기쁘게 꿀꺽꿀꺽 다 마셔버렸습니다.

전하는 웃으시면서 "천천히 한상 차려줄 테니까"라고 말씀하셨지만 아직 우도궁 본대에 들어가지 않았던 관계로 하직을 고하기로 했습니다. 전하는 전속 무관에게 "기차에 늦지 않도록 내 차로 보내게" 하시는 명령을 내리셨습니다. 덕분으로 우리들은 이왕가의 문장이 그려진 링컨 오픈카 신세를 지는 몸이 되어 연도 십자거리마다에서 교통순경의 경례를 받아가며 '빵빵!' 크랙션을 울리면서 신나게 역에 도착했습니다(이왕은전기간행위원회,《영친왕 이은전》).

위와 같은 증언을 소개한 뒤,《영친왕 이은전》은 그 일화가 담고 있는 의미를 다음과 같이 풀이했다.

"당시의 일본제국 육군에서 대좌와 하사관, 더구나 '궁양宮樣' 이신 왕족과 평민, 이 관계를 오늘날의 기업인의 세계에 비유한다면, 마치 세계적인 대기업의 사장과 평사원쯤과의 관계라고 할 수 있다. 일개 평사원인 처지에 사장 댁에서 몇 차례인지 모를 푸짐한 '한상'을 받는다거나 사장 차로 태워다 준다거나 하는 일이 있을 수 있는가 좀 생각해 보기 바란다. 상사를 가지려거든 이 같은 분을 모셔보고 싶지 않겠는가. 이왕 전하야말로 진정 그 같은 이상적인 상관과 상사, 그리고 제왕으로서의 덕을 갖추고 계셨던 분이다."

위와 같은 증언을 통해서 드러나는 것은, 이은은 머리 좋은 엄귀비의 아들답게 사람을 감동시키는 방법을 잘 알고 있었고 그것을 뛰어나게 실행했던 사람이었다는 사실이다. 그리고 중국의 전장에서 귀환한 장병으로부터 "종종 전하께서 보내주신 그 많은 위문품을 받은 것에 대한 감사말씀"을 들었음을 볼 때, 그의 유별나고도 과도한 선물 공세가 우도궁 연대를 떠난 뒤에도 중국으로까지 지속되고 있었음도 알 수 있다. 이은으로서야 자신의 큰 온정과 금도를 보여주기 위한 행위였다 해도, 같은 행동을 할 여건이 되지 않는 처지에 있던 이은 연대장 전후의 연대장들은 큰 곤혹을 느꼈을 것이다.

육사 교수부장으로 근무하는 중에도 그의 '하사품 관행'은 여전했다. 1학년 생도들의 야영행사 때 '시오하라의 만두'를 하사하고, 생도대 중대장의 현지전술 행사와 학생들의 현지전술 행사 때는 정종을 하사하는 등 개인 비용으로 부담하는 사사로운 물품 하사가 연이었기 때문에 그의 연보에도 기재되어 있다.

1938년 4월, 이 시기에 있었던 중요한 일로 '동경저東京邸 제2종묘' 문제가 있다. 1937년에 중일전쟁이 발발한 뒤, 이은은 이왕직 예식과장 이겸성李謙聖으로 하여금 글씨 잘 쓰는 남봉우南鳳祐라는 사람을 시켜 종묘에 모신 81위位의 위패를 베껴다가 동경 어전의 3층 방에 모셔놓고 한식과 추석에는 꼭 다례를 지냈다고 한다.

이 일화를 전하면서 김을한은 "동경저에 제2종묘'를 마련한 것"이라고 크게 평가했다. 그러나 그것은 본질을 보지 못한 부박한 견해에 불과하다. '종묘에서 치르는 나라의 제사'를 '개인 집에서 치르는 가문의 제사'로 격을 떨어뜨리고 의미를 대폭 축소시킨 것이기 때문이다. 이 일은 이은이 지녔던 조선왕조를 바라보는 시각과 의식의 실체를 명징하게 드러낸다. 그는 조선왕조를 일본제국 안에 있는 한 제후의 가문으로 여긴 것이다.

그리고 이은 부부의 외아들 구가 유치원에 들어갔다. 한 해 뒤인 1939년 4월 초, 구는 학습원 초등과에 입학했다. 학교에서는 극소수 황족 학생과 같은 계급의 높은 신분으로서 '구 전하'로 불렸다. 구가 조그만 책가방을 메고 처음 학교 가는 모습을 보면서 방자는 학부형으로서의 소감을 담은 시를 지었다.

이 세상 배움의 길 오늘부터 비롯되니
책가방 어깨에 메고 학교 가는 뒷모습

↑ **온실에서 이은과 이구**(1938). 1938년 이은 부부의 아들 구는 유치원에 들어갔고, 한 해 뒤에는 학습원 초등과에 입학했다. 육사 교수부장이던 이은은 1938년 7월에 육군 소장으로 승진했다.

오로지 비는 사연은 꿋꿋하게 자라라.

모진 비 거센 바람 불어오는 이 세상
비바람에 흔들려도 꺾이지는 말아라
꿋꿋이 자라고 자라 너의 길을 찾아라.

이은은 육사 교수부장이던 1938년 7월 15일에 육군 소장으로 승진했다. 그리고 중일전쟁의 규모가 점차 확대됨에 따라 보직이 바뀌어 중국의 전장에 출전하게 되었다. 1938년 12월 10일자로 '북지방면군 사령부'에 배속되어 북경에 주재하게 된 것이다.

당시 북지방면군 사령관은 전에 육군대신을 역임했던 삼산원杉山元(뒤에 원수로 승진. 패전 뒤 자결) 대장, 참모장은 산하봉문山下奉文('말레이의 호랑이'란 별칭, 필리핀 방면 군사령관 역임. 전범으로 처형됨) 중장, 참모차장은 무등장武藤章 소장이었다. 이때 이은 소장이 맡은 임무는 군대 교육과 관련해 제1과장 이하를 지휘하고 참모장을 보좌하는 일이었다. 이것이 이은의 첫 번째 중국 전장戰場 출정이었다.

1938년 12월에 북경에 부임한 이은 소장은 1939년 새해 벽두부터 중국군과 격전을 벌이고 있는 전투 지역의 전황을 시찰했다. 1월에는 태원, 임분, 제남, 서주, 청도를 돌아보았고, 2월에는 신향과 석가장 쪽의 전선, 3월에는 몽골 주둔군 방면 상황과 장가구, 대동, 포두를 거쳐 고비사막으로 이어지는 광대한 지역에 산재하고 있는 일본군 부대들을 시찰했다. 4월에는 천진, 청도, 신향에 있는 부대들의 교육 상황을 시찰했고, 특히 신향에서는 전에 연대장으로 근무했던 보병 제59연대를 방문해 '옛 부하들과 감격의 대면을 했다'고 한다. 또 북지방면군 사령관 삼산 대장과 함께 풍대, 노구교의 전쟁터, 쌍교 전대, 통주사건의 옛터 등을 방문 시찰했다.

5월 1일부터는 만주 시찰에 들어가서 2일에 신경에 도착해 만주국 황제 부의와 만나고, 8일에는 만주국 황제가 연 다과회에 참석해 환담했다. 이어 연길, 치치하얼, 아성, 남령, 여순에 있는 일본군 부대들의 교육훈련을 시찰하고, 목단강과 무순 탄광과 안산제철소의 작업도 살펴보았다. 이은은 만주시찰 여행을 마친 뒤 북경에 돌아가서 마침 북지전선 시찰차 북경에 들린 장인 이본궁 수정왕과 만나서 환담했다.

6월에 참모본부 제2과 참모였던 소화천황의 맏동생 질부궁이 북경에 온 것을 계기로 태원에 있던 제1군사령부 참모 죽전궁 항덕왕도 북경으로 와서 이은 소장과 함께 셋이서 소황족회의를 열었다. 이후 화북지방, 남경, 한구, 무창, 소주, 상해, 항주, 청도, 열하, 만리장성, 남원 등 각지를 기차와 비행기와 배를 이용해 방문하면서 시찰했다.

이때만 해도 중국을 침략한 일본군은 외형적으로는 전승을 거듭하면서 의기양양한 상태였다. 그래서 이은의 북경 생활도 여유가 있었다. 이 무렵 그의 중국 생활을 증언하는 기록에는 그가 당구와 테니스를 즐겼던 이야기가 있다.

군무 여가가 생기면 겨울에는 가까운 스케이트 링크에서 스케이트를 즐기셨고, 봄이면 그곳이 바로 테니스 코트로 바뀌어 테니스를 즐기신다거나 또는 승마 연습을 즐기시거나 하셨다. 취미는 영화라거나 사진 촬영. 사진 확대 기술에는 각별한 기량을 지니셔서 동기생인 가와무라 과장과 솜씨겨룸을 하셨다. 그리고 중국어 교사에게서 중국어 공부를 하신다거나, 정무政務와 재정財政에 대해서는 북지방면군 최고 고문이었던 탕택삼천웅湯澤三千雄(뒤에 내무대신이 됨)과 대달무웅大達茂雄(뒤에 문부대신이 됨) 씨 등을 초치하여 조예를 쌓으셨다고 한다.

가끔 삼산원 군사령관이나 부관 암영보와 당구를 즐기신 일도 있으셨다. 이왕의 당구는 언제나 조금의 주저도 없는 호쾌무애豪快無礙한 솜씨로서 승부를 도외시한 상쾌한 기법이었다. "역시 평민의 기법과는 다르더군", 이 말은 다름 아닌 삼산 군사령관의 뒷날 술회였지만, 한국 황태자로서 일본에 건너오셨던 열 살 때부터 이미 당구 큐 대를 잡으셨다니 당연하지 않을까(이왕은전기간행위원회, 《영친왕 이은전》).

이은이 북경 시절에 천진을 왕래하면서 테니스를 즐기던 모습에 대한 증언은 더욱 흥미롭다. 이은이 살아가던 삶의 패턴을 잘 드러내고 있기 때문이다.

이왕 은 전하와 테니스
고삼선치高杉善治

이왕 전하와 내가 서로 알게 된 것은 전하가 북지방면군사령부 배속 소장의 지위로 북경에 계시던 시절부터였다.…… 당시 본간아청本間雅晴 중장은 천진 방위사령관을 겸하고 있어서 천진 주둔 영·미·독·불 조계 경비군의 최고 지휘관이기도 했다. 따라서 각국 영사들 및 주둔군 지휘관, 그 외 천진에 나와 있던 일본 상사들의 지점장과 거류민 단장과의 교류와 연락 모임 등이 종종 있었다. 나는 그때 본간 각하의 전속 부관으로서(처음에는 대위, 나중에 소좌) 천진의 훌륭한 벽돌집인 사령관 관저에서 각하와 기거를 같이 하고 있었다.

전하와 본간 중장은 이전부터 막역한 사이로 경식 테니스의 적수들이기도 했다. 1939년 여름 무렵으로 기억되는데, 각하는 천진 관저의 뜰 한쪽에 경식 테니스 코트를 만들었다. 그 목적은 이왕 전하가 그처럼 테니스를 즐기시는데도 북경에는 코트도 없고 상대할 만한 적수도 없어서 쓸쓸하실 테니 전하께서 주말에 천진으로 출장하시게 하여 관저에서 쉬시면서 일요일 하루 실컷 테니스를 즐기시게 하겠다는 뜻이었다.

이윽고 테니스 코트도 완성, 코트 개장 기념으로 전하를 초청하여 성대한 시합을 벌이기로 했다. 전하는 토요일 오후에 관저에 도착하시어 다음 날의 시합 연습을 하셨다. 본간 각하와 내가 상대해 드렸다. 전하의 테니스는 왕자王者의 테니스라 할까, 유연웅대柔然雄大하시고 정확하셨다.

다음 날의 코트 개장에는 천진 주재 일본 영사를 비롯하여 각 상사, 은행 지점장 급 사람들이 약 20명쯤 참가했다. 초여름 일기로 기후도 만점인 컨디션이었다. 시합은 순서 따라 진행되어 결승전을 맞이했다. 한쪽은 전하와 요꼬하마 정금은행의 이달 남작, 다른 쪽은 본간 중장과 나였다. 콩 튀기듯 하는 열전이어서 연장전까지 벌였고, 결국 우리 편이 우승했다.

이때 전하가 하사하시는 상품으로 이왕가 문장이 새겨진 순은제의 큰 우승컵을 둘이 함께 받았다. 시합 후 관저 대식당에서 티파티가 열렸고, 전하는 화기애애하게 즐거운 하루를 보내시고 저녁에 북경으로 돌아가셨다. 그 뒤로도 같은 멤버로 관저 내 코트에서 몇 차례 전하를 모시고 일요일에 시합을 열어 위로해 드렸다. 그런 날이면 전하는 대개 토요일 석양 나절에 천진 관저에 도착하셨는데, 저녁에는 8밀리 컬러영화(당시로서는 일반에게 보급되어 있지 않았고 나도 처음으로 구경했었다)를 상영하고 당구를 치기도 하셨는데 정말로 즐거웠다.

…… 그 뒤 천진의 가네보오 지점에서 전하를 초대하여 모시고 테니스 대회를 열었다. 이때도 먼젓번과 마찬가지로 천진의 영사, 재외 상사 지점장 등이 참가했고, 시합은 더블과 싱글 두 가지로 열렸다. 이 시합에서 나는 더블에서는 본간 각하와 한편이 되어 우승했고, 싱글에서는 가네보오의 젊은 직원과 대전했는데 체력과 기력으로 우승하여 큰 봉황 모습의 은컵을 받았다. 지금 우리 집 장식장 안에는 전하에게서 받은 우승컵 4개가 눈부시게 반짝이고 있다(이왕은전기간행위원회, 《영친왕 이은전》).

이 증언은 이은의 군대생활에 관한 정보를 다양하게 담고 있다. 우선 그는 전쟁 중인 중국 전선에 출정하면서도 이왕가 문장을 새긴 순은제 커다란 우승컵들을 준비해서 갖고 갔음을 알 수 있다. 이 증언을 한 고삼선치 소좌가 받은 것만 해도 네 개였다니 얼마나 많은 우승컵을 갖고 가서 사람들에게 뿌린 것일까. 그처럼 미리 순은제 우승컵을 준비해서 중국에 간 이은이 "테니스 대회를 개최하면 좋겠다"는 이야기를 했기 때문에 본간 중장이 천진에 테니스 코트를 마련한 듯하다.

또 그는 매우 귀한 물건이었던 8밀리 컬러영화의 필름과 영사기도 갖고 다니면서 사람들에게 상영해 주었다. 한마디로 전혀 전쟁을 치르는 장군답지 않은 처신을 한 것이다. 이은이 받은 세비 40만 원 중 상당 부분이 그런 일에 들어갔을 것이다. 이은이 그렇게 처신한 목적은 오로지 주위 사람들의 환심을 사기 위한 것이었다고 볼 때, 그의 마냥 외롭고 고단했던 영혼을 알아보게 된다.

평민이 된 왕 이은의 천하

이은 소장이 북경 시절에 이룬 군사적 업적으로는 '북지방면군에 각종 병종兵種의 하사관 후보자 부대를 창설한 것'이 꼽히고 있다. 각 병종에 따른 주둔지는 보병은 보정, 기병은 포두, 포병은 석가장, 공병은 천진, 치중병은 북경으로 정해서 각 지역에 부대를 설치했다고 한다.

이은이 중국에 가 있는 동안 방자는 매일 식사 때마다 이은의 사진 앞에 음식을 차려놓고 무사하기를 빌었고, 여덟 살인 구가 학교에 가기 전과 귀가했을 때 이은의 사진에 절을 하면서 무사하기를 빌도록 했다고 한다. 가장이 외국에서 벌어진 전쟁터에 나간다는 일은 남아있는 가족들의 입장에서 보자면 그처럼 안타깝게 마음을 조이는 엄청난 시련이었다.

한편 이 시기에 일본은 조선에 억압정책을 더 한층 가속화하고 있었다. 그 방법과 형태는 각양각색으로 진행되면서 조선인들의 목을 옥죄고 들었다. 일제가 중일전쟁을 일으킨 1937년에 조선에서 일어난 일들을 일별하면 다음과 같다.

6월 6일에 일제 치안당국은 '수양동우회사건'을 일으켜서 조선의 지도층 지식인들 150여 명을 치안유지법 위반 혐의로 투옥하여 고문하면서 조선의 사상계에 강한 충격과 압박을 주었다. 7월 27일에는 중일전쟁 발발을 구실로 총독부가 각 도에 '전시체제령'을 통첩해 전 국민을 전시체제에 밀어 넣었다. 10월 1일에는 조선인들을 사상적으로 더욱 강력하게 옥죄기 위하여 〈황국신민皇國臣民의 서사誓詞〉라는 제목으로 일본 천황에 대한 신민으로서의 충성을 맹서하는 문장을 제정 공포해 조선인들로 하여금 모든 행사 때마다 일제히 암송하게 하고 각종 인쇄물들에 모두 수록하게 만들고 학교에서는 학생들로 하여금 늘 암송하도록 만들었다. 12월 23일에는 일본 천황의 사진을 각급 학교에 배부해 학생들로 하여금 날마다 최고의 경의를 표하면서 경배하도록 강제했다.

　1938년에는 1월부터 일본어 보급에 박차를 가해 총독부 주관으로 각 도에 일어 강습소 1,000여 개소를 설치해 조선인에게 일본어를 강습하게 했다. 2월에는 총독부에서 '시국대책준비위원회'를 신설해 조선인들을 전시체제로 동원하는 준비작업에 들어갔다. '조선육군지원령'을 공포해 조선인 지원병을 모집하고 동원할 제도적 장치를 마련했다. '흥업구락부사건'을 일으켜서 조선사회 지도층 민족주의자 다수를 검거하는 사상통제작전을 폈다. 3월에는 '조선교육령'을 개정해 중학교의 조선어 과목을 정규과목에서 수의隨意과목으로 변경시켜서 조선어를 가르치지 않도록 만들었다. 4월에는 총독부가 직접 나서서 중학교 조선어 시간을 모두 수학과 실업 시간으로 대체하여 가르치도록 각 도에 통첩했다. 5월에는 "일본의 '국가총동원법'을 조선에도 적용한다"고 공포했다. 6월에는 경성제대 강당에서 육군병 지원자 훈련소 입소식을 거행했다. 또 '근로보국대'를 조직하도록 각 도에 지시하고, 조선 전역에서 방공훈련을 실시했다. 7월에는 경성제대와 이화여전 학생들이 강제로 근로보국대에 동원되었고, '국민정신총동원 조선연맹'이 창립되었다. 8월에는 구리와 납과 아연과 주석에 대한 '사용제한령'을 공포하여 강력한 전략물자 동원정책을 시행했다. 9월에는 현재의 대한민국 육사 자리에다 '육군특별지원병훈련소'를 준공해 지원병 훈련체제를 완비했다. 10월에는 해상방공연습을 개시해 서해에 등화관제를 실시했다. 11월에는 '경제경찰제도'를 실시해 경제계 통제를 강화했다.

　1939년에는 조선인에 대한 각종 억압정책이 더욱 강화되었다. 1월에

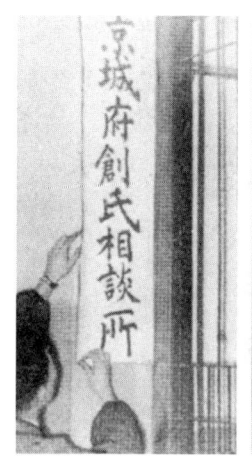

는 조선인의 전시 동원에 필요한 기본 자료를 구비하기 위한 조치인 '국민직업능력신고령'이 공포되었다. 4월에는 못·철사·철판 등에 대한 배급통제를 실시하기 시작했다. 6월에는 '군용자원보호법'이 공포되었다. 7월에는 '경방단警防團 규칙'이 공포되어 경호단과 소방단과 수방단을 통합해 경방단으로 조직해 경찰보조기관으로 활동하도록 만듦으로써 조선인에 대한 감시체제를 보다 직접적이고 강력하게 강화했다. 또 각 중등학교에서 해군 교련을 실시하도록 조치했다. 8월에는 매월 1일을 '흥아봉공일興亞奉公日(애국일)'로 제정, 전쟁 승리를 기원하도록 조치했다. 10월 1일에는 국민징용을 실시했다. 이 조치는 조선인들

⬆ 서울의 창씨상담소와 경성부청 호적에 창씨개명계를 내기 위해 줄 선 시민들. 1939년 11월, 일제는 징병제 실시를 앞두고 '창씨 개명령'을 공포해 조선인에게 일본식 창씨개명을 강요했다. 일제는 서울에 창씨상담소를 설치하고, 일본인과 조선인의 차별을 없애기 위해 창씨개명제를 도입한다고 선전했다.

에게 큰 고통을 안겨준 정책으로서, 이때 시작된 국민징용은 1945년까지 45만 명을 동원했다. 또 쌀 소비를 줄이고자 '조선백미취체규칙'을 공포해 거의 현미 수준인 7분도로 도정한 쌀만 먹도록 강제했고, 전력 소비를 규제하기 위해서 '전력조정령'을 공포해 시행했다. 11월 10일에는 저 악명 높은 '창씨개명령'을 공포해 조선인의 이름을 모두 일본식으로 바꾸도록 강제했다. 12월에는 조선의 세금제도를 고쳐서 전보다 20퍼센트 증세增稅해 거두어들였고, '총동원물자사용수용령'을 공포해 전시물자 동원을 강제했다.

 이처럼 일본 당국이 조선에 대한 억압적 통치를 더욱 가혹하고 통렬하게 강화하고 있는 중에 1939년이 저물어갔다.

평민이 된 왕 이은의 천하

다가오는 멸망의 시간

"북경……. 그래, 8개월 동안 신세졌구나!"

이은은 홀가분한 기분으로 뇌었다. 1939년 8월 1일에 동경에서 근무하는 근위보병 제2여단장으로 발령이 나면서 8개월에 걸친 그의 생애 최초의 중국 파견생활이 끝났다.

'근위보병近衛步兵'은 천황이 사는 궁성과 수도를 방위하는 임무를 띠고 동경에 주둔하고 있는 부대이다. 일본으로 돌아간 이은은 동경 한복판인 적판赤坂에 있는 제2여단 사령부에 출근하기 시작했다. 그리하여 그간 떨어져 있던 일가족이 다시 동경의 이왕가 어전에서 함께 살게 되었다.

"중국 파견 때보다 동경의 여단장 업무가 더 바쁠 거야. 아니지, 바쁘다기보다는 다양하다고 해야겠지."

출근하려고 군복을 차려입은 이은이 말하자 방자도 기쁘게 말을 받았다.

"아무튼 온 가족이 함께 사니까 정말 좋아요!"

예상대로 근위보병 제2여단장으로서 이은 소장은 몹시 바쁘게 움직여야 했다. 예하 연대의 야영 지휘, 검열, 궁성宮城 수위戍衛 현장 시찰, 연대장 이하 좌관 급의 대항병기연습 등을 관장해야 했고, 수도에 있는 각 대학과 고등학교와 전문학교의 교련 상황도 사열해야 했다. 게다가 황족과 왕공족들이 모이는 궁중 행사에도 참여해야 했다.

게다가 중일전쟁 상황은 더욱 악화되었다. 1939년 9월 1일에 유럽에서 독일군이 폴란드를 침공해 제2차 세계대전이 발발했기 때문에, 중일전쟁도 즉각 영향을 받게 되었다.

"우리가 중국과 싸우고 있는 전쟁은 세계대전 때문에 더 불리하게 되었소!"

"그러게 말이오. 속전속결할수록 우리에게 유리했는데, 이젠 점점 장기화하게 되었으니……."

일본 군부 수뇌부는 고민하고 있었다. 전쟁이 시작되자마자 금세 정복할 것 같았던 중국은 실제로 겪어보니 일본이 삼키기에는 너무나 큰 나라였다. 거대한 영토와 인구를 지닌 나라답게 수도를 내륙으로 옮기면서 강인하게 항전했다. 일본은 동원할 수 있는 군사와 전쟁물자에 모두 뻔한 한계가 있는 국력을 가지고 드넓은 중국 땅 여기저기 점과 선으로 이루어진 기나긴 전선을 벌여놓고 끝이 안 보이는 장기전을 치러야 했다. 전쟁터에서는 계속 군인들이 죽어나가고 전쟁물자와 전투식량은 한없이 들어갔다. 겪을수록 너무나 무모하고도 끔찍한 재앙이었다.

"이제는 조선인도 전쟁에 내보내야 되겠소."

"아무래도 그렇게 할 수밖에 없겠습니다."

일본 정부에서 군사 동원에 새로운 정책을 채택했다. 그동안은 믿을 수 없다 하여 식민지인인 조선인은 군인으로 뽑지 않았다. 그러나 군인으로 동원할 인력이 너무 부족해지자 다급해진 일본 당국은 조선 청년들을 '지원병'이라는 명목 아래 전쟁에 동원하기 시작했다. 그해 10월 8일에 이은 부부가 능 참배차 서울에 갔을 때 지원병 훈련소에 들렸더니, 500여 명의 조선 젊은이들이 군사훈련을 받으면서 일본 군가를 부르고 있었다.

"바다 싸움에 나가면 물에 뜨는 시체가 되리. 산의 싸움에 나가면 풀숲에 피를 뿌리리. 천황을 위하여 싸우다 죽으면 그에서 더한 영광이 또 있으랴."

이은은 조선인들까지 전쟁에 동원하고 조선인들의 재산을 전쟁물자로 거두어들이고 있는 현실에 대해 심적 부담감이 컸다고 한다. 이때 귀로에 이은 부부는 서울에서 복강까지 비행기로 가서 기차로 바꿔 타고 동경으로 갔다. 방자로서는 생전 처음으로 비행기를 탄 경험이었다.

1939년 11월 상순에 동경에서는 소화천황 임석하에 근위보병 제1여단과 제2여단이 겨루는 여단 대항연습이 실시되었다. 제2여단장 이은 소장은 공격군인 남군의 총지휘관으로서 방어군인 제1여단의 북군과 공방전을 벌였다. 연습 제3일째에는 작전 중에 천황 관람대로 부름을 받아 약 20분간 천황에게 직접 전황을 보고했다. 그는 보고를 마치고 돌아오는 길에 마상에서 부관에게 말했다.

"폐하 어전이어서 아주 상기되어 버렸다. 혹 보고에 실수라도 하지 않았는지 걱정된다."

이 시기쯤에는 그가 심신이 모두 완벽하게 일본 군인화된 삶을 살고 있었음을 보여주는 인상적인 일화라 하겠다.

이은의 선물과 선심 공세는 근위보병 제2여단장 시절에도 여전했다. 그는 부하 장교들을 자주 어전으로 불러서 식사 대접을 하고 선물을 주었다. '연습'이라고 불리는 대훈련작전이 끝날 때마다 부대장들과 막료들을 모두 모아 위로의 대연회를 열어 주었다. 여단 내 장교 전원의 검술경기대회 때는 승리한 장교 모두에게 은으로 만든 우승 방패를 하사했다. 부하뿐만 아니라 옛 상관에게도 계속 선심 공세를 폈다. 중국에 출정 중인 옛 상관들에게 위문품을 자주 보내었는데, 당시 중국에 있던 제등이평태 중장도 그가 보낸 '미린보시(일본술 지게미를 주재료로 써서 만든 조미액 속에 신선한 생선을 담가 두었다가 꺼내 햇볕에 말린 건어물)'를 받고 크게 감격했다는 일화가 전해진다.

1940년이 되었다. 1937년에 시작된 중일전쟁이 4년째에 접어들었다. 이제는 중국의 전쟁터만이 아니라 먼 후방인 일본 본토에서도 전쟁의 참화와 고통이 뚜렷하게 드러났다. 국민들은 매우 심각한 식량 부족에 시달렸다. 전국적으로 '일식일채주의一食一菜主義'라고 하여 '한 끼를 먹을 때 한 가지 반찬만 먹자'는 구호가 장려될 정도의 식량 비상 사태였다. 또한 전사자와 전상병戰傷兵 문제도 아주 심각했다. 전국 각지의 집집마다 죽거나 부상병이 없는 집이 없었다. 아무래도 일본이 패전할 것 같다······. 국민들 마음속에 그런 우려가 자리 잡기 시작했다.

이때 이은 가문에서 다소 특이한 일을 벌였다. 그 일은 이은 부부가 이런 시기를 맞아 조선인들을 위해서 무언가 기여해야겠다는 생각을 한 데서 시작되었다. 방자의 기록에 의하면 그들 부부가 1940년 2월부터 그런 생각을 갖고 주위 사람들과 논의한 결과, 조선인 유학생을 위한 장학사업을 하기로 결정했다. 그래서 동경에 있는 이왕직 장관 관사를 조선인 여자 유학생들을 위한 기숙사로 만들어 숙식을 제공하기로 했다. 그러나 곧 실행하지 않고 11월 10일의 일본 기원절이 될 때까지 기다렸다. 방자는 그 일에 대해 회고록에 다음과 같이 기술했다.

1940년은 일본 기원紀元 2천 6백 년이 되는 해다. 이해 11월 10일에는 곳곳에서 성대한 기념식이 거행됐다. 이를 계기로 우리는 동경의 이왕직 장관 관사를 동경 한국 여자 유학생들의 기숙사로 개방했다. 이 계획은 오래전부터 전하가 마련했던 것인데 일본 당국이 허가해 주지 않을까 봐 기회를 기다리고 있었다. 일본 기원절을 기념한다는 명목을 세우자 당국은 허락을 했다. 기숙사는 '홍희료鴻嬉寮'라고 이름을 붙였다. 처음 기숙사에 들어 온 여학생은 모두 11명이었다. 전하와 내가 한국의 동포를 위해 직접 헌신한 최초의 일이라고 생각된다(이방자, 《지나온 세월》).

생각하면 좀 기이하다. 이은 부부는 어째서 일본제국이 승승장구 잘나갈 때는 그런 생각 전혀 없이 지내다가 장기간의 국제전쟁으로 일본이 어렵고 고통스러운 처지에 빠지게 된 뒤에야 조선 동포들을 위해서 무언가 해보려는 생각이 떠오른 것일까?

이은이 1907년에 소년 인질로 일본으로 간 때는 워낙 어려서 무엇이든 마음대로 하기 어려웠다고 쳐도, 1920년에 23세의 나이로 일본 황족 여성과 결혼한 뒤로는 상당한 자유를 누렸다. 더구나 1926년에 순종이 별세하고 그가 '이왕'의 지위에 오른 뒤에는 막대한 세비를 자유롭게 쓰면서 그가 몸담고 있는 부대의 상관이나 부하들을 관리하는 데 매우 많은 돈을 썼다. 그는 취미생활에도 막대한 돈을 썼다. 한 가지 예로 난

초 기르기가 있다. 그는 저택 정원에 커다란 온실을 지어 3,000분에 달하는 난초를 키우면서 새 품종을 교배하는 취미를 즐겼는데, 순전히 난초 재배에만 종사하는 직원을 여섯 명이나 고용하고 있었을 정도였다. 그런데도 그가 자신의 백성인 조선인을 위해 베푼 것은 고작 육사에 재학 중인 조선인 생도들의 '일요하숙'을 위해서 1933년 후반기부터 매달 '20원'을 지급한 것이 전부였다.

그런데 일본 국민 전체가 전쟁의 고통에 눌려 허덕이던 1940년에 들어서자 그에게 돌연 조선인들에게 무언가 베풀어야겠다는 생각이 든 것이다. 그렇다고는 해도 그의 돈이 크게 들어간 것은 아니었다. 이미 동경에 있던 이왕직 장관 관사의 용도를 변경해 조선인 여자 유학생 기숙사로 만든 것이었기에 건물은 무료였고, 게다가 '홍희료'의 문을 열었을 때 입사시킨 기숙생의 수는 단지 11명에 불과했다. 그것도 "일본 기원절을 기념한다"는 명목을 붙여서 허가를 받았다고 하니, 이은 부부가 얼마나 일본 당국의 눈치를 보면서 그 비위를 전혀 거스르지 않으려고 노력했는지를 알 수 있다.

한번 홍희료에 들어온 학생은 유학하는 동안 계속 살게 했다. 그래서 홍희료가 문을 연 1940년 11월부터 1945년 8월에 일본이 멸망할 때까지 5년 동안 홍희료 기숙사 입사 특혜를 입은 조선인 여자 유학생의 수는 모두 17명뿐이었다.

기숙사생 선발에는 조건이 있어서, 엄귀비가 세운 진명여학교와 숙명여학교 출신 유학생만 해당되었다. 홍희료 출신 유학생 중에서 가장 유명한 분이 최옥자 수도사대(세종대학교의 전신) 전 학장이고, 시인 손호연 씨 등이 있다. 이들 17명은 경제적으로 몹시 어려웠던 일본 유학생활 중에 숙식을 해결해 준 특혜를 매우 고맙게 여겨 해방 후에도 일본에 있는 이은 부부에게 감사의 편지와 선물을 보내고는 했다고 한다.

방자의 회고록에는 전혀 언급되어 있지 않은 일인데, 이때 이은 부부가 일본에 유학 중인 조선인 남학생들에게도 장학금을 주었다는 증언이 있다. 성적이 우수한 학생들을 골라 '이화회李花會'라는 명칭의 장학회를 만들고 회원들에게 1인당 한 달에 몇십 원씩 주었는데, 사학자 이홍직, 언론인 홍진기 씨 등이 그 혜택을 받았다고 한다. 아마도 기숙사를 만든 것이 아니라 장학금만 준 것이고 규모도 작았기 때문에 언급하지 않은 것으로 보인다.

1940년 5월 25일, 이은 소장은 대판大阪에 있는 유수留守 제4사단장으로 영전했다. 이때 처음으로 '사단장'이 되었다. '유수 사단'은 정규 사단이 아니라 전쟁터에 나간 사단의 자리를 대신 지켜주는 사단이라는 뜻이다. 그래서 한직에 속했다.

이은의 사단장 부임에 맞추어, 일가족은 대판 부청府廳 곁에 있는 사단장 관사로 이사했다. 왕세자 구는 학습원에서 대판 해행사偕行社(장교 집합소 성격의 단체) 부속 소학교로 전학했다. 5년 전의 우도궁 시절에 이어 일가족이 두 번째로 동경을 떠난 것이다. 이은은 대판으로 전임하기 전에 또 선심공세를 퍼부었다. 근위보병 제2여단의 좌관급 이상 장교 전원에게는 이왕가 문장이 새겨진 은제 커프스 버튼을, 위관급 장교들 전원에게는 이왕가 문장이 박힌 목배木杯를 하사하고, 각 부대의 좌관급 이상 연대 부관 전원을 어전으로 초대해 접대했다.

이은이 대판 유수 제4사단장으로 부임했던 1940년은 이미 전쟁의 음침하고 고통스러운 그늘이 일반 시민의 삶을 어둡게 덮치고 있던 때였

다. 중일전쟁이 발발한 지 만 3년이 지난 시기로서, 중국 전장에서의 전투는 일본군에게 점점 더 힘들고 고달프게 전개되고 있었다. 날이 갈수록 일본 본토에서 전쟁 수행을 위해서 할 일이 점점 많아지고 바빠졌다. 병사들을 계속 뽑아서 훈련시키고 부대를 조직해서 중국의 전쟁터로 보내야 했다. 전쟁이 장기화되면서 전쟁물자를 조달하는 일에서도 국력이 심각하게 딸리고 있었다. 일반 국민들의 생활은 날로 고달파갔다. 일상의 생활용품들이 점점 품귀 현상을 보였다. 대판의 사단장 관사에 살던 방자 역시 이때 시국의 긴박함을 생각해 뜰에 채소를 직접 가꾸어 먹기 시작했다고 한다.

　이은의 대판 유수 사단장 시절은 1년 2개월에 달했다. 사단장 이은은 각 부대 대항전을 통재하고, 보충대 장교단을 교육하며, 현지 전술을 통재하고, 대판 일대의 각급 학교를 시찰하면서 학생들을 격려하는 등의 업무를 수행했다. 대판육군유년학교를 방문했을 때는 "주군께 몸 바친 분들을 거울 삼아서 마음도 몸도 닦아야 한다고 생각하노라"는 시를 지어 학생들에게 하사한 것이 당대 기록과 관련자들의 증언에 남아 있다. 이은은 이해 12월 2일에 중장으로 진급했다. 황족 및 왕공족에 대한 특혜에 따른 매우 빠른 진급이었다. 당연히 대판 유수 사단장 시절에도 그가 부하들에게 베푸는 갖가지 배려는 여전했다. 이 시기의 일로 재미있는 일화가 전한다. 김을한의 증언인데, 다음과 같다.

해방 전 그가(이은) 오오사까大阪 제4사단장으로 있을 때에 필자는 어떤 일본 군인에게서 다음과 같은 이야기를 들은 일이 있다. "일본의 황족들은 실력이 부족해도 군단장軍團長이 되지만, 이왕 전하만은 그렇지 않고 실력으로 된 것이다"라고 하면서, 언젠가 육군대연습 때에 우연히 한자리에 있게 되었을 때 멀리 보이는 산의 높이가 대략 얼마나 될까 하는 것이 화제가 되었던 바, 이왕 전하는 선뜻 목측目測만으로 몇 천 몇 백 미터라고 말하여 그것이 꼭 들어맞은 데는 옆에 있던 참모들도 모두 혀를 차고 놀랐다고 한다(김을한, 《인간 이은人間 李垠》).

이은이 군인으로서의 실력을 쌓기 위해 평소 나름 노력했던 것을 보

▲ 대판 유수 사단장 시절 이은 가족(1940). 1940년 5월 이은은 대판에 있는 유수 제4사단장으로 영전했다. 이은의 사단장 부임에 맞춰 일가족은 대판 부청 근처에 있는 사단장 관사로 이사했고, 이구는 학습원에서 대판 해행사 부속 소학교로 전학했다.

여주는 일화다.

  1941년 7월 1일, 이은 중장은 우도궁에 있는 정규 사단인 제51사단장으로 전보 발령을 받으면서 대판 시절을 마감했다. 우도궁은 이은이 6년 전에 처음으로 지방에 발령받아 부임했던 곳으로서 매우 즐겁게 근무했던 곳이다. 그러나 이번 발령 상황은 그때와 같지 않아서, 제51사단은 다음 달에 중국의 전쟁터로 출발하도록 예정되어 있는 부대였다. 그래서 방자와 구는 대판에서 동경의 어전으로 돌아가고, 이은 혼자 우도궁으로 부임했다. 그는 사단을 거느리고 중국에 출병할 준비를 했다.

  1941년 8월 12일, 이은 중장이 거느린 제51사단은 중국의 열하성熱河省 금주錦州로 갔다. 이은으로서는 두 번째 중국 출정이었다. 10월에는 남지南支(중국 남쪽지방) 광동廣東으로 옮겨서 주둔했다. 당시 광동 일대에는 일본군 4개 사단이 주둔하고 있었는데, 제51사단은 그 지역에 주둔하고 있는 제38사단에 입대하는 초년병들의 제1기 교육을 맡았다. 이 시기에 광동 일대에 주둔했던 제104사단의 사단장이었던 고전강일菰田康一 중장은 뒷날 그 시절에 교류했던 이은 중장에 대한 추억을 이렇게 술회했다.

조선산 명묵名墨을 주시다
고전강일菰田康一

용병用兵에 대한 것 이외에도 특히 중국 문화에 대해서 여러 가지로 풍부한 지식을 배웠습니다. 특히 중국 청자라든가 휘호揮毫를 위한 붓, 벼루, 먹에 대해서 배웠지요. 중국 남쪽 지방인 광동성 조경肇慶에서 나는 이름난 벼루인 단계端溪, 휘호용 당산唐山의 불산지佛山紙, 상해의 모필 등과 조선에서 나는 것들과의 비교, 휘호상의 여러 문제 및 경험상의 일화 등도 들려주셨습니다. 이 시절에 조선산 명묵을 주신 일도 있었는데, 지금도 아끼며 옆에 놓고 쓰고 있습니다(이왕은전기간행회, 《영친왕 이은전》).

이 증언으로 보아, 이은 중장이 중국에 재출정할 때 준비해 간 선물보따리의 종류가 다양했음을 알 수 있다. 같은 사단장이자 계급이 중장인 사람에게 주는 선물은 급이 달라서 '조선산 명묵'을 선사한 것이다. 이은의 두 번째 중국 체류 시절은 짧아서 3개월 만에 끝이 났다.

그는 11월 6일에 교육통감부 배속으로 보직이 변경되어 11월 20일에 동경으로 귀환했다. 이로써 그의 제51사단장 재임 기간은 우도궁 시절까지 포함해서 총 4개월 만에 끝났다. 사단장이 바뀐 뒤 제51사단은 동부 뉴기니로 이동해 실전에 투입되었다고 하니, '황족이나 왕공족은 전투 현장에 배치하지 않는다'는 내규 때문에 그의 사단장 보직이 급히 변경된 것임을 알 수 있다.

이은이 중국에 가 있는 동안 방자는 위문대 만들기와 육군병원으로 부상병들을 위문하면서 바쁘게 지냈다. 이은이 광동에서 돌아온 지 보름 만인 1941년 12월 5일에 이은 부부는 조선으로 갔다. 중국 출정에서 무사히 돌아온 것을 종묘에 고하고 역대 제왕의 능에 참배하기 위한 귀성이었다. 이번의 조선 왕복에도 비행기 편이 제공되었다. 그들 부부가 구주 해상을 지날 때 항공모함들이 바다에 떠 있는 것을 보았는데, 그들이 조선에 있던 12월 8일에 일본이 미국 하와이의 진주만을 기습해 미일전쟁이 발발했다는 소식을 들었다. 그들은 12월 11일에 동경으로 귀환했다.

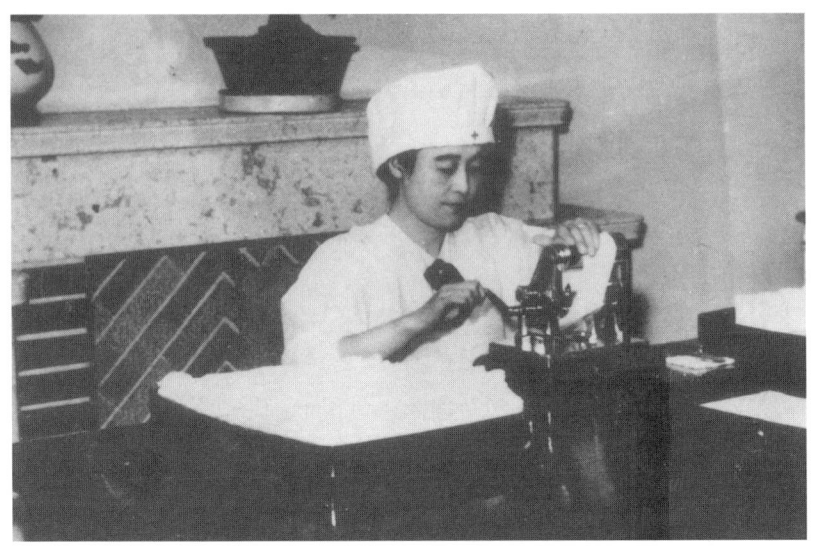

　일본이 '대동아전쟁'이라고 부른 미일전쟁의 초기에는 일본이 잇달아 승전의 환호성을 올렸다. 미국 공격은 물론 말레이와 홍콩 공격 등 전쟁은 확대일로를 걸었다. 미리 준비하고 있다가 선전포고도 없이 일방적 공격으로 전쟁을 시작한 것이라서, 겉보기에는 마구 치고 나가 호기롭게 승리하는 승승장구의 형세였다. 계속 승전의 소식이 들리는 중에 1941년이 저물었다.

　1942년 새해는 승전의 소식으로 시작했다. 전선에서는 계속 승전의 소식이 날아왔다. 남방의 마닐라와 자바와 팔렘방에서 일본군이 승리하고, 싱가포르를 함락해 소남도라고 개칭한다는 소식도 전해졌다. 그러나 일본의 물자 부족은 이미 한계를 넘고 있었다. 수도 동경에서도 버스 운행에 드는 휘발유를 절약한다고 목탄을 태워서 버스가 느릿느릿 연기를 뿜으며 달렸고, 전시 복장으로 여성들에게 근로용 바지인 '몸빼'를 입게 했다. 몸빼는 펑퍼짐한 형태에다 허리와 양 발목에 고무줄을 낀 바지로서, 모양새는 전혀 없지만 일하기에는 편한 바지였다. 일본의 식량 부족 사태는 도저히 해결할 수 없는 지경으로 악화되고 있었다. '식량 절약'이라는 국가 시책에 따라서 이은과 같은 왕족의 집에서조차 점심은 대용식으로 찐 감자나 군고구마나 메밀국수를 먹어야 했다.

1942년 4월 18일, 동경에 처음으로 미군의 공습이 가해져서 소이탄 폭탄이 도심에 떨어졌다. 전쟁이 새로운 국면에 접어든 것이다.

"으앗! 동경이, 수도 동경이 공습을 당하다니! 이럴 수가!"

"아! 이 전쟁이 대체 어떻게 되려고 이러나!"

온 동경 시민이 모두 놀랐다. 전쟁터는 늘 멀리 외국 땅에 있다고만 생각해 오다가 일본 본토에서, 그것도 수도 동경에서 직접 적군의 공격을 받으니까 매우 놀랍고 불길해 보였다. 일본의 안전에 대한 신뢰가 치명적으로 깨지기 시작한 조짐은 홍희료 경영에서도 드러났다. 1942년 전반에 홍희료에 기숙하고 있는 조선 여학생은 14명이었는데, 동경에 대한 미군의 공습이 본격화되자 하나둘 조선으로 돌아가기 시작했다.

1942년 8월 1일, 그간 교육총감부에 배속되어 군사교육 관계 업무를 맡고 있던 이은 중장은 이 날짜로 제1항공군 사령부에 배속되었다. 《영친왕 이은전》의 기술에 의하면, 제1항공군의 임무는 전시의 항공교육 및 보충인데, 그 내용은 매우 다종다양했다. 작전부대의 훈련, 전력 회복부대의 교육, 보충, 간부후보생과 항공요원에 대한 교육, 기상·통

🍂 **봉사활동 중인 이방자.** 1941년 8월 12일 이은이 두 번째 중국 출정으로 떠나 있는 동안, 이방자는 위문대를 만들고 육군병원으로 부상병들을 위문하는 봉사활동에 나선다.

신·정보·항측航測 등의 특수교육 등이었다. 특히 보충 분야는 인원·병기·기재의 각 분야를 모두 망라하는 것으로서, 해당 부대들이 관동 지방에서부터 구주九州 지방에 이르기까지 매우 광범위한 지역에 흩어져 배치되어 있었던 관계로 업무 실시에 많은 곤란이 수반되었다고 한다.

1943년 7월 20일, 이은 중장은 제1항공군 사령관이 되었다. 제1항공군에 배속된 지 1년 만에 최고 책임자인 사령관이 된 것이다. 당시 일본에는 육군과 해군만 있을 뿐 공군체제가 독립적으로 편성되어 있지 않았다. 비행기가 전쟁무기로 사용되기 시작한 지 얼마 되지 않아서 그랬을 것이다. 그래서 항공군은 때와 상황에 따라서 육군이나 해군의 지휘와 통제를 받으면서 훈련이나 작전에 임했다.

제1항공군 사령관은 요즘으로 치자면 공군의 최고 지휘부에 속하는 중책이었다. 《영친왕 이은전》에 따르면, 이은 사령관은 당시 전황이 날로 불리해지고 있는 상태에서 항공군의 책임을 통감하고 많은 예하 부대에 대한 초도 순시, 교육 시찰, 임시 검열 등의 업무를 정력적으로 해내었고, 또 출동하는 부대의 출진식과 각 부대의 간부 양성 교육 과정의 졸업식에도 거의 빠지지 않고 임석해 훈시를 내렸다고 한다.

전투원들의 사기를 앙양하기 위한 칭찬과 포상도 열심히 했다. 기록에 남아있는 사실만 보아도, 1944년 11월에 구주의 녹옥鹿屋 비행장에서 비행 제7전대 및 제98전대를 시찰하면서 두 전투부대가 대만 앞바다에서 중국군과 벌였던 공중전 때 거둔 공적을 칭찬하고 당시 뛰어난 무공을 올린 제등 대위에게 군도軍刀를 수여하며 칭찬의 말씀을 내렸다. 항공 사고 방지 수단으로서 장시간 무사고 조종사에게도 상장과 상품을 수여하고 칭찬의 말씀을 내렸다. 각 대의 간부후보생과 하사관 지원생 등의 수료식에서는 성적 우수자에게 특별히 시계를 하사했다.

또 그는 나름으로 임무에 매우 충실했다. 그는 서류를 결재할 때 높은 사람들이 흔히 하듯 '맹판盲判 결재(내용을 제대로 보지 않고 결재도장을 찍는 일)'는 안 하는 것으로 유명했다. 서류를 일일이 검토해 의문점은 반드시 질문하고 다시 수정시키는 일이 빈번했다. 1944년 후반에 전황이 더욱 불리하게 기울어지면서 일기예보까지 제한받게 되자, 군 사령부 장교들에게 일기예보 능력을 키워주려는 취지로 매일 점심시간에 각자의 '관천망기觀天望氣(하늘을 살펴서 기후를 짐작하는 것)'에 의한 예측 판단을 하도록 했다. 그런데 이왕의 판단이 이상하리만큼 최고 확률이었다고 전해진다. 무도武道에도 관심을 갖고 합기도 창시자를 사령부로 초청해 장교들에게 가르치게 하여 널리 보급시켰고, 이은 본인은 물론 방자 비와 왕세자 이구에게도 배우도록 권해 함께 익혔다.

그는 다른 장교들과의 융화에 관한 문제나 군인으로서의 자세 문제에서 늘 반듯하게 처신하려고 노력했다. 전황의 악화에 따라서 식량 부족 상태가 매우 심각해져서 사령부 장교집회소 식사에도 잡곡을 혼식한 밥이 나왔다. 그래도 사령관에게는 흰 쌀밥을 올렸는데, 다른 장교들의 밥그릇을 훑어본 이은은 "나는 팥밥을 퍽 좋아하네. 내게도 잡곡밥을 주게!" 하여 잡곡밥을 들었다.

1944년 여름에 군사령부가 동경 한복판에 있을 때인데, 적의 공습에 대비해 군사령부에서 사용할 방공호를 구축하기로 결정했다. 그런데 주변의 땅이 좁아서 방공호를 팔 곳이 없었고, 궁성宮城 외곽을 둘러싼 호濠의 외측 비탈이 후보지 물망에 올랐다. 당시로서는 궁성 비탈에 구멍을 뚫는다는 일이 도저히 용납될 문제가 아니었는데도 이은 사령관이 교섭한 끝에 궁내성 인가를 얻어 완성시켰다. 1945년 3월에 있었던 미군의 동경 대공습 때 사령부는 이미 무장야시武藏野市 길상사吉祥寺로 이전한 뒤였지만, 그 방공호 덕택으로 인근에 살던 수백 명의 인명이 생명을 건졌기 때문에 '이은 사령관의 은혜' 라고 기렸다고 한다.

또 비행기가 위험한 상황에서 운행 중이거나 공습으로 인해 가까운 곳에서 폭탄이 터지는 경우 같은 위험한 상황에서도 이은은 늘 태연자약한 자세로 왕자王者의 풍격을 조금도 떨어뜨린 일이 없었다. 항공군 사령관으로 재직하는 동안 이은은 비행기로 각지에 출장을 다녀야 했기에 일본 국내는 물론 북으로는 사할린과 하얼빈으로부터 남으로는 대만까지 날아다니면서 근무했다. 그 시절의 전속 무관이 회상한 이은의 모습은 다음과 같다.

소오야 해협 상공의 이왕 전하

이내중성伊奈重誠

소오야 해협(북해도와 사할린 사이의 해협)에는 비가 내리고 있었는데, 구름은 해면에 내려 깔려 있어 저공비행도 할 처지가 못 되었다. 조종사는 할 수 없이 구름 위로 한없이 고도를 높였다. 9월경(1943)이었지만 유리창은 깡깡 얼어버렸고 호흡마저 곤란을 느낄 정도였다. 구름 위로 나왔다고는 하지만 저 앞에 보이는 구름 봉우리는 아직도 아득히 높다. 고도는 6,000미터였다. 조종사도 이왕을 모시고 있는 관계로 아마 제정신이 아니었을 것이다. 그런데도 이왕은 태연자약하셨다.

대만에서 돌아올 때도 비슷한 일이 있었다. 다찌가와(동경 교외의 군용비행장)에 도착할 시각이 가까워졌는데도 비행기는 여전히 5,000미터 상공을 계속 나르고 있었고, 아래를 내려다보아도 관동 평야 비슷한 부분도 나타나지 않았다. 조종사가 겨우 문틈만큼 빤하게 뚫린 구름 틈바구니로 빠져서 구름 아래로 나오니까 눈앞에 쓰꾸바가 보이는 것이 아닌가. 간이 콩알만 해지도록 애가 탄 순간이었다. 그런데도 이왕은 태연자약하셨다. 역시 왕자의 풍격이시구나, 하는 감탄을 누를 수가 없었다(이왕은전기간행회,《영친왕 이은전》).

이은은 항공군이 당면한 전쟁에서 제 역할을 해내도록 하기 위해 사령관에게 주어진 업무 이외의 일에까지 매우 마음을 썼다. 그런 일들을 살펴보면, 당시 그가 지니고 있던 마음과 정신 상태가 잘 드러나 있다.

먼저 그는 직접 작사 작곡으로 〈항공군가〉를 지었다. 어렸을 때부터 피아노를 배우는 등 음악에 소질이 있던 그는 항공군의 사명 달성, 단결 강화, 사기 앙양 등을 도모하기 위한 목적으로 〈항공군가〉를 지어서 사령부는 물론 산하 각 부대에 모두 보급시켰다. 사령부 직원들이 그 노래를 연습할 때는 사령관인 그 자신이 직접 피리를 들고 나와서 "이건 무슨 조니까 이렇게 부르지 않으면 안 되고, 여기는 이리이리 부르는 거다!"라고 일일이 지적하면서 가르쳤다고 한다. 그가 항공군의 전력과 사기가 향상되기를 진심으로 간절히 바랐음을 알 수 있다.

다음으로, 그는 각지에 있는 부대 시찰 때마다 그 지역에 있는 일본 황실과 관련된 이름난 신사神社들을 찾아가서 열심히 참배했다. 1944년 9월 14일에 요오까이찌(경도와 명고옥의 중간에 있는 지역)에 있는 부대들을 시찰했는데, 이때 다하신사多賀神社(주신主神은 일본 황실의 시조신始祖神을 낳았다는 남녀 2신)에 가서 참배했다. 같은 해 10월 11일에는 삼중현三重縣에 있는 부대의 갑·을종 간부후보생 수료식에 임석한 뒤에 이세신궁伊勢神宮(주신은 일본 황실의 시조신인 천조대신天照大神)에 가서 참배했다. 11월 7일에는 궁기시宮崎市에 있는 항공정보대를 시찰한 뒤에 궁기신궁(주신은 일본 제1대 천황인 신무神武천황)에 가서 참배했다. 천조대신의 동생을 제사 지내는 출운신사出雲神社에서도 참배한 기록이 나온다.

일본의 대표적인 신사들에 참배하면서 그는 항공군의 무운과 지금 치르고 있는 대전쟁에서 일본이 승리하기를 빌었을 것이다. 《영친왕 이은전》은 이은이 그처럼 일본 황실 관련 신사들에 참배한 사실을 적시한 뒤에, "이것이 본심에서 우러나신 일이었는지 여부는 알 길이 없지만, 누가 보더라도 이상적인 일본 황족으로서 행동하신 것만은 의심할 여지가 없다"라는 평을 곁들였다.

그런데 당시 이은이 얼마나 천황을 절대시하는 '황도皇道사상'에 철저한 인물이었는지를 극명하게 보여주는 일화가 있다. 이은의 아들 이구의 증언에 의하면, 이은이 항공군 사령관으로 재직하고 있을 때의 일로서, 미국의 공습이 극도로 치열해진 1945년 벽두였는데, 어느 날 말수가 적은 이은이 당시 14세였던 이구에게 어두운 표정으로 불쑥 말했다고 한다.

"폐하에게 면목이 없다. 일본에는 B29가 비행하는 높이까지 날아가서 맞부딪쳐볼 비행기도 사람도 연료도 모두 다 바닥나서 없으니 말이다."

그는 일본 항공군의 치명적인 열세를 두고 먼저 "폐하에게 면목이 없다"는 생각부터 했고, 또 그걸 자식에게 토로할 정도로 엄청난 천황 숭배의식을 지닌 인물이었다. 그야말로 정신은 물론 뼛속까지 천황에게 충성스러운 일본 군인의 전형이었다. 그는 항공군 사령부에 배속된 이후로는 1년에 한두 번 조선에 잠시 귀환해 선조의 능에 참배하던 일을 중단했는데, 그것은 일본이 패전해 멸망할 때까지 계속되었다. 맡은 바 업무에 충실하기 위해서 또는 일본의 열세를 매우 걱정해서 그랬을 것이니, 당시 그가 지녔던 마음의 행로를 짐작할 수 있다.

일본의 항공전 역사에는 세계의 전쟁사상 매우 특수한 사례가 있다. 바로 '신풍神風(가미카제) 특공대'이다. 그러나 가미카제 특공대 편성과 작전의 실행은 해군과 육군이 주도한 것으로서, 당시 제1항공군 사령관이었던 이은은 연관이 없었던 것으로 보인다.

《영친왕 이은전》에서는 항공군 사령관 시절의 이은을 다음과 같이 평했다.

"이왕은 군사령관이 되신 뒤에도 연대장 시절이나 여단장 시절과 조금도 다름없이 젊은 부하들을 사랑하셨고, 젊은 참모나 부관의 의견에 귀를 기울이고, 연회석 출석에도 힘쓰시어 젊은 사람들의 의젓찮은 노래 가락에 같이 흥겨워하셨고, 술도 즐겨 하셨을 뿐더러 상당히 세셨다."

평화로운 시절 같은 때라면 한 사람의 군 장성으로서 바람직한 모습이었다고 할 수 있다. 그러나 심신 모두를 바쳐서 그처럼 충성스럽게 근무했으나 항공군 사령관으로서의 이은의 능력에 대한 평가는 그리 좋지 않았던 모양이다. 오키나와가 함락당한 날인 1945년 4월 1일, 이은 중장은 군사참의관으로 전보되어 당일로 이임식을 가졌다. 군사참의관은 실전實戰의 업무와 책임에서 벗어난 한직이었다. 국력을 모두 쏟아서 한창 전쟁 중인 시기에 군의 최고위 지휘관에 속하는 장군으로서 실전과 관계없는 한직으로 내쳐진다는 것은 한 사람의 군인의 입장에서는 대단한 불명예에 속한다. 그것이 일본 군인으로서 이은이 지닌 한계였다.

이때는 일본 본토가 연이은 미국의 공습으로 풍비박산 상태에 빠지고 있던 시기였다. 당시 일본 사정이 얼마나 처참했는지를 보여주는 사례가 1945년 5월 20일에 별세한 일본 육군 최고 원로였던 황족 한원궁閑院宮 재인친왕載仁親王의 장례 문제였다. 국장일이 5월 25일로 정해졌는데, 24일, 25일, 26일로 연이어진 미국의 대공습으로 동경 시내가 모두 불바다가 되어 국장을 치르지 못하고 무기한 연기되었다. 이때 천황이 사는 궁성의 일부를 비롯해 대궁大宮 별궁, 동궁 어전, 북백천궁, 동구이궁, 질부궁, 한원궁, 이본궁 등 각 황족 가문의 저택들과 이건 공의 저택이 잿더미가 되어버렸다. 다행히 이왕가 저택은 피해를 면했다.

이 시기의 전속 무관이었던 봉수수태峰守秀太의 회상에 의하면, "당시 이왕은 어전에서 지내는 날이 많았지만 늘 집 안에서도 군복을 착용하고 지내시고 화복和服(일본 재래식 의복)으로 편한 옷차림을 하신 적은 단 한 번도 없었다"고 한다. 아무리 군인 신분이라지만 집 안에서도 늘 군복을 착용하고 있었다는 것은 엄연한 과잉 행동에 해당한다. 전시에 군사참의관이라는 한직으로 내쳐진 이은으로서는 상처받은 자존심 때문에라도 "자신이 '군인' 임을 늘 자각하고 있다"는 과도한 자기과시용 제스처가 필요했던 것 같다.

전황이 날로 악화되는 것에 정비례해서 일본 지도층의 생활도 날로 바빠졌다. 밖에서 활동하는 남편들뿐만 아니라 집에 있는 부인들까지 모두 각종 국가행사에 동원되었다. 각 황족 가문의 '비妃 전하' 들은 일본 적십자사·여자 학습원 동창회 등의 모임에 나가서 붕대 감기, 구급

상자 꾸리기, 천황이 하사하는 담배상자 만들기, 화재 진압 훈련, 부상 시의 응급처치법 등을 연습해야 했고, '황후 대리' 라는 자격으로 전선에서 후송되어 육해군병원에 입원해 있는 부상병들을 위문하고, 일본 전국 각지로 파견되어 근로작업을 시찰하고 국민들을 격려하는 일을 해야 했다. "그런 일들로 언제나 일정이 꽉 차 있었다"는 것이 방자의 회상이다.

1943년 6월 14일부터 열흘 간, 방자는 이우 공 부인인 박찬주와 함께 '황후 대리'로서 북해도에 가서 열흘 동안 농촌의 부녀근로봉사 작업을 시찰하며 격려했다. 당시 박찬주도 왕공족 가문의 일원으로서 '비 전하'라는 존칭을 듣는 신분이었기 때문에 같이 파견된 것이다. 이때 박찬주가 방자에게 역설했다.

"어떻든 간에 곧 이 전쟁은 끝날 게 아닙니까. 그때까지 우리는 모두 살아남아야 합니다!"

"오……!"

박찬주의 말을 방자는 오래도록 인상 깊게 기억하고 있었다.

북해도에서 돌아온 지 닷새 만인 1943년 6월 28일에 방자는 능에 참배하고 조선 왕실 친척들을 만나기 위해서 이번에는 혼자서 서울에 갔다가 7월 4일에 동경으로 돌아왔다. 그것이 이은 가문의 사람이 왕족이란 신분을 지니고 조선 왕들의 능에 참배한 최후의 행사였다. 이때의 대면에서 윤대비는 "동경에 폭격이 심하다는데"라고 매우 걱정하면서 "모든 것에 조심하시기 바라오. 특히 구는 왕실의 대를 이을 아이니까……"라면서 이구를 잘 보호할 것을 특별히 당부했다고 한다.

일본의 상황은 점점 치명적으로 악화되어 갔다. 최전선인 외국의 전쟁터에서는 계속 수많은 군인들이 죽거나 부상당하고 있었고, 후방인 본국에서는 쉴 새 없이 가해지는 공습으로 수많은 민간인들이 죽어가고 재산이 불에 타 사라지고 있었다. 피해가 너무도 엄청나서 사람들은 정신을 차릴 수가 없었다. 이때의 상황에 대해서 방자는 이렇게 회고했다.

전쟁이 난 지 3년째인 1944년으로 접어들자 일본은 완전히 절망 상태로 돌입했다. 먹을 것도 입을 것도 제대로 없었고 사람만 자꾸 죽어갈 뿐이었다. 우리가 아는 많은 사람들이 하나둘 전장에서 이슬로 사라져갔다. 우리 집을 그렇게 뻔질나게 드나들던 젊은 장교와 중견급 장교들 가운데서도 많은 사람이 다시는 찾아오지 않았다. "전하!" 아니면 "장군님!" 하면서 들어오던 숱한 얼굴들이 가끔 생각나곤 했다. 전해져 오는 소식이란 나쁜 것뿐이었다.

누가 전사했다는 말을 들을 때마다 나는 그 밤을 새우곤 했다. 호쾌하고 구김살 없이 웃던 그 얼굴들. 전쟁터에 나간다고 씩씩한 모습으로 인사를 하고 떠났던 그 젊은 사람들이 영영 돌아오지 않는다는 것은 뭐라 말로 표현할 수가 없다. 나이가 들면서 주위의 사람들이 하나둘 사라지는 것과는 또 다르다. 그것은 싱싱했던 꽃이 하루 사이에 시들어 꽃잎을 우수수 떨어뜨리는 그런 애상哀傷이라고 표현하면 맞을 것 같다. 2월 25일 조향궁朝香宮의 차남인 음우音羽 후작이 자린 섬에서 전사했다. 6월 8일에는 집에 잘 오던 입강入江 중좌가 버마 전선에서 산화했다. 그 무렵에는 황족들이 만나도 반가운 기색을 찾을 수가 없었다. 모두가 침통하고 시무룩했다(이방자, 《지나온 세월》).

전선의 소식만 처참했던 것이 아니다. 후방에 있는 민간인들의 고통도 처참했다. 어린 학생들이 공부 대신 근로봉사를 하러 공장에 다녀야 했고, 결국에는 어린아이들을 모두 시골로 피난시키는 특별조치까지 시행해야 했다. 방자는 어린 이구가 근로봉사를 하러 다녀야 했고 나중에는 공습을 피해 집을 떠나서 동료 학생들과 지방으로 소개를 가야 했던 일을 이렇게 술회했다.

그해(1944) 4월에 중학교에 들어간 구玖는 9월이 되자 공부 대신 일을 하러 다녔다. 그렇게 어린 나이인데도 오다와라의 유아사 전기공장에 가서 근로봉사를 해야 했다. 이젠 하루하루가 고통의 연속이었다. 어린 구가 힘없이 밤늦게 집으로 돌아오는 것을 보면 전쟁이 빨리 끝나야겠다는 생각만이 간절히 들었다. 승전이란 이젠 상상도 못할 일이다. 다만 무언가 빨리 끝나기를 빌 뿐이었다.

이러한 절망에 부채질을 하듯이 1945년이 되자 도꾜는 연일 공습경보로 공포의 도가니 속이 되었다. 미국 비행기에서 투하하는 폭탄과 소이탄으로 그야말로 시내는 폐허로 줄달음치고 있었다. 1945년 일본 황족의 신년하례는 궁성에 있는 방공호에서 가졌다. 끊임없는 미군의 폭격 때문에 정상적인 하례식을 가질 수 없었던 것이다.

폭격이 심해지자 학습원의 초등과와 중등과 아이들은 모두 시골로 피난시켰다. 남자아이들은 황태자와 구를 포함해서 닛꼬로, 여자아이들은 시오바라로 각각 소개했다. 4월이 되자 공습은 더욱 심해져 궁성의 경비소가 두 차례에 걸쳐 폭격으로 소실됐다(이방자, 《지나온 세월》).

미일전쟁 말기에 황족과 화족 가문의 자녀들만 다니는 특수학교인 학습원의 어린 중학생들까지 공부하는 대신에 공장에 가서 근로봉사를 했다는 것을 보면, 당시 일본이 얼마나 극심한 인력 부족에 시달리고 있었는지를 알 수 있다. 멸망하지 않으려야 않을 수 없는 지경이었던 것이다.

이우 공의
아까운 죽음

▦ ▤ ▤ ▦　　일본인들로서는 일찍이 경험한 바 없이 참혹한 해였던 1945년이 시작되었을 때, 조선 왕공족 3인은 모두 일본군에 몸을 담고 있었다. 그중 '이왕 이은 중장'과 '이건 공 중좌'는 일본 본토에 있었고, '이우 공 소좌'는 중국 산서성 태원에 주둔해 있는 제1군 참모부에 복무하고 있었다.

이우는 1938년 12월에 육군대학에 입교해 1941년에 졸업했다. 육대를 졸업한 해에 차남 이종李淙을 낳았다. 당시 육군대학은 동경제대에 들어가기보다 훨씬 더 어렵다고 했는데, 황족과 왕공족들은 신분상의 특혜로서 당연히 입교하게 되어 있었다. 그래서 일제 36년간 조선인으로서 일본 육군대학에 들어간 사람은 단지 4인으로서, 왕공족인 이은·이건·이우의 3인 외에는 자신의 실력으로 들어간 조선인 장교였던 홍사익洪思翊(1890~1946) 중장이 유일하다.

이우는 육군대학을 졸업한 해인 1941년 여름에 육군 대위로 조선군 사령부에 배속되어 서울 용산에서 근무하게 되자 부인 박찬주와 두 아들을 데리고 서울로 갔다. 그는 같은 해 10월에 소좌로 진급했고, 이듬해인 1942년 3월 11일자로 육군대학 연구부 부원으로 전보되어 동경으로 돌아갔다. 이때 다시 가족들을 데리고 동경으로 갔다.

1944년 3월 이우는 중국 태원에 있는 제1참모부로 발령받았고, 부임하는 길에 다시 가족을 모두 데리고 조선으로 들어가서 서울 운현궁에서 살도록 조치해 놓은 뒤에 중국으로 갔다. 중국 태원에서 복무하던 그는 1945년 6월에 육군 중좌로 진급하면서 일본 광도廣島에 있는 제2총군總軍 사령부의 교육 담당 참모로 전보되었다. 중국 출정 1년 3개월 만에 일본으로 귀환하라는 명령을 받은 것이다.

이때의 발령은 이른바 '본토 결전'에 대비한 것이었다. 1945년 4월 1일에 미군에게 오키나와를 함락당한 뒤, 일본군은 미군이 일본 본토에 진격해 올 경우 본토에서 싸운다는 뜻의 '본토 결전'을 각오했다. 그래서 동남아 각지에 분산되어 있던 부대들을 재정비해 다시 배치하는 작업을 시행했는데, 그에 따라 이우의 보직이 변경된 것이다.

이때 조선 왕공족 3인이 지닌 마음가짐이나 역사인식은 각자 달랐다. 이은과 이건은 일본 천황에 대한 충성심이 대단하고 일본 황족과 버금가는 지위를 누리는 왕공족으로서의 혜택에 안주하며 마음 편하게 살아가고 있었다. 그러나 이우는 달랐다. 그는 민족의식이 강렬했고 조선인으로서의 자의식이 뚜렷했다. 따라서 시국을 보는 눈도 달랐다. 그는 일본의 멸망을 명확하게 내다보았고, 결단코 그 멸망의 자리에 휩쓸려 떨어지지 않으려고 노력했다.

이우는 중국에서 전보 발령을 받고 기차로 조선을 통과해 일본으로 귀환하는 길에 도중에 서울에 내려서 운현궁에 머물렀다. 그는 이제는 군대에서 제대하고 나와서 운현궁에서 맘 편히 살고 싶다는 뜻을 갖고 있었으나 당시 정세상 그런 의사는 도저히 받아들여질 수 없었다. 그는 계속 서울에 머물면서 근무지를 일본 광도에서 조선의 서울로 옮기려고 운동했다. 그러나 거부되자 갖가지 핑계를 대서 광도에 부임하는 일을 한껏 늦추면서 서울에 체류하고 있었다. 그런 정도로까지 일본 부임을 싫어했던 것이다.

그가 서울에서 버티고 있던 기간이 거의 한 달 가까이 되었다는데, 이때 은밀하게 운현궁으로 사람을 불러들여 시국과 민심에 관한 정보를 구했다. 시국을 정확하게 파악하고 그에 대처하려는 생각이었다. 당시 그렇게 불려 간 사람 중에 《매일신보》 기자였던 김을한이 있었다. 그 일에 대해서 김을한이 남긴 증언은 다음과 같다.

나는 꼭 한 번 이우 공을 만난 일이 있다. 그것은 태평양전쟁이 거의 끝날 무렵인데, 하루는 이우 공의 매부 윤원선 씨가 찾아왔다. 그는 영선군 따님의 남편으로 이우 공과는 양가 편으로 남매간이 되는 사람이었다.

그는 나를 보자 "이우 공이 지금 서울에 와 있는데 당신을 만나고자 하니 한번 가서 봅시다"라고 하였다. 당시는 일제시대라 영친왕은 물론이요 이우 공 같은 이도 만날 수가 없던 때이므로, 이우 공도 다만 사진으로만 그 얼굴을 보았을 뿐 한 번도 만난 일이 없는데 나를 만나고자 한다니 웬일이냐고 하였더니, 윤 씨는 그렇게 생각하기가 쉬우나 실상인즉 이우 공은 미구에 일본으로 귀임하는데, 가기 전에 누구인가 민간 사람을 만나서 이야기를 듣고 싶다고 하므로 당신을 추천했더니 곧 만나게 해 달라고 해서 왔노라고 하였다.

그때는 벌써 서울 상공에도 B29 폭격기가 자주 날아와서 일본의 패전은 오직 시간 문제로 생각되던 때였으므로, 바깥소식을 전혀 모르는 이우 공이 누구든지 믿을 만한 사람을 만나서 답답한 심정을 토로하고 싶었던 것은 넉넉히 추측할 수가 있는 일이었다.

그래서 나는 어느 날 밤 윤씨를 따라서 운현궁으로 갔다. 지금은 덕성여대가 된 양관洋館으로 들어가니 이우 공은 평복으로 응접실에서 미리 나를 기다리고 있었다. 첫 인사가 끝난 뒤에 그와 마주 앉아서 가만히 관찰하니 이우 공은 과연 소문으로 듣던 바와 같이 동탕하게 생긴 귀공자였.

그는 지나사변 후 북지北支 태원에 있는 제1군 참모로 있다가 최근 돌아왔다는 것을 이야기하고 나서, "대관절 시국은 어떻게 되는 겁니까? 그리고 일반 민중은 이 판국을 어떻게 보고 있나요?"라고 묻는 것이 보통이 아니었다.

그래서 나는 일제의 압박으로 민중들은 아무 소리도 못하고 있지만, 마음속으로는 일본은 이미 전쟁에 졌으며 조선의 해방과 독립은 이제는 오직 시간 문제로 된 줄 알고 있다고 하였더니, 이우공은 무릎을 치며 나도 그렇게 생각한다고 하면서 "남에게 말할 수는 없지만, 내가 보기에도 일본의 패전은 기정사실인데, 미국뿐만 아니라 소련도 가만히 있지 않을 것이니, 조선의 해방도 뒷수습이 큰일입니다"라고 하였다.

그리고 그는 또 이제는 그만 군복을 벗고 운현궁에서 여생을 보내고 싶지만 어디 그것이 마음대로 되느냐고도 하였다. 그때 일제는 임시 대본영大本營(전쟁을 총지휘하는 곳)이 있는 광도로 이우 공을 보내기로 하고 이미 전임발령까지 내렸으나, 이우 공은 이 핑계 저 핑계로 부임을 연기하고 있었다.

그래서 처음에는 서울 용산에도 군대가 있으니 되도록이면 본국에 있게 해달라고 하다가 그것이 거부되자, 이번에는 꾀병을 써서 출발을 연기하다가 그것 역시 더 핑계를 할 수가 없게 되자, 마침내는 사랑하는 어린 아들에게 설사하는 약을 먹여서까지 "공자公子가 병중"이라는 이유로 겨우 다시 수일간의 여유를 얻었다는 것이다.

나는 그 이야기를 듣고 비록 소극적이기는 하나 그토록 일본을 싫어하고 그토록 마음을 썩혀가면서 일제에 항거하는 이우 공의 모습을 눈물겹게 바라보았던 것이다.

이우 공은 아호를 '염석念石' 혹은 '상운尙雲'이라고 하며, 취미로 그림을 그렸는데 특히 말을 그리기를 좋아했으며, 34세의 짧은 생애를 거의 일본에서 보내고 일인들 틈에서 지내왔건만, 일본 것에 대해서는 병적이라고 할 만큼 모든 것을 싫어해서 군대생활 중에는 음식 때문에 제일 혼이 났었노라고 하였다.…… 나는 이우 공의 인상이 예기豫期 이상으로 좋았음에 만족하고 구 왕가에도 사람이 있음을 다행하게 여기면서 그날 밤 늦게야 운현궁에서 나왔다(김을한, 《인간 이은》).

이우는 일본에 건너가서도 광도로 직접 가지 않고 동경으로 먼저 갔다. 그가 동경에 도착한 날은 1945년 7월 16일, 그는 이은의 저택에 인사차 들렀다.

"아! 이렇게 무사하게 돌아오다니! 정말 기쁘다. 정말 다행이야!"

"잘 오셨어요! 정말 잘 오셨어요!"

이은과 방자 부부는 그를 맞아 몹시 기뻐했다. 이은은 평소 자신에게 없는 용기를 지니고 자기 주장을 강하게 내세우면서 살아가는 이우를 매우 좋아하고 몹시 아꼈다고 한다. 이우는 배짱의 사나이였다. 서울에서 그처럼 미적거리면서 광도 부임을 늦추었었는데, 동경에 와서도 또 며칠을 더 머문 뒤에야 광도로 떠났다.

이우가 광도에 도착한 지 보름 남짓 지났던 8월 6일, 무참한 비극이 벌어졌다. 원자폭탄이 그날 하필 광도에 투하되었고, 그는 원통하게 희생되었다. 이때의 일을 방자는 회고록에서 이렇게 술회하고 있다.

7월 16일에는 중국 북경의 일본 부대에서 근무하고 있던 이우李鎬 공이 일본으로 무사히 돌아왔다. 우리는 얼마나 기뻐했는지 모른다. 그렇게 걱정이었는데 무사히 돌아오다니. 서울을 들러서 온 이우 공은 서울의 가족과 친족들이 다 무사함을 전해줬다. 믿음직스럽게 생긴 이 젊은 장교는 며칠 후 히로시마廣島의 부대에 근무하기 위해 동경을 떠났다.
"동경에는 계속 폭격이 있을 것입니다. 작은아버님과 작은어머님께선 부디 몸조심하십시오. 곧 다시 뵙겠습니다."
젊은이답지 않게 그는 자상스럽게 우리 걱정을 무척 했다. 그리고 표연히 히로시마로 갔다. 저 악명 높은 원자폭탄이 투하된 바로 그 히로시마로 떠나간 것이다. 우리는 그가 히로시마로 가자 마음이 놓였다. 그 풍운의 시절에 외지인 중국에서 돌아온 것만도 다행으로 생각했던 것이다. 그러나 히로시마에 원자폭탄이 투하되었으니 정말 신神이 있다면 무정한 일이다. 한때의 즐거움이 영원히 잊지 못할 슬픔으로 이어질 줄을 어찌 상상이나 했겠는가.
전쟁의 종막을 알리는 원자폭탄은 8월 6일에 히로시마에 떨어졌다. 꽃다운 나이의 이우 공은 중상을 입고 병원에 입원했다가 곧 숨을 거뒀다. 히로시마에 원자폭탄이 투하돼 수만 명이 죽었다는 소리를 들었을 때, 전하와 나는 전쟁 도중 최대의 충격을 받았다. 이우 공의 죽음도 곧 전해왔다. 전하는 한없이 눈물을 흘리시며 조카의 죽음을 서러워하셨다(이방자, 《지나온 세월》).

당시 전세가 치열해짐에 따라서 각지의 전선에서 일본군들이 마구 죽어가고 있었다. 이은의 부관이었던 장교들도 다수 죽었다. 저택에서 근무하다가 입대한 사무실 직원의 전사 소식도 날아왔다. 그런 정황이었기에 중국의 전쟁터에서 이우가 무사하게 귀환한 것을 그처럼 기뻐했던 것이다. 그러나 이우가 적과 대치하고 있는 전선도 아닌 일본 본토에서 불과 33세의 젊음으로 인류 최초의 원자폭탄에 희생되리라는 것을 어찌 짐작이나 했을 것인가!

그의 최후에 대해서는 총군사령부 작전주임참모였던 육사 동기생 교본정승橋本正勝의 기술이 상세하다. 일본 독매신문사讀賣新聞社에서 간행한 《소화사昭和史의 천황天皇》에 실려 있는데, 이기동은 《비극의 군인들: 일본 육사 출신의 역사》를 쓰면서 이를 요약해 다음 같이 소개했다.

8월 6일 새벽은 유난히 맑았다. 이우 공은 고이己斐의 가어전假御殿에서 내려쬐는 아침 햇살을 받으며 출근길에 올랐다. 그가 말에 올라타고 여느 때처럼 두 명의 승마 호위헌병을 데리고 숙소를 떠난 것이 7시 반경이었을 것으로 추측된다. 그는 시내 거리를 남쪽에서 북쪽으로 종단하여 총군사령부로 향했다. 마침 이때 라디오 소리가 거리에서 들려왔다. 이에 의하면 미군美軍 비행기 한 대가 히로시마 동쪽으로 기수를 돌리고 있다는 것이었다. 라디오 소리와 동시에 히로시마 일대에는 곧 경계경보가 발해졌다.

그 후 8시 10분경 B29 한 대가 다시 히로시마 쪽으로 오고 있다는 라디오 방송이 있었다. 과연 몇 분이 지나지 않아 비행기가 히로시마 중앙 상공에 이르렀다. 이때 그는 시 중앙인 후쿠야福屋 데파트 부근에 이르렀는데 (이곳은 폭심지爆心地에서 불과 한 블록 반쯤 떨어진 거리라고 함), 비행기에서 낙하산 하나가 떨어졌고 그 끝에 조그만 물체 하나가 매달려 있었다. 그가 '이상하다'고 생각했을 순간 폭음인지 무엇인지 알 수 없는 이상한 소리가 들려왔다. 그 순간 그는 다른 원폭 피해자들과 마찬가지로 눈이 화끈거리며 정신이 아찔해지는 것을 느꼈을 것이다. 동시에 그는 '확!' 하는 화염을 마셨을 것이 틀림없다. 이때 그는 '쾅!' 하는 진동 소리와 함께 말에서 떨어졌다. 순간 그는 정신을 잃고 말았다.

이우 공은 온몸이 불덩어리가 된 것처럼 뜨거워 견딜 수가 없었다. 몽롱한 가운데서도 그는 군인의 직감으로 물이 있는 곳을 찾아야겠다고 생각한 듯 일어서려고 했으나 하반신이 말을 듣지 않았다. 그는 개천을 찾아 기어가기 시작했다.

이날 공족부公族附 무관인 요시나리吉成弘 중좌는 주인이 사령부에 출근하지 않자 행방불명된 것을 깨달았다. 당시 요시나리는 무좀으로 고생 중이어서 말을 탈 수 없었고 이날도 이우 공의 승용차를 타고 한발 먼저 사령부에 도착하여 주인의 출근을 기다리고 있었던 참이었다. 그의 신고로 사령부에서는 수색에 나섰다. 수색명령은 우시나의 선박船舶사령부에까지 하달되었다.

요시나리 중좌가 이끄는 수색대는 이날 오후 늦게서야 흙투성이가 되어 있는 이우 공을 상생교相生橋 아래서 발견했다. 그는 곧 세도나이카이瀨戶內海 사도似島에 위치한 해군병원으로 옮겨졌다. 여기서 그는 의식을 되찾았다. 그는 외상外傷이 전혀 없는데 안심하고 오히려 불행 중 다행이라고 기뻐했다. 그러나 이날 밤부터 그의 용태는 갑자기 악화되어 갔다. 그는 한마디 유언도 남기지 못한 채 그 이튿날 오후 2시(하시모토의 증언으로는 새벽 4시) 쓸쓸하게 고도孤島에서 숨을 거두고 말았다.

이우의 유해는 의무관들에 의해서 방부처리가 되고, 시신이 부패하지 않도록 관에 얼음을 채웠다고 한다. 고향인 조선으로 운구하기 위한 조처였다. 이우의 죽음에는 기이한 뒷이야기가 따른다. 이우의 전속 무관이었던 요시나리 중좌가 이우의 유해에 대한 처리가 완벽하게 마무리된 것을 확인한 뒤에 이우의 병실 앞 잔디밭에 정좌한 채 피스톨로 자결했다. 이우가 죽음에 이르게 된 것을 막지 못했다는 자책에 따른 죽음이었다.

요시나리 중좌 자결사건을 들여다보면, 평소 이우의 인품이 주위 사람들에게 매우 강력한 인상을 준 것을 알 수 있다. 당시 이우의 죽음은 전속 무관이 보필을 잘하고 못하고의 문제와 전혀 상관이 없었다. 일본군 최고 지휘소인 대본영이 자리 잡고 있던 일본 최대의 군사 도시가 적군의 신형 폭탄에 파괴된 대참사에 따른 비극이었다. 그런 상황을 누구보다 더 잘 알고 있던 전속 무관이 이우의 죽음에 순사殉死하는 길을 택했다. 그것은 평소 그가 이우에게 진심으로 경도하고 있지 않았다면 있을 수 없는 일이었다.

공족인 이우의 죽음은 조선은 물론 일본 신문에도 크게 보도되었다.

이우의 유해는 8일에 총군사령부 소속 비행기로 고향인 서울로 운구됐다. 일본 정부는 이우의 장례를 '육군장'으로 치르기로 결정했다. 공족 이우 공이 현직 육군 중좌로 복무하다가 적의 폭격에 의해 전사했기 때문에 일본 육군 최대의 경의를 담은 '육군장'으로 장례를 치르기로 한 것이다. 일본 궁내성과 육군이 결정한 이우의 장례일과 시간은 '1945년 8월 15일 오후 1시'였다. 아아, 바로 '8·15'였다!

일본의 항복과
이은의 황망한 처신

"옥음방송이 오늘 정오에 있을 것이라는데, 무슨 내용일까?"

"우리야 어찌 아나. 아무튼 매우 중요한 방송이라던데."

천황의 음성은 '옥 같은 소리' 곧 '옥음玉音'이라고 불리고 있었다. 그래서 '옥음방송玉音放送'이란 천황이 직접 라디오 방송을 할 것이라는 이야기가 된다. 일찍이 없었던 사상 초유의 일이었다. 일본 본토는 물론 식민지 조선에서도 1945년 8월 15일 정오에 있을 것이라는 천황의 라디오 육성방송에 관한 소식은 일반인들에게까지 널리 퍼져 큰 긴장을 불러일으켰다. 입 밖에 내지는 못하지만 '혹시 항복한다는 게 아닐까' 하는 생각 때문에 너도나도 신경이 곤두섰다. 과연 정오에 라디오에서 매우 비상한 방송이 흘러나오기 시작했다.

"짐은 깊이 세계의 대세와 제국의 현상을 살피고 비상조치로써 시국을 수습하고자 이에 충량忠良한 너희 신민臣民에게 고한다. 짐은 제국 정부로 하여금 미국·영국·중국·소련 4개국에 대해 그 공동선언을 수

락한다는 뜻을 통고하도록 하였다…….”

천황으로서의 위상을 과시하기 위해서 일부러 평민들이 쓰는 일본어가 아닌 궁중용어를 사용한 것이라는 그 방송의 핵심은, 미국·영국·중국·소련 4개국이 공동 발표한 "포츠담 선언의 요구를 받아들이겠다"는 것으로서, 실질적인 내용은 '무조건 항복' 하겠다는 통고였다.

1945년 8월 15일, 드디어 일본이 항복했다. 세계의 한쪽에 드리웠던 거대하고 불의한 침략의 마수가 드디어 손을 내려놓은 것이다. 소화천황이 항복을 결심하게 된 것은 새롭게 전개된 일련의 사태 악화가 결정적 요인이었다. 8월 6일에 광도(히로시마)에 원자폭탄이 투하되어 일찍이 경험하지 않은 막심한 피해가 발생한 데다가, 8일에는 소련이 갑자기 대일 선전포고를 하면서 만주로 쳐들어왔고, 9일에는 장기長崎(나가사키)에도 원자폭탄이 투하되었다. 모두 일본으로서는 속수무책으로 꼼짝 못한 채 당하고 있을 수밖에 없는 참혹한 재앙이었다.

"더 이상 버틸 수가 없다! 이런 상황에서 억지로 버틴다는 것은 후세에 대해서까지 죄를 짓는 것이다! 이제 드디어 결심할 수 없는 것을 결심할 때가 왔다!"

대세가 돌이킬 여지없이 완전히 기운 것을 깨달은 소화천황은 8월 10일에 각료들과 가진 어전회의에서 항복을 결정했다. 그리고 다음 날인 11일에 전 황족과 왕공족들 가문에 긴급전화로 소집을 통고하도록 궁내성에 지시했다.

"각 가문의 당주當主들은 내일 오후 3시에 황궁에서 열리는 황족회의에 모두 참석하시오."

궁내성의 통고에 따라 일본의 11개 황족 가문의 당주가 참석하고 조선의 3개 왕공족 가문 중에서 2개 가문의 당주 곧 '이왕 이은'과 '이건 공'이 참석함으로써 모두 13인으로 이루어진 전체 황족회의는 8월 12일에 황궁 지하 방공호에 마련되어 있는 천황의 거실인 어문고御文庫에서 열렸다.

그런데 그 시대에 일본 당국이 조선 왕공족을 일본 황족들과 실질적으로 동등하게 대우하고 있었음을 보여준 것이 바로 그 '황족회의'였다. 이건은 그때 37세의 젊은 중좌였다. 갑부甲府에 있는 육군대학에서 병학 교관으로 근무하고 있었는데, "12일에 상경하여 참내하라"는 연락을 받았다. '참내參內'란 궁중에 들어가서 천황을 배알하는 것을 말한다. 그는 즉각 "동생인 이우 공이 전사해 복상服喪 중"인 것을 이유로 사양했다고 한다. 복상 중인 상제는 고귀한 분을 만나거나 즐거운 자리에 나아가는 것을 사양하게 되어 있는 예법 때문이었다. 그런데도 "그래도 괜찮다. 참내하라"고 해 다음 날 상경해 궁중에 들어갔다는 것이다.

젊은 조선인 공족 한 사람쯤, 그것도 복상 중에 있는 사람은 당연히 빼놓을 수 있다. 그런데도 일본 천황은 일본제국의 명운을 완전히 바꾸는 일로 열리는 지극히 중요한 황족회의 석상에 예법을 어겨가면서까지 이건을 불러들인 것이다. 그런 태도는 조선 왕공족에 대한 세비를 일본 황족들보다 훨씬 더 후하게 지불해 주고 있었던 것과 더불어 당시 일본 당국자들이 조선 왕공족을 얼마나 세심하게 신경을 쓰면서 중하게 대우했는지를 명징하게 보여준다. 이건이 해방 후에 일본에 귀화하게 된 심리의 이면에는 '일본 측으로부터는 그처럼 극진하게 대우받고 살았으나 조선으로부터는 전혀 그렇지 않았다'는 의식이 강하게 개제되어 있었다.

그러나 그처럼 융숭하고 깍듯한 대접은 조선 왕공족 개개인에 대한 유대감이나 애정에서 나온 것은 전혀 아니었다. 조선 왕공족들을 식민지 조선을 대표하고 있는 인물로 보고, 또 그들의 존재가 식민지 조선과 종주국 일본을 굳게 연결하는 끈이라고 간주하고 있던 철저한 계산에서 나왔다.

그런데 3인의 조선인 왕공족 중에서 그런 사실을 몰랐거나 애써 무시하고 살아간 이은과 이건은 일본이 무조건 항복으로 패망한 뒤까지 버젓이 살아남은 반면, 그런 본질을 꿰뚫어보고 그에 반항했던 이우는 일본에 투하된 원자폭탄에 희생되어 일본의 항복과 패망을 보지 못하고 무참하게 죽었다. 참으로 아이러니한 일이었다.

12일 오후 3시. 황족회의 참석 예정자 전원, 곧 11개 일본 황족 가문과 2개 조선 왕공족 가문의 당주들 도합 13명이 말굽 모양으로 정렬해 기다리고 있는데 소화천황은 매우 이례적으로 시종을 전혀 딸리지 않고 홀로 걸어 들어왔다. 천황은 황족회의 참석자들에게 부득이 무조건 항복으로 전쟁을 끝내야 함을 설명했다. 이은은 그날의 천황의 모습을 두고 방자에게 "심히 초조하신 것 같았소"라고 말했다. 이건은 그때 본 소화천황에 대해서 이렇게 서술했다.

궁중에 들어가 보니 각 황족이 모두 모여 있었다. 말굽 모양馬蹄形으로 정렬해서 기다리고 있으려니까 천황이 누구 하나 따르는 사람도 없이 혼자 나왔다. 너무나 이례異例인 까닭에 내가 깜짝 놀라 있으려니까 이윽고 그는 종전終戰에 대한 이야기를 시작하였다. 그 말투며 태도며 실로 경복하기에 족한 것이 있었다. 나는 천황이 그렇게까지 강렬한 말을 하리라고는 그때까지 몰랐다. 더구나 그는 엄청난 변설의 소유자였다. 웬만한 신념을 가지고 있지 않으면 그러한 변설이 나올 수 없는 것이다. 그 말을 들으니, '일본의 천황은 절대로 로보트가 아니다'라고 여겨졌다. 사실 그렇게 생각했다. 이때 나는 한국 문제가 머리에 떠올랐다. 나는 이때 간단하게 내 절조의 방향을 결정짓고 말았다(일본 귀화를 결심했다는 뜻)(이건, 《이건공의 수기》).

누구의 눈에도 항복은 불가피했다. 동경을 비롯한 주요 대도시들이 공습으로 거의 폐허가 되다시피 파괴된 상태이고, 공습으로 집을 잃은 많은 국민들이 먹을 것도, 입을 것도, 살 곳도 없는 비참한 처지에 빠져 있었다. 모든 것이 피폐하기 짝이 없었다. 그러나 상황이 불리할수록 강경파의 목소리가 높아진다. 일본 국민 대다수가 이미 참혹하게 패전한 전쟁이라고 인식하면서도 "승리 아니면 전원 옥쇄!"를 부르짖는 군부 강경파들의 설침과 발악에 이끌려 어쩔 수 없이 절망적인 전쟁을 이어가고 있었다. '전원 옥쇄玉碎'란 '모두 옥같이 부서지자, 곧 모두 죽음으로 끝내자'는 뜻이니, '살아남은 자가 하나도 없을 때까지 싸우다가 죽자'는 억지였다. 그러나 억지도 엔간해야 통한다. 세계 최초로 실전에 사용된 가공할 신형 무기인 원자폭탄을 연달아 맞고서는 그런 억지조차 내세울 기력이 없어졌다. 완전히 손을 들어버린 것이다.

한편 조선의 서울에서는 1945년 8월 15일 오후 1시에 '이우 공 전하의 육군장'이 거행되었다. 유족은 물론 그날 정오에 라디오로 방송된 소화천황의 항복방송을 들은 조선총독부의 고관들도 다수 1시에 열린 장례식에 참례했다. 아마도 모두들 심정이 몹시 착잡했을 것이다. 이우의 장례식에 이은과 이건은 참석하러 가지 않았다.

일본의 패전으로 전쟁이 끝난 뒤 이은이 어떠한 심경과 상태에 있었는지를 알려면 종전 이전과 직후에 한동안 이은의 비서로 일했던 조중구趙重九의 증언과 기록이 매우 유용하다. 조중구는 이은이 대한제국 황태자일 때 동궁무관장이었던 조동윤의 아들이다. 한일합방 때 조대비 가문의 몫으로 주어진 '남작'을 수여 받은 조동윤이 1923년 5월에 별세하자 당시 동경 유학 중이던 장남 조중구가 작위를 습작해 남작이 되었다. 그는 동경제대에서 농학을 전공해 박사학위를 받은 지식인이었다. 1944년에 일본 농림성 농사시험장 촉탁으로 근무하고 있었던 사실이 조선총독부가 작성한 조선 귀족 현황이라는 기록에 남아 있다. 이은과 조중구의 두 가문은 오랜 세교를 유지하고 있는 사이로서, 조중구는 이은의 비서로 일할 때는 단순한 고용인 이상의 감각과 견식을 갖고 이은 가문의 일을 다루었다.

조중구는 일본이 항복했을 때, 미군의 공습을 피해서 소개 차 내려가 있던 니가타 현에서 이은이 보낸 전보를 받고 즉각 상경했다. 그는 8월 17일에 나수 별장에 가있던 이은 부부를 찾아가서 앞으로의 정세에 대해 의견을 나눴다.

"한국은 일본으로부터 독립한다. 그러나 왕정복고는 있을 수 없을 것 같다."

"목하 한국의 정치 상황이 불투명하니, 금후 좌우 정쟁에서 중립을 지켜야 한다."

그런 결론이 났다. 조중구는 8월 28일에 라디오 뉴스에서 "대통령은 김구, 총리는 이승만" 운운하는 한국 정계의 움직임을 듣고 조선에서의

'왕정복고'는 역시 불가능한 일임을 새삼 깨달았다. 그는 그 원인으로 "오랜 세월에 걸쳐서 왕실과 민중의 접촉이 단절되어 있었고, 특히 왕실과 조선 지식인과의 접촉이 완벽하게 차단되어 있었다. 그래서 왕실에 대한 반감이 조성되어 있었고, 그 결과 이제 와서는 왕실이 완전히 무시되고 있다"고 분석했다. 그런 분석의 타당성을 강력하게 뒷받침한 것이 마침 서울 시찰에서 돌아온 미국인 선교사의 전언이었다.

"현재 조선의 좌익 측에서는 첫 번째 민족 반역자가 이은이고, 다음은 비서 조중구라고 꼽고 있다더군요."

그건 정말로 마음 서늘한 소식이었다. 아마도 이때 결정적으로 그들의 마음의 기운이 꺾였고, 그것이 끝내 회복되지 못한 결과 해방된 조선으로 돌아가는 것을 단념하게 되었던 것 같다. 이은은 의식이 있는 동안은 스스로 귀국할 엄두를 내지 못했거니와, 조중구 역시 조선에 돌아가기를 포기하고 일본에 귀화해 살면서 이름도 일본식으로 장중구長重九라고 개명했다.

그런데 이은은 마지막 날까지 일본의 항복이나 멸망을 생각하지 않았던 것 같다. 그럴 가능성이 없다고 믿어서가 아니라, 그런 경우는 생각하는 것만으로도 너무나 끔찍하고 견딜 수 없어서 오히려 철저하게 외면했던 것 같다. 그래서 더욱 비참하게 느껴지는 일화가 본전절자의 《비련의 황태자비 이방자》에 담겨 전해진다.

일본이 맥아더 사령부의 통치를 받기 시작한 뒤다. 전쟁이 끝난 직후부터 궁중에서 매주 한 번씩 황족정보간담회가 열렸다. 유동적인 정세에 대한 올바른 정보를 황족들에게 제공하기 위해서였다. 간담회 때마다 그날의 주제에 대해서 관계 관청의 간부가 출석해 설명하는 것이 통

평민이 된 왕 이은의 천하

례였다. 그런데 1945년 10월의 황족정보간담회 석상에서 사건이 하나 일어났다. 그날 회의가 끝날 무렵에 궁내청 부장이 들어왔다. 부장은 이번에 새롭게 '천황 의복'이 제정되었고, 황족들 역시 그에 준한 '의복'을 제정하게 되었다고 보고했다. 그리고 '천황 의복'의 디자인을 그린 종이를 참석자들에게 돌리면서 "의복은 짙은 곤색의 목단이"라는 설명을 시작했다. 디자인 그림이 건네짐에 따라 부장의 눈도 이동하다가 말석에 앉은 이은을 보자 깜짝 놀라서 어쩔 줄 몰라 했다. 부장은 회의가 끝나자 복도에서 이은을 기다렸다가 송구스러워 몸 둘 바를 모르는 태도로 작은 목소리로 우물거리며 "황족 의복의 착용은 황족에 한해서이고 왕족은 포함되지 않습니다"고 말했다. 그 말을 들은 이은의 안색이 창백해지고 다리가 휘청거렸다. 그는 회의가 열렸던 방으로 돌아가서 긴 의자에 기대어 휴식했다. 그것은 전후에 이은을 덮친 최초의 충격으로서, 이은으로서는 몸을 지탱하던 다리 하나가 부러진 것과 같은 심한 타격이었다.

이 에피소드는 이은이 자신을 일본 황족과 완전히 동일시하면서 살아간 결과 의식 자체가 완전히 동화되어 있었음을 보여준다. 이은으로서는 그런 환상이 불시에 박살난 상황에서 받은 충격이 그처럼 컸던 것이다.

이은이 일본의 항복 뒤에 보인 또 다른 황망한 처신에 관한 증언이 조중구의 기록에 담겨 전해진다. 당시 내각 관방장관 유교도楢橋渡는 새로 실시될 일본의 신헌법 초안에 관한 정보를 알고 있다고 알려져 있었

↖ **중년의 이은·이방자 부부(1940년대).** 1945년 오키나와가 함락당하는 등 한창 전쟁 중인 시기에 이은은 군사참의관으로 전보된다. 군사참의관은 한직으로 군인 입장에서는 불명예에 속했다. 이 시기 이은은 한직으로 내쳐지면서 상처받은 자존심 때문인지 집 안에서도 늘 군복을 착용하고 있었다고 한다.

다. 조중구는 이은이 그를 만날 때 배석해서 목격한 일을 회고록에 기록했다.

이왕은 N(내각 관방장관)과 스스럼없이 대화를 나누게 되자, 내 면전에서 끝까지 자신의 입에서 나와서는 절대 안 되는 말을 해버렸다. "내 지위는 어떻게 되는 것입니까? 아무쪼록 지금까지와 마찬가지의 대우를 해줄 수 없습니까?"라고 말한 것이다(조중구, 《왕가의 종언》).

조중구는 그런 말을 하고 있는 이은에 절망하고 분노와 슬픔에 차서 그 자리를 떠났다고 한다. 이 증언은 당시 이은의 의식이 얼마나 철저하게 일본화되어 있었는지를 극명하게 드러낸다. 그는 자신의 뿌리를 잃은 것이다. 뿌리 없는 자는 나약하고 초라해질 수밖에 없다. 뿌리 깊은 데서부터 치고 올라가서 줄기와 가지를 뻗고 잎과 꽃을 피우는 생명의 힘이 없기 때문이다. 뿌리 없는 나무와 같았던 이은에게는 조국이 독립했다는 사실과 그 조국에서 자신이 어떤 역할이나 기여를 해야 한다는 것에 대한 진정한 인식이나 각오가 없었다. 그저 이전과 같이 일본에 살면서 융숭한 대우와 풍요로운 생활을 보장받을 수만 있다면 더 바랄 것이 없는 한 사람의 가엾은 퇴역 장군에 불과했다.

평민이 된 왕 이은의 천하

누드화를 그리는
이은 전하

▐▐▐ ▐▐ ▐▐▐ ▐▐▐   전쟁 이후의 세계는 이전의 세계와 전혀 달랐다. 미국 맥아더 사령부라는 새로운 통치자의 지배 아래서 일본의 모든 것이 변했다. 이제는 '돈'이 막강한 상전으로 등장한 새로운 시대였다. 어느 시대나 간에 '돈'이 무의미한 시대는 없었지만, 이 시대의 돈은 이전의 돈과 달랐다. 이제는 돈이 말하면 다른 것은 모두 입을 다물었다. 그동안 '살아있는 신神'으로 떠받들리던 천황의 권위조차 돈 앞에서는 힘을 잃었다.

 맥아더 사령부가 일본을 통치하기 시작하면서 내건 '민주화, 비군사화'의 정책으로 가장 두드러지게 드러난 것은 이전의 통치세력이었던 천황과 황족들에 대한 노골적인 압박이었다. 그건 학대라고 불러도 좋을 수준이었다. 패전하기 전의 일본이라는 나라는 군부와 관료들이 실권을 휘둘렀고 천황은 형식상 최고 통치자였지만, 정치라는 것의 속성상 그 '형식'에 불과한 것에도 역시 강력한 규제를 가해야 할 필요가 있었던 것이다.

그런 상황에서 1946년 1월 1일에 소화천황에 의해서 '천황은 신이 아니라 인간'이라는 이른바 '인간 선언'이 행해졌다. 외국 군대의 통치를 받는 굴욕 속에서 천황은 신의 자리에서 인간의 자리로 내려선 것이다. 그뿐 아니다. 천황 가문과 황족 가문들이 다 폐지되어 평민이 된다느니, 천황 가문만 남고 나머지 황족 가문은 폐지된다느니, 하는 소문들이 어지럽게 떠돌며 황족들에게 막심한 스트레스를 가했다.

미 군정의 냉엄한 압박은 경제 방면에도 실행되었다. 1946년 2월에 화폐개혁을 실시해 통화를 신권으로 바꿔서 구권은 통용되지 못하게 만들어 경제적 통제의 고삐를 단단히 감아쥔 맥아더 사령부는 뒤이어 황실과 황족에게 매우 가혹한 경제적 규제를 가했다. 황족으로부터 경제상의 모든 특권을 박탈하고, 세비 지급도 중단시키고, 각 황족 가문에 파견되어 있던 궁내성 직원도 모두 철수하게 했다. 1만여 명에 달하던 황궁 소속 관리들은 1,000여 명으로 감원되었다.

그처럼 변한 시대를 맞아서 조선 왕공족 이은과 이건의 행보는 무척 달랐다. 새 시대의 몰락파와 적응파를 대변한다고나 할까. 이은은 아예 변한 시대에 적응할 생각이나 엄두를 전혀 내지 못하고 몰락해 갔다. 이건은 시대에 적응하려고 노력을 많이 하고 애도 많이 썼으나 전혀 성공하지 못했다. 그래서 결과는 애처롭게도 몰락파 이은이나 적응파 이건이나 똑같았다.

이은은 돈 벌 생각은 전혀 하지 못하고 갖고 있던 돈이 떨어지자 동산과 부동산을 하나하나 처분해 소비하면서 무력하게 몰락해 갔다. 반면에 이건은 온몸을 던져서 새 시대에 적응하려는 각오와 노력이 유별났다. 그는 신적강하가 실시되기 이전인 1946년 초반, '공족'의 신분으로

평민이 된 왕 이은의 천하

'전하'라는 경칭을 듣는 처지에서 대뜸 '장사'를 시작했다. 아직도 황실과 황족 등 상류층에 대한 공경심과 동경이 상당히 남아있던 시대였기에, 그것은 온 일본 사람들이 모두 깜짝 놀랄 만큼 충격적인 일이었다.

그러나 이건의 국량과 인품이 그 정도밖에 안 되었던 것을 반영한 것일까. 그가 시작한 장사는 그럴듯한 모양새나 장래성이 있는 것이 전혀 아니었다. 사람들이 들끓는 시부야 역전 시장에 있는 조그만 임시 가건물 속에 팥죽 끓이는 솥을 걸어놓고 오가는 사람들에게 한 그릇씩 파는 음식장사였다. 시부야에 사는 이본궁 이도자비가 그 소식을 전하러 부리나케 이왕가에 들렀다.

"이건 공 전하가 팥죽장사를 하더군요. 시부야 역전 시장 속에서! 비전하와 함께 직접 장사에 나섰더라구요!"

이도자비가 기가 찬 얼굴로 말했다. 이은 부부는 귀를 의심할 만치 놀랐다.

"설마요!"

방자가 머리를 흔들었다.

"아니, 정말이라니까! 그 팥죽을 내가 직접 먹어보고 오는 길이다! 아주 맛있더라. 속에 떡으로 만든 새알심도 들었던데, 요새 팥죽은 그렇게 끓이는 것이 유행인가 보더라."

이도자비가 돌아간 후, 이은과 방자는 도저히 믿을 수가 없어서 직접 확인해 보려고 시부야로 갔다. 이건의 팥죽가게는 금방 찾을 수 있었다. 폭격으로 폐허가 된 시부야 역전 공터 서쪽 모퉁이에 바라크 건물로 이루어진 시장이 있었는데, 건물들 중간쯤에 있는 조그만 집이었다. '도옥桃屋'이라는 상호가 걸린 작은 팥죽집 안에 있는 이건 공 부처가 보였다. 이은 부부를 본 이건 부부는 순간 당황한 얼굴이 되었으나 이내 표정을 바꿔서 타고난 상인처럼 상냥하게 맞았다.

"어머나! 어서 오십시오! 자, 이리 들어오세요."

예의 팥죽을 한 그릇씩 대접하면서 이건은 말했다.

"종전이 된 뒤 나라에서 주는 세비가 없어지지 않았습니까. 그러니 가복家僕(집안 하인)들의 앞날도 생각해 주어야 되겠고요."

"음……."

"그래서 이왕이면 그 사람들 손으로 장사를 시작해 차츰 발전을 꾀해 보려는 생각으로 가게를 내었습니다."

이건은 부친의 작위를 이어받아 '이건 공'이 된 이래 일본 당국이 전략적으로 철저하게 시행하고 있던 '조선 왕공족 우대정책'의 덕택으로 매우 부유하게 살았다. 이왕직에서 지어준 동경의 대저택에서 많은 하인을 거느리고 살았는데, 전쟁이 장기화되면서 극도로 어려워진 전시 경제 때문에 모두들 살림 규모를 대폭 줄이던 전쟁 말기를 거쳐서 패전으로 전쟁이 끝난 뒤에도 그가 부리던 고용인 수가 10여 명에 달했고 당시로서는 매우 비싸고 귀했던 자동차도 여러 대나 있었다는 정도였다. 그러나 미일전쟁 말기에 있었던 동경 대공습 때 저택이 온통 불타서 재로 돌아가는 바람에 저택에 있던 재산도 함께 타버려 경제적으로 매우 어려웠다. 이건은 회고록에서 당시 상황을 이렇게 술회했다.

"나는 생활의 본거지를 동경에 두고 있었지만 재산에 관해서는 이왕직의 감독을 받는 것으로 되어 있었기 때문에 재산은 모두 조선에 두고 있었다. 그때문에 종전終戰 후 동경에서 가지고 있었던 것은 당장 생활에 필요한 아주 적은 현금과 우연히 수중에 있었던 소액의 유가증권뿐이었다. 나는 우선 그것을 가지고 다섯 명의 가족과 10여 명의 고용인을 부양했고, 소실을 모면한 나머지 가재도구 및 여러 대의 자동차를 처분하여 생활비로 충당했다."

그처럼 어려운 상황에서 그가 왜 '재산이 모두 있는 조선'으로 돌아가지 않고 구차스럽게 동경 시장 바닥에서 '전하의 신분으로' 팥죽장사를 시작한 것인가. 그 선택에야말로 당시 이건이 따라갔던 마음의 지도가 들어 있다. 그는 일본이 멸망한 자리에 서자, 비로소 일제강점기 내내 조선 민중들의 삶과 전혀 다르게 살았던 자신의 모습이 객관적으로 눈에 들어온 듯하다. '그간 일본제국의 보호와 배려 아래 공족이라는 신분으로 잘 먹고 잘 입고 크게 누리면서 살아왔을 뿐 조선과 조선인을 위해서는 아무런 기여도 하지 않았다'는 자의식이 그의 발목을 잡아서 해방된 고국으로 달려가지 못했으리라. 그리고 그건 이은의 경우 역시 마찬가지였을 것이다.

이은 부부가 팥죽을 먹고 나자 이건은 물었다.

"전하께서는 앞날의 생활에 대해 어떤 계획을 세우고 계십니까?"

그들 부부는 뜻하지 않은 질문에 놀라서 서로 얼굴을 마주 보았다. "그 질문을 들었을 때 우리들은 섬뜩한 느낌으로 당황했고, 생각할수록 앞길이 캄캄하게 느껴졌었다"고 방자는 나중에 술회했다. 그들 부부는 왕족과 황족으로서 크게 누리고 살았다. 이제 그 낯익고 편하고 풍요로운 세상이 일시에 사라지자, 앞으로 자신들이 무슨 일을 하면서 어떻게 살아가야 할지 전혀 알 수 없었다. 경악과 호기심을 금치 못하는 심정으로 이건의 팥죽가게를 황급하게 찾아갈 때와 달리 거기서 나올 때는 마음이 처연하고 어둡게 가라앉았고 많이 우울했다. 자동차를 세워둔 곳을 향해 묵묵히 걷던 이은이 암담한 표정으로 침울하게 뇌었다.

"결국…… 우리들은 이 물결 속에 휩쓸려 떠내려갈 수밖에 없을 것 같소."

그건 '앞날의 계획'이란 말 자체가 너무나 버겁게 느껴지도록 움츠러들고 기가 질린 그의 영혼이 내지른 비명이었다. 영혼의 눈은 밝다. 먼저 보고, 먼저 느끼고, 그리고 먼저 슬퍼한다. 결국 그들의 삶은 그 말대로 전개되어 갔다.

수입 없이 지출만 하게 된 어렵고 군색한 경제 문제만 이은을 괴롭혔던 것이 아니다. 그는 할 일이 없는 것에도 적응이 안 되었다. 그가 평생 근무했던 군직軍職은 일본의 패전과 더불어 절로 끝이 났다. 실업자가 된 후에도 그는 군대에 근무할 때의 습성에서 벗어나지 못해서 쩔쩔매었다. 자유 역시 감당하기 힘겨웠던 것이다. 그 역시 이은의 나약한 성격을 선명하게 드러내는 사례였다. 그런 모습에 대한 방자의 증언은 이러하다.

전하께서는 여름에는 나수에서 정양하셨다. 매일 근무하는 시간이 없는 것을 마음 허전하게 느끼시는 것 같았다. 몇 시에 출발하느냐? 다음 일정은 몇 시까지냐? 어디로 가는가? 등등, 항상 스케줄에 쫓기는 생활을 해 온 버릇이 남아 있어서 어디를 가나 시간에 마음이 걸려서 천천히 앉아서 놀 수가 없으신 것 같았다. 그래서 초대를 해 준 분도 마음이 초조해서 당황했다. 오랫동안의 습관이라 어쩔 수 없는 노릇이었다(이방자, 《지나온 세월》).

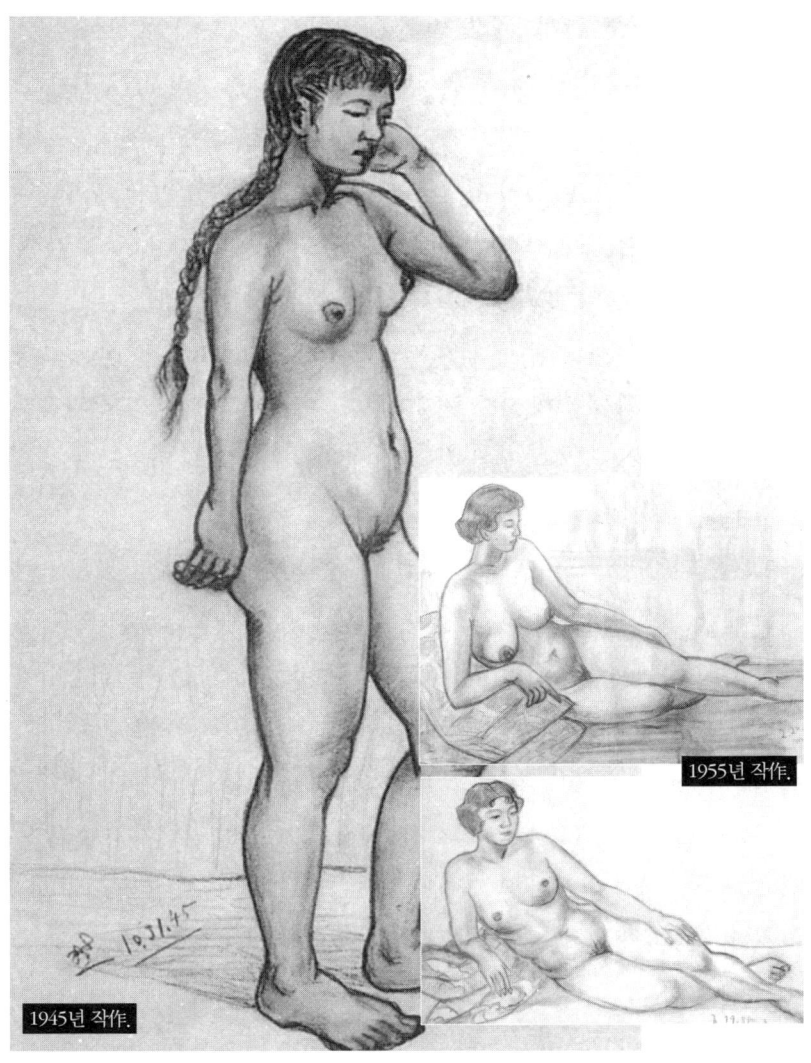

⬆ **이은의 누드화.** 전쟁이 끝나고 지위, 직업, 재산 등 삶은 토대 대부분을 잃은 이은은 여러 취미생활을 하며 초조하게 시간을 보낸다. 그중 하나가 여성 누드화 그리기였다. 집 근처 고급 요정의 게이샤가 모델이었다. 현재 공개된 누드화는 1945년 작 한 점과 1955년 작 두 점이다.

이은은 할 일 없는 시간에 할 일을 찾아 자주 움직였다. 지방여행, 난초 기르기와 다른 저택의 난초 온실 시찰, 스키 타기, 사진 찍기, 지방 도시의 제차製茶 산업 구경하기, 각지의 과수원 시찰, 경도 여행 등등. 패전 초기에는 아직 남은 돈이 있어서 그렇게 생활할 수 있었다.

그런 중에 그는 매우 특이한 취미생활을 하나 찾아냈다. 그림 그리기, 그중에서도 '여성의 누드화 그리기'였다. 실제 누드 모델을 앞에 두고 직접 보면서 그리는 것인데, 그의 저택에서 가까운 곳에 있던 고급 요정의 게이샤(일본식 고급 기생)가 모델이었다. 이은이 요정에 가서 아침부터 저녁까지 술상을 차려 놓은 채 게이샤의 누드를 그리고 있으면 방자가 술값을 갖고 가서 이은을 모셔가곤 했다고 한다.

이은은 과묵하고 희로애락을 드러내지 않은 성품으로 유명했다. 그런 사람이 전쟁이 끝나고 지위, 직업, 재산 등 삶의 토대 대부분을 잃은 상태가 되자 하필 젊은 여성의 누드 그리기에 마음을 쏟았다는 사실이 기이하다. 당시 방자는 남편이 게이샤의 누드를 그린다는 사실을 왕족의 품위를 손상시키는 일로 여기고 있었다고 하니, 이은은 방자가 매우 싫어하는데도 누드화 그리기를 계속한 것이다. 그가 젊은 여자의 벗은 몸을 그리면서 찾고자 한 것은 무엇일까? 또는 잊고자 한 것은 무엇일까?

그의 누드화 그리기는 매우 오래 계속되었다. 현재 1945년 10월 31일에 그린 것과 1955년 2월 20일과 6월 19일에 그린 것 등 그가 그린 누드화 세 점이 공개되어 있다.

'신적강하'로 평민이 되다

▦ ▤ ▥ ▦ 패전 이전의 일본은 엄격한 신분제도가 사회를 유지하는 중추 역할을 담당했던 나라였다. 사회구조만 놓고 보자면, 천황 가문을 정점으로 하고 바로 아래 위치한 11황족 가문과 3왕공족 가문, 그리고 그 아래 위치한 490화족(공·후·백·자·남작의 귀족) 가문이 상층부를 이뤄 나라를 이끌어갔다. 그래서 어쩌다가 매우 드물게 화족이 아닌 사람이 총리대신으로 임명되는 경우, "'평민 재상'이 나왔다!"고 큰 화제가 되었을 정도였다.

그러나 패전 이후 일본을 다스리고 있는 맥아더 사령부는 그러한 일본 사회구조에 강력한 철퇴를 내리쳤다. 소화천황 가문 및 직궁直宮(대정천황의 친아들이자 소화천황의 친동생인 황족) 3가문만 '황족'으로 남게 하고, 나머지 황족과 화족은 모두 '평민'이 되도록 조치해 그때까지의 사회구조를 근본적으로 변화시켰다.

일본의 신분제도를 변경하기 위한 사전조치로서 맥아더 사령부가 과감하게 시행한 것은 가혹한 경제 제재였다. 1946년 5월 21일에 '황족의 재산상의 특권 박탈'이라는 각서를 발표한 맥아더 사령부는 "황족이 지닌 일체의 특권 및 과세 면제를 포함한 일체의 특전特典을 박탈한다"고 단호하게 못 박았다. 그리고 가히 살인적이라고 할 엄청난 세율의 세금 폭탄으로 황족 가문들의 경제를 일거에 파탄시켰다.

당시 황족과 왕공족 가문들은 맥아더 사령부가 부과한 세금을 내기 위해서 가진 것들을 대부분 팔아야 했다. 이본궁의 예를 들면, 재산 총액을 3,686만 엔이라고 평가한 뒤, 그에 대한 재산세로서 2,565만 엔을 부과했다. 재산 총액의 70퍼센트에 달하는 거액을 재산세로 부과한 것이다. 이본궁에서는 불탄 저택의 대지를 잘라서 팔고 별장들을 팔고 보석과 오랫동안 지니고 있던 아끼던 악기까지 팔아서 세금을 마련했다고 한다.

덧붙이자면, 천황가의 재산 평가액은 37억 1,071만 6,336엔, 재산세는 33억 3,826만 702엔이었다. 천황가에서는 '물납物納'으로 세금을 납부했다고 하니, 부동산으로 지불한 것이다. 물론 당시 천황가의 재산이 그것뿐만이었다고 믿는 사람은 없었다. 연구자들은 "전쟁 후기에 이미 일본 소화천황의 명을 받은 친동생 질부궁 옹인친왕이 직접 지휘한 '황금백합작전'이란 이름의 프로젝트로 해외 각국 점령지에서 약탈한 천문학적인 규모의 막대한 재물을 비밀 장소에 저장해 두었고, 또 무조건 항복을 전후해서 스위스 은행의 비밀 구좌 등 해외로 빼돌린 재산 역시 천문학적이라 할 만큼 엄청났는데도 불구하고 맥아더 사령부가 알고도 모른 척했다"고 파악하고 있다. 그렇게 한 이유는 천황 가문과 각 황족 가문들이 패전 이후 맥아더 사령부의 통제와 경제정책에 의해서 파산 상태에 떨어질 정도로 궁핍해졌다는 인상을 국내외에 주기 위해서였다는 것이다. 그러나 패전 당시 존재했던 11황족 가문 중에서 오직 이은의 처가인 이본궁 한 가문만이 실제로 가난에 쪼들리며 살았다는 것이 연구자의 결론이다.

일본이 패망할 당시 일본에 있는 이왕가의 부동산은 동경 저택 외에 네 곳의 별장과 목장이 있었다. 이왕가 재산 평가 총액은 960만 엔, 부과된 세금은 750만 엔으로 재산 총액의 78퍼센트였다. 당시 이왕가가 일본에서 보유하고 있는 재산은 부동산보다 동산인 현금이 엄청나게 많았다. 은행에 있는 예금만 해도 삼릉三菱은행에 3,755만 8,600엔, 제국帝國은행에 265만 엔, 도합 4,020만 8,600엔이 있었다. 이 액수는 비서였던 조중구의 메모에 의한 것으로서 확실한 수치로 추정된다. 그 외에도 이왕직의 일본인 차관 아도고신兒島高信이 일본으로 철수하면서 이왕가의 현금 550만 엔을 송금수표로 만들어서 가져왔으나 8월 9일 이후의 금전 이동은 위법'이라 해서 모두 맥아더 사령부에 몰수되었다. 당시 이왕가에서는 은행 예금을 찾아서 첫 번째 세금을 냈던 것으로 보인다.

맥아더 사령부가 일본 신분제도에 가한 결정적 타격은 특권층인 '황족과 왕공족과 화족의 평민화'였다. 평민화 조치는 '왕공족 제도'와 '화족제'에 먼저 적용되었다.

1947년 5월 1일에 시행된 황실령 제12호에 "황실령 및 부속 법령은 1947년 5월 2일을 기한으로 폐지한다"고 되어 있었기 때문에 황실령에 따른 '왕공족규범'을 근거로 존재했던 '왕공족 제도'가 먼저 폐지되었다. 따라서 5월 3일부터 3인의 조선인 왕공족 곧 '이왕 이은'과 '이건 공'과 '이청李淸 공'(1945년 8월 7일에 이우 공이 사망함에 따라 8월 9일자로 당년 9세인 장남 이청이 가독家督과 공공의 지위를 세습했음. 그러나 이청은 조선에 있었기 때문에 이 조치가 아무런 의미가 없었음) 가문의 사람들이 모두 평민이 되었다.

그리고 같은 해 5월 2일부터 시행된 새로운 일본국 헌법에 의해 '화족제'가 폐지되면서 490가문에 이르렀던 화족들이 작위와 특권을 모두 잃고 일시에 평민이 되었다. 이때 덕혜옹주의 남편 종무지 백작도 평민이 되었다.

"좋다! 나는 이제부터 평민인 일본인이다. 이름도 일본식으로 개명한다!"

이건은 왕공족 폐지로 평민이 된 즉시 일본으로 귀화하고 이름도 일본식으로 '도산건일桃山虔一'이라고 개명했다. 전쟁 말기에 일본 당국이 조선인에게 강력하게 창씨개명을 강요할 때도 그냥 '이건'으로 살았던 그가 조국이 해방된 뒤에 도리어 창씨개명을 하고 일본인이 된 것이다. 그와 관련해 그는 1950년대 초에 쓴 최초의 회고록에서 "나는 지금은 도산건일桃山虔一로서 도산가桃山家의 제1대"라면서 새로운 일본인으로서의 자신의 존재를 크게 자부하는 글을 싣기도 했다.

눈에 띄는 것은 그가 창씨한 '도산'이란 성이다. 도산은 명치천황이 묻힌 능의 지명地名이다. 일본 황실에 대한 사랑을 아주 노골적으로 드러낸 작명作名이었다. 물론 그런 일방적인 싸구려 사랑이 오래갈 리 없다. 그로부터 불과 10여 년이 지난 뒤인 1965년에 그는 다시 《조선왕조의 말예末裔》라는 제목의 두 번째 회고록을 출간했는데, 거기서는 "일본이 패전한 후에야 자신들의 본질이 일본 황실의 식객이며 천황제 기구의 부록이고 인격이 없는 괴뢰였다는 사실을 알게 되었다"라고 격정적으로 토로했다. 시간이 좀 흐르자 그의 눈에도 사물의 진상이 똑바로 보였고 비로소 제 정신이 들었던 모양이다.

아무튼 이건 부부는 '왕공족제도'가 폐지된 다음 날인 1947년 5월 4일에 이방자의 친정인 이본궁으로 인사를 갔다. 그때만 해도 그는 기운이 씩씩했고 일본 체제 아래서 살아가야 할 앞으로의 삶에 대해서 매우 긍정적이었다. 철없고 두뇌 모자란 정박아 같은 모습이었다고 할까. 이본궁 이도자비는 그날의 일기에 이렇게 기록해 놓았다.

정원수를 손질하기 시작했는데 이건 공 부부가 와서 "어제(5월 3일)로 왕공족이 폐지되어 오늘부터 일개 평민이 되었다. 앞으로 변함없이 잘 부탁한다"는 인사를 함. 그리고 도산건일桃山虔一과 가자佳子로 개명하고 아이들도 개명을 했다고 함.

그로부터 5개월여 지난 1947년 10월 14일에 '황족의 신적강하' 조치가 시행되었다. 졸지에 평민이 된 구 황족들은 생전 처음으로 구역소區役所에 호적을 계출해야 했고, 그간 받아왔던 특전과 특혜가 없어지면서 배급 등 모든 면에서 일반 시민과 똑같은 취급을 받게 되었다.

천황이 신적강하 조치가 된 황족들과 왕공족들 전원을 황궁으로 불러서 유감과 위로를 표시한 것은 나흘 뒤인 '10월 18일'이었다. 그래서 황족들은 심정적으로는 10월 18일에 실질적인 신적강하가 이루어진 것 같이 느꼈다. 그래서 이도자의 일기나 방자의 회고록에는 하나 같이 '그해 10월 18일'에 대한 회상이 절절하게 묘사되어 있다.

그해의 가을, 감개무량하게 맞이한 10월 18일. 그날은 황족, 왕공족이 구름 위에서 일개 국민으로 내려선 날이었습니다. 이미 지상에서의 생활은 시작되고 있었습니다마는, 막상 결별이라고 생각하니 또한 감개가 무량했습니다. 지위를 잃은 아쉬움이 아니라, 태어나고 자라난 세계가 상실되고 사라져가는 쓸쓸함이었습니다.

이날, 황족과 왕공족들은 전부 궁중에 참내했습니다. 최후로 신전神殿에 참배한 후, 조현 의식이 있고 폐하로부터 칙어가 내려졌습니다. 오랫동안 고덴바에서 요양 중이던 질부궁秩父宮도 병환을 무릅쓰고 이례異例의 참석을 하셨습니다. 비장감이 한결 더 사무치는 것을 느꼈습니다.……

그날 밤 다시 적판이궁에서 석별의 배식陪食이 있었습니다.

"여러분이 신적으로 강하한 후에도 나의 마음은 지금까지와 똑같이 생각하고 있겠습니다. 금후에도 궁중에서 열리는 모임에는 꼭 오시도록 하시오. 행복을 빌겠습니다."

하는 폐하의 말씀에 일동은 소리 없이 머리를 떨어뜨렸습니다. 자칫하면 우울해질 뻔한 연회의 마지막이 가까울 무렵, 폐하가

"여러분의 건강을 빌며 건배합시다."

하고 일어서시고, 이에 대하여 이본의 아버님이 답례의 말씀을 하셨습니다.

"양 폐하의 안태安泰하심과 황실의 번영을 빌어 마지않습니다."

하고 말하며 잔을 높이 들었습니다. 일동이 이에 따라서 건배를 했을 때는 누구랄 것 없이 모두들 눈물에 젖어 있었습니다.

그 밤을 기하여, 이은李垠과 이방자李方子가 된 제3국인인 우리들은 신적 강하에 따르는 일시금一時金도 없었고, 그렇다고 그때의 이승만 정권이 우리들의 처우를 생각하는 것도 아니었으므로, 우리의 생활은 그야말로 곳

감을 빼먹는 그런 생활이었습니다(이방자, 《바람부는 대로 물결치는 대로》).

그동안 황족으로서 '왕' 또는 '왕비'나 '여왕'으로 불리면서 '전하'라는 경칭으로 높이 받들어 모셔지다가 평민이 된 사람은 남녀노소 모두 합해서 11황족 가문의 51명이었다. 본래 신적강하를 할 때는 으레 '일시금一時金'이라고 일컬었던 천황의 하사금이 있었다. 이때도 4,900만 원이 계상되어 있었다는데, 맥아더 사령부에서 '군인 출신'에게는 주지 못하게 제한했다. 따라서 조선인 왕공족은 모두 당주가 군직에 있었기 때문에 한 푼도 받지 못했다. 신적강하 당시 이은은 50세였고 방자는 46세였는데 이제부터 평민으로서의 새로운 삶을 살게 된 것이다.

그런데 '신적강하'와 관련해서 매우 흥미로운 증언이 있다. 당시 소화천황이 유독 '이은'의 경우에 대해 크게 마음을 쓰면서 염려했다는 것이다. 본전절자本田節子는 이렇게 서술했다.

천황은 그날(황족회의가 열린 8월 12일) 아침 "은 이하 조선 왕족의 처우를 어떻게 해야 할 것인가. 만일 이은이나 이본궁 수정왕이 질문하면 뭐라고 대답할 것인가?"라고 되풀이해서 물었다고 한다. 천황의 목소리는 떨리고 너무나도 골똘히 생각에 잠겨 있는 듯했다. 그 말은 기도 고이치木戶幸一에게는 예상 밖의 질문이었다. 기도는 재빠르게 "염려하실 필요는 없고 후일 생각하면 된다"고 대답했다. 그래도 천황은 여전히 같은 질문을 했다. 11시에 도고 시게나리東鄉茂德 외상이 궁성으로 들어왔다. 도고가 천황의 지위는 안전하다는 것을 설명하고 물러나자, 천황은 다시 기도를 불러서 앞의 질문을 되풀이했다. 그런 뒤 지하 회의실에서 황족회의가 열렸다(본전절자, 《비련의 황태자비 이방자》).

만 열 살의 대한제국 소년 황태자였던 이은이 일본에 인질로 끌려왔을 때, 소화천황은 만 여섯 살의 일본제국 황태손이었다. 소화천황은 여섯 살짜리 어린 황태손 시절부터 44세의 일본 천황인 1945년 현재에 이르기까지 오랜 세월 동안 이은을 가까이에서 지켜보면서 이은의 존재와 생애에 대해서 특별한 인식을 갖고 있었던 것으로 보인다. '이은더러 앞으로는 일개 평민으로서 살아가라고 해야 하는데, 그가 그 부당함을 추궁하고 나서면 무엇이라고 대답할 것인가?' 하는 문제를 갖고 소화천황이 그처럼 고민했다는 것은, 이은을 인질로 일본에 끌고온 자신의 조부 명치천황의 잔혹한 행위에 대한 자각이 뇌리에 생생하게 살아 있었음을 뜻한다. 이은이 끌려온 때로부터 38년이란 긴 세월이 지난 그때까지 소화천황이 그런 문제의식을 날카롭게 지니고 있었다는 것은 어느 측면에서는 뜻밖이고 그래서 더 신선하게 느껴진다.

신적강하 이후 이은은 극도로 무기력해지고 소심하게 안으로 잔뜩 움츠러들었다. 본전절자는 절묘하게도 이은의 그런 모습에 대해서 "안에서 빛을 낸 게 아니고, 밖에서 비치는 빛으로 빛나고 있었던 이은은 그와 같은 빛을 잃었을 때 마음속까지 어둠으로 가득 찼다"고 묘사했다. 이은을 빛나게 했던 '밖에서 비치는 빛'은 '왕으로서의 지위와 막대한 재산'이었다. 그 둘을 모두 잃은 그는 자신을 버텨나갈 힘도 잃었다.

하지만 신적강하가 우울하고 어둡기만 한 일은 아니었다. 방자의 삶은 새로운 변화를 향해 줄달음쳤다. 방자의 성품과 성격이 본능적으로 낙천적이고 새로운 것을 향해 열려 있는 진취적인 성향이었음을 보여준다.

평민이 된 뒤 방자는 다양한 생활을 시도했다. 그녀는 전원조포의 집 마당에 작은 집을 지어 신부교실을 개설하고 전문 교사를 초빙해 회원들에게 요리, 편물, 칠보 세공 등을 가르쳤다. 이때 칠보 세공과 만난 것이 뒷날 한국에서 칠보 세공으로 사업을 하게 만든 원동력이 되었다.

그녀는 또 외출을 아주 즐겼다. 일부러라도 볼 일을 만들어 외출하고는 했으며 자주 아들 구와 함께 나가곤 했다. 또 직접 쇼핑하러 다니기를 즐겼다. 황족이란 본래 직접 돈을 만지지 않고 사는 사람들이었다. 물건을 직접 사는 일 자체가 드문 데다가 어쩌다가 백화점에 간다 해도 하인이나 시녀들을 거느리고 가서 돌아보고 물건을 손가락으로 가리키면 알아서 배달해 주고 대금은 궁가 사무소에서 받아가는 식이었다. 그러나 평민이 된 이제, 방자는 직접 돈을 갖고 다니면서 흥정을 하면서 물건을 구입하는 데에 취미를 붙였다. 이때의 방자의 생활을 본전절자는 이렇게 기술했다.

위장된 황족이라는 틀에서 해방되어 방자 부부는 잠시 자유를 즐기고 있었다. 그중 하나가 쇼핑이었다. 오카정과 요코야마정을 방자가 알게 된 것도 이 무렵이었으며, 그들 도매상 거리와 백화점의 특매장에서 쇼핑을 하고 있는 방자의 모습을 몇 사람이 목격한 것도 이 무렵이었다. 도매상에서는 값을 깎는 것도 익혔다 한다. 이러한 방자의 행동을 당시 황족들은 "방자 비가 한다는 짓이⋯⋯"라며 눈살을 찌푸렸다 한다.

방자는 쇼핑할 때마다 물품을 택시에 가득 싣고 돌아오곤 했다. 당시는 좋은 물건이 있을 리 없어 방자가 "아주 값이 싸요"라고 했던 물품은 싸구려

비닐 핸드백과 구두 종류였다. 나에게 이 얘기를 들려준 시녀는 이를 말할 때 정말 어쩔 수 없다는 표정으로 미간을 찌푸리며 고개를 흔들었다.

"스스로 돈을 지불하면서 쇼핑하는 것이 희한하고 즐겁기만 하다는 모습이었습니다. 아이들이 새 장난감을 가질 때처럼 쇼핑 그 자체가 즐거웠던 것 같았어요." 한참 후에 "다른 비 전하들은 쥐죽은 듯이 조용히 계셨는데……"라고 혼잣말처럼 덧붙였다.

당시의 일을 방자 자신은 "자주 채리티 노천시장이 열려서 쇼핑하러 자유롭게 외출할 수 있었어요. 그것이 기뻐서 왕 전하와 함께 나갔었지요"라고 말하며 대수롭지 않게 여겼다. 시대의 구속에서 해방된 동녀童女였다(본전절자, 《비련의 황태자비 이방자》).

새 시대가 주는 아픔을 온몸으로 겪기는 하지만, 동시에 그 시대가 제공하는 신선한 자유의 즐거움 또한 맘껏 누린다……. 그렇게 자신에게 닥쳐오는 것들을 모두 함께 가슴 가득 껴안고 갔다는 점에서 볼 때, 방자는 결코 시대의 낙오자가 아니었다. 역경은 그녀가 지닌 강인한 생명력을 세상에 드러내는 발판이기도 했다.

한국 정부와의 갈등

맥아더 사령부의 통치전략으로 세비가 뚝 끊어진 뒤, 날이 갈수록 이은 가문의 경제 사정은 악화되었다. 수입은 전혀 없이 소비만 하고 있는 생활, 방자의 표현에 의하면 '곶감을 빼 먹는' 생활이었다. 그런 나날이 하루하루 흘러 달이 가고 해가 가는 동안 골동품과 가재도구와 별장들이 하나하나 팔려 나갔다.

어차피 수입이 없으니까 갖고 있는 부동산을 팔아야 하긴 했다. 그런데 이은은 너무나 무능하게도 그런 매매조차 제대로 처리하지 못했다. 제값을 받고 제대로 판 것이 매우 드물었다. 대표적인 경우가 창랑각의 매각이었다. 본전절자는 조중구에게서 당시의 일을 직접 듣고 또 조중구가 쓴 기록을 바탕으로 《비련의 황태자비 이방자》에서 다음과 같이 서술했다.

…… 일시금도 없었던 이왕가는 더욱더 곤란이 심했는데, 더구나 설탕에 모여드는 개미떼처럼 그럴 듯한 수단으로 구슬려대는 사람이 모여들어

10년도 되지 않아 그 재산을 모두 탕진하고 말았다.

당시의 일은 조가 자상하게 얘기해 주었으며 또한 《우방》지에 〈왕가의 종언〉으로 기록하고 있다. 그중에는 시데하라幣原 내각의 서기관장이었던 나라하시 와타루楢橋渡와 요코이 히데키橫井英樹의 이름도 나온다. 나라하시의 첫인상을 조는 "본 순간 등골이 오싹해지는 요기妖氣를 느꼈습니다"라고 말하였다.

나라하시는 이윽고 이등박문이 명치헌법의 초안을 짰던 오오이소의 창랑각에서 소화헌법을 만들고 싶으니 양도해 달라고 부탁해 왔다. 이은도 방자도 의의 있는 일이라고 찬성했으며 기념품까지 선사했다. 일본식·서양식의 식기류, 그것도 금으로 이왕가 문장을 새긴 최상의 것을 갖추어서 보냈다. 그래도 정부에서는 아무런 소식도 없고 뿐만 아니라 어느새 창랑각의 정문에는 나라하시의 문패가 걸려 있었다.

나라하시의 문패가 붙어 있다는 것을 들은 며칠 후 조는 야마시타山下 사무관이 그 대금으로 나라하시로부터 40만 엔을 받았다는 것을 알게 되었다. 그 당시라 해도 그것은 덤핑가격보다 더 싼 값이었다. 이 얘기를 할 때의 조는 이제 더 이상 화도 나지 않는다는 듯이 쓸쓸한 표정을 지었다.…… 방자 여사는 고개를 숙이면서 창랑각은 왕 전하가 이등박문 공으로부터 받은 유서 깊은 건물이며 왕 전하 자신도 특별한 추억이 있어서 꼭 남겨두고 싶어 했다고 하며, 지금도 한없이 서운한 모양이었다.

이 무렵의 은에 대해 조의 평가는 매우 준엄하다. 그것은 은의 판단력 부족에 대해서였다. 무슨 문제만 생기면 은은 야마시타 사무관을 불렀는데, 야마시타는 은의 뜻에 따르는 듯이 애매하게만 대답했다. 그러면 즉시 다카이高木라는 점장이를 불러서 그의 판단에 따랐다. 매사가 이러했다.

평민이 된 왕 이은의 천하

조는 또 방자에게도 신랄했다. 조는 미군의 '훌륭한 부인'들을 방자에게 소개하려고 노력했다. 그중에 황태자의 가정교사 와이닝 부인과 비서인 다카하시高橋 다네가 있었다. 조는 "그녀들을 만났을 때의 인상을 지금껏 잊을 수 없다"고 힘주어 말했다. 조는 와이닝 부인에 대해서는 거룩한 느낌마저 드는 최상류의 사람이었다고 극구 찬양했다. 그리고 천황가는 이 세상 최고 수준의 사람들을 갖게 됐다고 감탄하고, 또 그 일을 매우 부러워했다. 그러나 방자와의 파장波長은 맞지 않았던 것 같다.

"그와 반대로 우리 왕가의 측근들이란 이건 도대체 말이 되지 않았다. 유유상종이라더니 딱 들어맞지 않은가. 이왕가가 멸망하는 것은 당연한 일이지만, 나는 좀더 당당하게 종말을 맞이해 주었으면 하는 것이 그나마의 바람이었다"(〈왕가의 종언〉).

조는 같은 내용을 나에게 되풀이 들려주었다. 그때는 어쩔 수 없었다는 듯한 원통한 표정이 잊혀지지 않는다(본전절자, 《비련의 황태자비 이방자》).

그처럼 어처구니없는 방식으로 이은이 갖고 있던 부동산들이 처분되어 갔다. 그런 과정에서 가장 문제가 된 것은 이왕가 본저本邸인 대저택이었다. 동경의 가장 중심부 요지인 기미정정의 2만 평 대지 위에 서 있는 영국풍의 건평 500평의 3층짜리 그 저택은 이은 삶의 마지막 도피처이자 그가 겪은 생애 마지막 치욕을 고스란히 담아낸 검은 함정이 되었다. 집이 집주인의 생애에 중대한 영향을 미치는 희귀한 사례가 된 것이다. 그 저택은 한국 정부의 구매 의사와 이은의 유약한 대응이 맞물려서 이은의 나머지 생애에 매우 큰 상처와 깊은 어둠을 만들었다. 따라서 그 전말을 상세하게 살펴보기로 한다.

전쟁이 종식되고 황족과 왕족에게 엄청난 세금이 부과된 뒤, 그 저택을 욕심내는 사람들이 많았다. 어차피 돈 없는 이은이 오래 갖고 있지 못하리라고 본 것이다. 일본 정부에서도 넘겨 달라는 요청이 있었고, 호텔업자, 교육계 인사 등 갖가지 사람들이 나섰다. 그런 상황에서 그 집에 관한 사연들이 갖가지로 쌓여갔다.

이은 부부가 생활에 어려움을 겪고 있다는 소문이 돌자, 일본 정부에서 재산 관리인 격으로 경제적 상담역이 될 사람을 선정해 이왕가에 파견했다. '재무부 출신의 훌륭한 분'이었다는 평을 받은 입간야무웅入間野武雄이란 사람이었다. 그의 주선으로 저택의 본관을 참의원 의장 공관으로 빌려주는 형식을 취하고 일본 정부에서 그에 대한 월세로 다달이 30만 엔을 받았다. 30만 엔은 큰돈이긴 했지만, 부과되는 세금이 워낙 많아서 그중 15만 엔은 세금으로 나갔다고 한다(연구자들에 따라 "당시 월세가 '10만 엔' 이었다"고 쓴 기록도 보이지만, 그 시기에 이은과 매우 가깝게 지냈던 김을한의 증언에 따름).

이은 부부는 과거 시녀들이 살았던 본관 뒤쪽의 일본식 건물을 개조해서 살았다. 그러나 대부분의 재산 정리와 관리 문제에서 이은은 입간야무웅의 말을 듣지 않았고 그는 한참 동안 이왕가에 다니다가 결국에는 포기했다는 식으로 상담역 노릇을 그만두었다. 문제는 이은이 주변에 있는 정직한 사람들의 진지한 이야기보다는 여기저기서 끼어들어서 "큰 돈벌이……" 운운하는 사기꾼들의 달콤한 유혹에 쉽게 넘어가는 데에서 발생했다.

1951년이 되자 저택 문제가 새로운 국면에 접어들게 되었다. 9월 8일에 체결된 샌프란시스코 대일강화조약으로 일본이 독립하고 미군정이 막을 내리자, 미군정이 징발해서 사용하고 있던 건물들을 원 소유자에게 돌려주게 되었다. 1948년 8월 15일에 대한민국 정부가 수립된 이래, 맥아더 사령부의 배려로 하토리 빌딩에 있던 대한민국 주일 대표부(당시는 국교 수립 이전이라 '대사관'이 아닌 '대표부'라는 명칭을 쓰고 있었음)도 건물을 내주고 이전해야 되었다. 이때 한국 정부가 주목한 것이 이은의 저택이었다.

한국 정부에서는 이은에게 주일대표부 공관으로 쓰도록 저택을 넘겨달라고 요청했다. 처음에는 그 저택을 조선왕조의 재산으로 취급해 그냥 내놓으라고 했다가 이은 부부의 반론을 받아들여서 일본 궁내성에서 받은 이은의 개인 재산이라고 인정한 뒤로는 "대한민국 정부에 팔라!"고 제의했다.

"빨리 결정을 내려주세요. 당연히 우리 정부에 협조해 주시리라 믿고 있겠습니다!"

"예에……."

"이 저택은 건물도 좋고 위치도 동경 최곱니다. 동경 중심부인 데다가 시내를 내려다보고 있는 높은 요지니까, 여기다 우리 태극기를 높이 걸어놓으면 동경에 있는 각국 대사관 중에서 제일 좋은 대사관이 되겠지요."

"예……."

그런데 "저택을 팔라"고 하기 전에 주일대표부의 김용주 공사가 먼저 내놓은 제안이 있었다. "재일동포들에게서 1,000만 엔 정도를 걷어서 다른 저택을 사줄 터이니 저택을 양도해 달라"는 것이었다. 그러나 이은 부부는 즉각 거절했다. 그런 거래로는 너무나 큰 손해를 본다고 생각했던 것으로 보인다. 그래서 한국 정부가 직접 돈을 주고 구입하는 것으로 방향이 바뀌었다.

흥정이 오간 결과 한국 정부가 '40만 달러'에 매입하기로 계약이 이루어졌다. 선금으로 20만 달러를 지불하고 잔금은 나중에 지불하기로 했다. 당시 환율로 '40만 달러'면 '1억 4,400만 엔'이었다. 그러나 계약 체결 이후 6개월이 되도록 약속한 대금이 입금되지 않아서 계약이 깨졌다. 본국 정부에서 볼 때 주택 가격을 너무 비싸게 매겨서 계약했다는 반감과 반발이 컸던 탓으로 보인다. '한국 정부의 40만 달러'는 그간 이은의 저택을 두고 나왔던 흥정 가격이나 실제 매도 가격을 통틀어서 가장 최고액에 해당했다. 당시 몹시 가난했던 한국 정부 사정으로는 '40만 달러'는 엄청난 거액이었다. 나라 전체가 어찌나 가난했던지, 연간 국민소득이 60달러 내외였고, 미국에 유학 가는 학생들이 대부분 단돈 50달러 정도를 손에 들고 미국행 선박에 오르던 때였다. 그러니 '저택 한 채에 40만 달러'라는 가격은 심한 반감을 일으킬 만했던 것이다. 나중에 한국 정부는 다른 곳에 있는 일본 귀족 가문의 저택을 사서 주일대표부로 사용했고 나중에 대사관이 되었다.

김을한에 따르면 "한국 정부와 40만 달러로 계약한 뒤 이은 부부는 참의원 의장 공관을 빌려주는 계약을 해지했다. 그런데 한국 정부가 6개월이 되도록 대금을 보내지 않았고, 참의원 공관의 월세도 들어오지 않아서 몹시 곤란해졌다"고 한다. 이방자의 초기 회고록에는 한국 정부와 체결한 계약이 깨진 뒤의 상황이 다음과 같이 기술되어 있다.

그 전부터 기미정정에 있는 집은 너무나 넓고 그렇다고 일부만 개축하기

란 어려웠다. O씨, Y씨, S씨 등이 무슨 이득을 얻으려고 끊임없이 암약暗
躍을 하고 있었다. 거기에 대항하는 직원인 K씨 정도의 힘으로는 어쩔 도
리가 없어 점점 말려들어가는 것 같았다. 매달 약속했던 돈도 부도어음
이 되어가는 형편이었다. 그러나 나는 그늘에서 걱정만 할 수 있을 뿐이
었다. 정부에 대해서 강력히 주장해 주는 사람도 없었다. 우물쭈물하다
가 일부의 땅은 참의원 숙사로 빼앗기고 위쪽의 관사지대官舍地帶만이라
도 제발 남겨두어서 장차 조그마한 집이라도 지었으면 하고 기대하고 있
었는데, 그곳에는 NHK(일본방송협회)의 탑이 세워지게 되어 수포로 돌아
갔다.
(1952) 4월 말에 새로 발견한 전원조포田園調布 3의 84의 새 주택으로 이
사했다.…… 아직도 본관本館의 문제가 해결되지 않고 있었다. O공업회
사만으로는 도저히 감당할 수 없는 값 비싼 장소여서 O씨와는 손을 끊
고, F씨, T씨의 수고로 T실업가와 흥정을 하게 되었다. 상당히 손해를 보
았으나 세금 문제도 있고 해서 일단 해결을 짓고 말았다(이방자, 《지나온
세월》).

위 증언에 의해서 이은 부부는 저택 문제가 해결되기 전인 1952년 4
월에 전원조포에 있는 작은 집으로 이사 갔음을 알 수 있다. 그 집은 건
평 70평 규모로서 500만 엔을 주고 샀다고 한다. 이때 이은 부부가 경제
적 곤란을 심하게 겪고 있다는 소식을 듣고 소화천황이 한동안 자신의
친용금에서 매달 '10만 엔'을 보내주었다. 그것은 일본 황족 상대로는
전례가 전혀 없는 매우 특별한 조치였다.
그러는 동안에도 저택의 2만 평 대지가 이은 부부에게 전혀 도움이

안 되는 방식으로 조각조각 떨어져 나가고 있었다. 그런 상황에서 조중구는 이은 부부에게 저택 문제를 깨끗이 해결할 복안을 제시했다.

"이왕가의 모든 재산을 나라에 헌납하고 동경 저택은 한국 대사관 등 나라의 공공적인 것으로 사용하게 하십시오! 그렇게 되면 설사 새 정부가 수립되어도 이왕가를 내버려두지 않습니다. 그리고 국민도 과연 왕가답구나 하고 존경할 것입니다!"

그것은 사실 당시 이은이 취할 수 있는 가장 최선의 해결책이었다. 명예와 실리를 같이 챙길 수 있는 유일한 길이기도 했다. 그러나 이은의 감각에는 그것이 제대로 와 닿지 않았다. 그렇게 하면 저택만 날아가고 남는 것은 전혀 없을 것이라는 심한 우려와 두려움을 떨치지 못했다.

그가 왜 그렇게 소심해졌을까? 본래 당차고 배짱있는 아이였던 그가 일본에 끌려와서 인질 노릇을 하는 중에 어린 나이에 유년군사학교에 가서 갖가지 열등감을 겪으면서 인품이 크게 일그러지고 심약하게 된 탓이라고 생각된다. 그래서 배짱도 없고 포부도 없는 유약한 어른이 된 이래 그저 갖고 있던 막대한 돈으로 주변 인물들의 환심 사는 것을 중시하는 삶을 살아오다가 일본의 패전과 함께 자신의 삶도 파국을 맞은 것이다. 그래서 "가진 것을 조건 없이 나라에 헌납하시오! 그러면 살 길이 생길 겁니다!"와 같은 강력한 조언은 도저히 실행할 배짱이 없는 허약한 인물이 되었다.

그런 상황에서 저택 구매 의사를 밝히는 사람들은 계속 나섰다. 이번에는 일본 기독교계였다. 이치만 다쇼토 일본은행 총재를 중심으로 국제기독교대학을 설립하려는 움직임이 있었는데, 그들은 이은의 저택을 구입해 대학본부로 만들고 싶어 했다. 그들이 제의한 저택 대금은 10만 달러, 당시 환율로 3,600만 엔이었다. 조중구는 그 상담을 크게 반겼다. 그렇게라도 팔면 그 돈에 대한 이자만으로도 이왕가가 넉넉히 지낼 수 있다고 생각한 것이다.

그러나 이은의 생각은 달랐다. 그새 조중구에게는 비밀로 하고 다른 계획을 추진하고 있었다. 다른 사람과 동업으로 저택을 호텔로 만들고 이은도 직접 경영에 나서서 화려한 사교장으로 운영하려는 계획이었다. 그래서 국제기독교대학 측의 상담을 거부했다. 조중구는 본전절자에게 그 일을 이야기하면서 "이왕 전하가 대학 이사라도 되면 세상에 대한 체면이 서지 않았겠습니까? 그 상담이 깨진 것이 지금도 아쉽기 짝이 없습니다"라고 거듭 탄식했다고 한다. 그 후에도 조중구는 이왕가가 왕가다운 종언을 맞을 수 있도록 계속 노력했으나 그의 기대에 전혀 따라주지 않는 이은 부부에 절망하고 결국 그들을 떠났다.

이은은 추진하던 호텔 경영 계획이 여의치 않게 되자, 다시 구매자를 물색한 끝에 중의원 의장이자 사업가였던 서무西武(세이부) 그룹의 제강차랑堤康次郎(쓰쓰미 야스지로, 일본 세이부 철도 창업자)에게 4,000만 엔을 받고 팔았다. 거래가 완결된 날은 1954년 9월 29일이었다. 당시의 시세로는 1억 수천만 엔은 받을 수 있었는데, 거래를 알선한 오오히라라는 고리대금업자의 사기꾼과 같은 농간에 넘어가서 그것밖에 받지 못했다는 소문이 돌았다.

거래의 끝은 허무하기 짝이 없었다. 그간 해마다 계속 부과되는 저택에 대한 엄청난 세금과 계속 들어가는 생활비와 1952년에 이사 간 전원조포의 집값 500만 엔 등등 때문에 자꾸 고리대금의 빚을 얻어 썼기에 엄청난 빚과 이자가 쌓여 있었다. 저택 처리가 미뤄질수록 빚이 막대하게 늘어나게 되어 있는 상황이었는데, 이은 부부는 무능하게도 저택 처리를 1954년 9월 말까지 질질 끌었다. 그래서 막상 저택이 팔린 뒤에 그간 쌓인 빚과 이자를 갚고 나니 남은 돈이 거의 없었다. 밀린 소득세를 마저 낼 형편조차 되지 않아서 계속 미룬 끝에 세무 당국에서 가구 차압까지 들어왔을 정도였다. 결국 거래가 모두 끝난 뒤에 보니 남은 것은 500만 엔짜리 전원조포의 집 한 채뿐이었다. "소문난 잔치 먹을 게 없다"는 한국 속담대로, 대저택의 거래라고 세상에 요란하게 소문만 났지 정작 판 뒤에 주인의 손에 남은 것이 없었다.

지나고 보니, 처음에 주일대표부 김용주 공사가 내놓은 제의에 응했더라면 여러모로 이은 부부에게 훨씬 큰 이익이 되었을 텐데 허망하게 기회를 놓친 것이었다. 우선 금전적으로 보아도 '1,000만 엔짜리 저택'을 받았다면 현재 살고 있는 '500만 엔짜리 전원조포 집'의 두 배가 되는 자산이었다. 게다가 가진 재산의 전부인 대저택을 나라에 헌납했다는 아름다운 이름이 크게 나서 현재와 같은 불명예와 굴욕은 전혀 있을 리 없고, 이은의 체면과 위상이 크게 올라가서 당당하게 대한민국의 국민들을 대할 수 있었을 터였다. 또 대한민국 정부로서는 일본 최고의 입지와 규모를 가진 대사관을 마련할 수 있어서 두고두고 이은의 기여를 크게 기렸을 것이다.

이은의 저택을 구입한 제강차랑은 본래 구 황족들의 저택을 구입해 '프린스'라는 브랜드 명칭을 지닌 일련의 로열 호텔 군으로 개발하는 사업을 하고 있었다. 그는 전쟁 이전부터 일본 황실과 친밀하게 거래하고 지낸 사업가였다. 그래서 미군정 시기에도 일본 황실 및 구 황족과의 거래 대부분을 차지했다. 그의 거래는 구 황족들의 궁전을 사긴 해도 그 소유자가 계속 사용하도록 해주고 이미 부과된 막대한 세금 문제까지 처리해 주는 것으로서 구 황족들에게 매우 유리한 것이었다. 일단 소유자 명의를 바꿔놓으면 구 황족에게 계속 부과되는 과도하고 특별한 세율의 막대한 세금을 면하는 효과가 있었다. 그 관계를 파헤친 연구자는 다음과 같이 서술했다.

천황 가문과 아주 가까운 사이였던 쓰쓰미 가문은 소위 '폭탄 세일'이라고 회자되는 가격으로 황실 궁전을 마구 사들였다. 이런 과정을 통해 황실이 절망적으로 돈에 쪼들린다는 인상을 일반 대중에게 확실하게 심어주었다.…… 동구이궁, 조향궁, 북백천궁도 그런 식으로 궁전과 값나가는 물건들을 팔았다. 하지만 그들은 궁을 판 다음에도 이사를 나갈 의무는 없었다. 쓰쓰미 가문은 천황 일가와의 연줄 덕분에 세계에서 가장 부유한 가문 가운데 하나가 되는 여정에 올랐고, 20세기 후반 일본에서 타의 추종을 불허하는 영향력을 행사하게 되었다.
…… 1937년 남경 대학살을 지휘한 후에 은퇴한 소화천황의 고모부 조향궁은 세계 최고의 갑부를 향한 대장정에 오른 쓰쓰미 가문과 동업에 뛰어들었다. 조향궁은 자신의 궁전과 부동산을 쓰쓰미 가문 소유의 세이부에 팔았고 덕분에 미국인들에게 몰수되지 않았다. 하지만 그는 죽을 때까지 자신의 궁전에서 지냈으며 사치스러운 생활은 변함없이 계속되었다(S.시그레이브·P.시그레이브 공저, 《일본인도 모르는 천황의 얼굴》).

일본 구 황족들에 대한 제강차랑의 그처럼 특별한 거래 관행을 믿고 이은 역시 특별한 혜택을 보기를 원하면서 그에게 싼 가격으로 저택을 팔기로 결심했는지 모른다. 한국 정부뿐만 아니라 일본 정부에서도 사겠다고 했다는데, 일본 정부에도 팔지 않고 제강차랑에게 싼 가격에 판 것을 보면 그런 의혹이 강하다.

그러나 이은의 저택을 산 제강차랑은 이은에게는 일절 아무런 혜택도 베풀지 않았다. 그는 즉각 저택을 호텔로 개조해 '아카사카 프린스 호텔'이란 이름으로 개관했다. 나중에 현대식 고층건물인 신관이 옆에 증축된 뒤로 이은의 저택은 '호텔 구관'으로 불렸고, 현재도 동경 중심부에 있는 사용료가 비싼 호텔로 운영되고 있다.

저택 문제가 그렇게 마무리되자, 한국에서 이은에 대한 비난이 즉각 드높게 치솟았다.

"이은 씨가 저택을 4,000만 엔이란 아주 싸구려 가격으로 제강차랑에게 팔았다고 합니다."

"우리 정부와 흥정할 때는 그렇게 비싸게 굴더니만! 우리와 계약했던 가격의 사분의 일 정도 밖에 못 받은 거 아니오! 에이, 못난 사람!"

한국 정부로서는 이은이 협조하지 않아서 좋은 대사관 자리를 놓쳤다고 원망하면서 이은 부부를 크게 매도하고 노골적으로 경멸했다. 당시 그 사건은 한국의 일반 국민들에게까지 널리 알려졌다. 그리하여 '이은의 비애국적 행위'로 널리 회자되면서 이은 부부에 대한 범국민적인 반감과 경멸을 크게 키웠고 해결할 수 없는 감정의 깊은 골이 되었다. 그 사건으로 인해 이승만 대통령은 이은 부부에게 매우 부정적이고 불쾌한 인상을 가졌고, 그가 통치하고 있는 동안에는 이은 부부가 한국에 갈 엄두를 내지 못하도록 만든 제일 큰 원인이 되었다.

현재 한국에서 발간된 이은 관계 저서들에는 역사적 사실과 다른 서술

평민이 된 왕 이은의 천하

이 많다. "해방 당시 이은은 한국 국민들에 대한 인기가 매우 높았는데, 그를 정치적 라이벌로 생각한 이승만 대통령의 견제와 시기와 질투에 의해서 귀국하지 못한 것"으로 묘사되고, 심지어 "이은이 귀국해 대통령 선거에 나섰더라면 이승만을 물리치고 절대다수의 표차로 당선할 수 있었기에 이승만이 그토록 견제했다"고 서술되어 있다. 그러나 그것은 일제시대에는 《매일신보》 기자였고 해방 뒤에는 《서울신문》 기자로 활동했던 김을한의 저서에 기록되어 있는 주장을 그 시대를 경험하지 못한 후인들이 그대로 받아 쓴 데서 생긴 역사의 심각한 왜곡에 불과하다.

⬆ **아카사카 프린스 호텔.** 이은은 많은 혜택을 기대하며 저택을 제강차량에게 팔았지만 그는 아무런 혜택도 베풀지 않았다. 저택은 즉각 호텔로 개조되어 개관됐다. 현재도 동경 중심부에 있는 고급 호텔로 운영되고 있다.

김을한은 그의 저서 《인간 이은》에서 "영친왕에게는 그러한 생각이 없었으니까 망정이지, 만일 그에게 조금이라도 정치적 야심이 있어서 1950년대, 즉 부산이 임시 수도였을 당시에 그가 만일 대통령 선거전에 출마를 했었더라면 지금과는 달라서 그때는 정치파동이니 무어니 하여 정국이 극도로 혼란하고 일반 민중이 누군가 새로운 지도자를 열망했을 뿐더러, 구왕실舊王室이라면 무조건 굴복하는 유림과 예전의 노년층이 아직도 많이 살아 있을 때였으므로 모르면 몰라도 영친왕이 절대다수로 당선되었을 것은 틀림없었다고 단언할 수 있다"고 기술해 놓았다.

김을한은 자기 자신도 믿지 않으면서 책에 그렇게 쓴 것 같다. 그는 《비련의 황태자비 이방자》를 쓴 본전절자가 취재 차 그를 만나서 대담할 때, 해방 직후에 이은 부부가 조국으로 귀국하지 않은 일에 관해서 언급하면서 "(귀국을) 비 전하께서 불안하게 여겼다는 것은 당연한 일입니다. 옛날 같으면 몰라도 해방 후의 한국에 비 전하를 이해하고자 하는 자는 아무도 없었어요. 이왕 전하조차 모르는 사람이 더 많았으니까요. 일본 거주가 너무 길었습니다"라고 말했다고 한다.

그처럼 김을한의 상반되는 두 가지 주장 중에서, 앞의 것이 아니라 뒤의 것에 역사의 진실과 무게가 담겨 있다. 이승만이 이은을 싫어하고 매우 냉혹하게 대한 것은 사실이다. 그렇지만 그것은 스스로 한국 최고의 독립운동가로 자부하고 큰 긍지를 갖고 있던 이승만이 일개 친일파를 대하는 심정으로 이은을 대하면서 경멸하고 무시한 것뿐이지, 결코 '나의 가장 강력한 정치적 라이벌은 이은'이라고 생각해서 그런 것은 아니었다. 이승만의 기질과 성품과 경력으로 보아 그것은 전혀 있을 수 없는 매우 어처구니없는 주장에 불과하다.

김을한의 주장과 달리, 해방 직후 한국 사회에서 이은이 차지하고 있던 입지는 매우 좁고 구차했다. 그는 어릴 때 인질로 일본에 끌려가서 일본의 군사교육을 받아 군인이 되고 일본 황족 여성과 결혼한 뒤 막대한 세비를 받으며 일본 땅에서 일본 황족들보다 더 호사롭게 호의호식하면서 지냈을 뿐 조선인에게 베푼 것은 별로 없었고, 더구나 독립운동에 기여한 바는 전혀 없었다. 거대한 민족독립운동이었던 3·1운동으로 1919년 4월에 상해에 '대한민국 임시정부'가 수립된 이래, 멸망한 대한제국 구 황실은 민족의 구심점으로서의 매우 미약한 위상조차 아주 잃어버렸다. 새로 등장한 '대한민국 임시정부'가 새로운 민족의식의 구심점이 되었고 해방될 때까지 조선인들의 의식 속에서 독립운동의 표상이 되었고 정신적인 지주가 되었다. 오죽하면 황족이며 이은의 형이었던 의친왕 이강까지 1919년 11월에 임시정부에 참여하기 위해 탈출하려고 나섰었겠는가.

　그렇기 때문에 해방되었을 때 '황실 복원'이나 '왕정 복고'에 대한 움직임이 아예 없었던 것이다. 해방 정국의 지형과 판도를 보면 그런 사정이 더욱 명확해진다. 예전 황실 인물들 중에서 민족을 이끌어갈 진정한 지도자로 꼽힌 사람은 전혀 없었다. 그간 국내에 있었고 한때 독립운동에 관여했던 경력도 있고 한국 여인과 결혼한 황족인 의친왕조차 그러해서 그는 해방 뒤에 전혀 아무런 역할도 하지 못했다. 그런데 하물며 이은이랴!

　우선 이은은 국민들과의 접촉이 너무도 적었다. 인질로 끌려갔던 어린 시절과 달리, 한일합방으로 대한제국이 멸망한 이후, 더구나 그가 성인이 되어 일본 황족 여성과 결혼한 뒤로는 그에 대한 일제의 규제가 대폭 풀렸다. 그러나 그는 일본에서 일본군 장교로 살면서 국내에는 평생에 걸쳐서 단지 10여 차례만 다니러 왔을 뿐이다. 평균으로 따지자면 '3년에 한 번' 꼴이었다. 그나마 한 달 이상 체재했던 때는 오직 두 번뿐으로서, 고종이 붕어한 때와 순종이 붕어한 때 국장으로 장례를 치르기 위해서였다. 국내에서 10여 일 이상 묵은 때도 단 두 번뿐으로서, 성인이 되어 처음으로 귀성했을 때와 결혼한 뒤 첫아들을 낳아서 데리고 다니러 왔을 때였다. 그 나머지는 모두 며칠씩 묵고 간 것에 불과했다. 이은은 그처럼 조선인들과 담을 쌓고 살았다.

그처럼 조국과 멀었던 인물인 이은이 조국에 봉사할 수 있는 유일한 기회였던 '저택 문제'를 그렇게 허망하게 처리한 뒤로는 '조국의 배신자'라는 딱지까지 붙었던 것이 해방 이후 이은이 지녔던 위상의 실체였다. 풍요롭고 호사스러운 시절 다 보내고 명예도 권위도 기개도 돈도 모두 잃어버린 비참한 모습으로 오로지 한 채의 저택에 목숨을 모두 건 듯 매달려 있던 일국의 황태자였던 인물의 말년, 실로 애잔한 모습이었다.

이구의 도미와
이은의 일본 귀화

"왕세자 전하! 전하!"

그 아이는 태어난 날부터 '전하' 소리를 들으면서 자랐다. 그야말로 금수저를 입에 물고 태어난 아이, 극도로 호사로운 삶이 그의 앞에 놓여 있었다.

이구李玖. 1931년 12월 29일에 동경에서 이은 부부의 외아들이자 이왕가의 왕세자로 태어난 그는 막대한 부를 누린 부모의 덕택에 풍요롭기 짝이 없는 유년시절을 보냈다. 다만 그가 누린 풍요로움에는 조건이 있었다. 일본제국이 잘 나가고 있을 때까지. 그것이 그가 누린 복의 한계였다.

그가 열네 살이었던 1945년 8월에 일본제국은 전쟁에 져서 멸망했고, 그의 풍요로운 삶은 거기서 끝났다. 그때부터 그의 운명은 거세게 요동치면서 너른 세상으로 그를 밀어갔다. 거기서는 각박하고 불편하고 가난한 삶이 그를 기다리고 있었다.

한때 신분이 '대한제국 황태자'였던 것에 의미를 크게 둘 때, 이은의 생애에서 그의 아들 이구가 지닌 의미는 매우 각별해진다. 이구가 매우 원했던 미국 유학이 이은 부부를 '일본 귀화'로 밀어간 근본 원인이었기 때문이다. 이은 부부는 미국에 있는 이구의 대학 졸업식에 참석하기 위해서 여권을 받고자 1957년에 일본에 귀화했다. 그리고 그 '일본 귀화'는 '저택 문제' 못지않게 그들의 생애가 지닌 의미와 품격을 일거에 우그러뜨린 악재에 해당했다.

이구는 체격이 작고 다소 내성적인 아이였다고 한다. 그는 부모의 절대적인 뜨거운 사랑 속에서 자랐다. 이왕가의 왕세자였지만, 갓 태어났을 때 그의 모친 방자가 "이 아이가 성인이 되기 전에는 절대 조선에 데려가지 않겠다!"고 맹세하고 그대로 실천하는 바람에 조국이 해방될 때까지 단 한 번도 조선에 가본 일이 없음은 물론 조국과 전혀 아무런 관계없이 자랐다.

이구는 적응력이 상당했던 것으로 보인다. 좋게 말하자면 자유로운 영혼을 지닌 소년이었고, 거칠게 말하자면 빠르게 강자의 편에 서는 능력이 있는 아이였다. 종전이 되었을 때 이구는 학습원 중등과에 재학 중이었다. 미군정의 통치 아래서 학습원에도 보이스카우트단이 있었는데, 1948년 중등과 3년 때 이구는 보이스카우트 단장이 되었다. 그가 구미식 소년수양단체인 보이스카우트 단장이 되었다는 것은 새 시대에 매우 빠르게 적응했음을 보여준다. 구는 동경에 살고 있는 미국인 가족들과도 친하게 사귀어서 서로 집으로 초대해서 오가며 지냈다. 그러면서 그는 미국 유학을 추진했다. '학습원 보이스카우트 단장'이라는 직함은 미국 유학 추진에 매우 유리하게 작용했다. 최고사령부에서 보이스카우트 관계 업무를 맡고 있던 피셔 씨를 비롯한 여러 미국인들이 그를 도와주려고 나섰다. 그는 학습원 중등과를 마치는 대로 곧 유학을 떠나기로 계획을 세웠다. 7년 예정으로 미국에 가서 고등학교 과정을 거쳐 대학 과정을 밟겠다는 것이다. 당시는 미국 유학 자체가 드물었던 데다가 대개 대학을 마친 뒤에 유학을 갔던 관행에 미루어서 아주 빠른 장기 유학에 해당했다.

이구의 유학 계획은 방자가 이은의 진면목을 다시 이해하게 만든 계기가 되었다.

"아니, 유학에 찬성한다니요?"

방자는 이은의 태도에 깜짝 놀랐다. 종전 이후 무기력하고 어려운 삶에서 세 식구가 뭉쳐서 서로 의지하고 살아가고 있기 때문에 방자는 이은이 당연히 이구의 유학 의사를 제지할 거라고 생각했다. 그런데 뜻밖에도 이은은 "날고자 하는 구의 날갯짓을 방해하는 일은 절대로 해서는 안 된다"면서 적극 지지하고 나섰다. 이은은 구에게 말했다.

"나중에 후회가 없도록 자기의 길을 자기의 책임과 의지로 마음껏 찾아 나아가는 것이 옳다. 만약 그 길이 적당하지 않았다는 것이 드러나면 다시 고쳐서 찾으면 돼. 나는 이 나이가 되어서, 이제 하고 싶은 대로 하라고 해도 무엇을 해야 할지 모르겠다. 슬픈 일이지만 나는 긴 세월 동안 주어진 틀 안에서 어떻게 내심을 누르며 살아가느냐 하는 것만 단련하며 살아왔다. 그렇기 때문에 이제는 밖으로 나가려고 해도 나가지지가 않아. 시도도 하기 전에 절로 의지가 꺾이고 만다. 너는 이 아버지를 능가해서 아무쪼록 자유분방하게 자신을 시험해 주기 바란다."

그때의 일을 전하면서, 방자는 격정적으로 그리고 애달프게 토로했다.

어조 속에 격한 데는 없었지만, 나는 그것이 주인의 어린시절부터 쌓이고 쌓였던 분노의 폭발이라는 것을 알았습니다. "그 얼마나 슬픈 분노인가!" 그렇게 생각하자 조용히 눈물이 넘쳐흐르고 가슴속으로부터 흐느낌이 복받쳐 올랐습니다. 약혼시대부터 헤아리면 30년 가까운 세월 동안 언제나 마음을 주인의 곁에 두고 있다고 생각했습니다. 몇 번인가 비극에 마주칠 때마다 함께 견디어오고, 마음과 마음이 확고하게 맺어져서 주인의 마음 구석구석까지 바라볼 수 있는 아내라고 은밀히 자부하고 있던 나였습니다.

그런데 알고 보니 주인의 마음 깊숙한 속에서는 구와 헤어져 살아야 할 긴 세월도 마다하지 않을 분노가 고여 있었던 것입니다. 분노는 그때마다 풀어드렸다고 생각하고 있었는데……. 물론 그 분노가 전부인 것은 아니고, 구의 희망을 이루어주고 싶다고 하는 한결같은 애정이 담겨 있는 것이기도 했습니다만. 그 즈음, 언제까지나 무기력한 주인을 마음 어딘가에서 안타깝게 생각한 일이 있었던 것이 뼈저리게 반성되었습니다. "앞으로는 내가 강해져서, 전하는 가만히 조용하게 하고 싶은 대로 살아가시게 하리라. 만약 힘이 약한 우리들을 침범하려고 하는 자가 있으면 내가 싸워야지. 지키는 것도 내가 맡고……."
그렇게 결심하였을 때, 나는 곪았던 종기가 터진 것 같은 기분이 되고 용기가 솟아나는 것을 느꼈습니다(이방자, 《바람부는대로 물결치는대로》).

위 대목은 이방자의 회고록에서 가장 아름다운 부분에 속한다. 그녀의 삶 중에서 가장 아름다운 부분이기도 하리라. 세상에서 한 사람의 지어미가 자신의 지아비에게 갖고 있는 맑고 깊은 애정이 이처럼 아름답고 따뜻하고 강력하게 드러난 사례를 달리 찾기 힘들다.

남다른 생애를 살아간 남편의 내면에 숨겨져 있던 '슬픈 분노'의 존재와 '그 폭발'을 정확하게 알아보는 예리한 안목, 그런 남편을 이해하고 보듬어 안고 보호하려고 결심하는 강인하고 선한 의지, 그런 것들이 하나로 어우러져서 강렬한 향기를 내뿜는다. 이런 아내를 가졌다는 것은 이은이 한 사람의 남편으로서는 성공한 사람이었음을 말해 준다. 그의 신산한 생애를 지켜본 사람들에게 큰 위로가 되는 대목이 아닐 수 없다.

1950년 3월 하순에 학습원 중등과를 졸업할 예정이었던 이구는 졸업 전인 3월 1일부터 미국인이 동경에서 경영하고 있는 양복 판매점인 로저스 상점에 취직해 회계 일을 보았다. 영어도 배울 겸 미국까지 갈 뱃삯도 벌 겸 근무했다고 한다. 과거 '왕세자 전하'로 한껏 치켜세움을 받으며 극도로 호사롭게 살았던 그의 전력을 생각할 때 그가 지닌 뛰어난 적응력을 증명한 사례 중 하나다. 그런 점에서 그는 부친인 이은보다는 사촌형인 이건에 더 가까운 인물이었다.

그해 6월 25일에 한국에서 한국전쟁이 일어났다. 이은 부부는 윤대비를 비롯한 친척들의 안부를 걱정하며 지냈다고 한다. 아마도 해방 뒤에 한국으로 귀국하지 않은 것을 매우 다행으로 생각했으리라. 유엔군의 참전이 결정되면서 일본에 있는 미군이 한국으로 출병하게 되자, 이은은 그들을 상대로 《한국어 입문서 *A First Book of Korean*》라는 소형의 한국어 회화 교본 책자를 펴냈다. 미군 피엑스에서도 판매되었다는데, 해방 전에 경성제국대학 교수를 지냈고 당시에는 동경의 학습원 교수였던 R. H. 블라이드와 공저로서 이은이 직접 삽화를 그려 넣었다.

이구가 미국으로 떠난 날은 1950년 8월 3일, 제너럴 골든 호로 태평양을 건넜다. 이은 부부는 배가 떠나는 횡빈 항구에 전송하러 나갔다. 이구의 절친한 친구로서 같이 유학하는 동행이 있었는데, 학습원 동기이자 황족이었던 구舊 복견궁의 박명博明이었다. 박명의 어머니 복견조자伏見朝子는 대정천황 시대에 황태자비를 선정할 때 장주벌의 산현유붕 공작이 극력 밀었던 일조 공작 가문의 영양 일조조자이다. 황태자비 선정에서 밀린 뒤 복견궁 박의왕博義王에게 시집가서 남편 따라 이름이 '복견궁조자伏見宮朝子'로 바뀌었고 외아들 박명을 낳았으며, 패전 뒤에 시행된 신적강하로 이름에서 '궁宮' 자가 떨어져 나간 '복견조자'가 되었다. 배가 떠나자 외아들을 멀리 보낸 두 어머니는 부두에 서서 울었다.

당년 19세의 두 청년은 피셔 씨의 주선으로 그의 고향인 미국 켄터키주 던빌 시에 있는 고등학교 과정인 센터 칼리지에 입학했다. 이구는 공부를 매우 잘했던 것으로 보인다. 그로부터 3년 뒤인 1953년 9월에 이구는 미국 최고 명문대학 중 하나인 매사추세츠 공과대학 MIT 건축과에 진학했다.

"축하해 주세요! 드디어 졸업입니다!"

춤추는 듯한 글씨로 쓴 이구의 편지가 도착했다. 1957년 6월 7일이 MIT 졸업식 날이었다. 이구는 졸업한 뒤에 일본으로 돌아오지 않고 취직해 계속 미국에서 살기로 했다고 알려왔다. 이구가 미국에 간 지 벌써 8년이 되었다.

"미국에 가서 우리 구를 보고 졸업식에도 참석하고 싶소! 정말 졸업식에 참석하고 싶소! 어떻게 방법이 없을까?"

늘 무기력하고 의기소침하게 지내고 있던 이은이 모처럼 강한 의욕을 보이며 매우 간절하게 미국에 가고 싶어 했다. 방자는 이은의 희망을 이루어주기로 했다. 여비 마련을 위해서 마지막 남은 유일한 별장, 나수 별장을 팔기로 했다.

그러나 여비보다 더 큰 문제가 있었다. 여권이었다. 그들이 재일한국인으로 등록되어 있는 만치 한국 정부에서 발급하는 여권이 필요했다. 그러나 그간 저택 문제로 몹시 껄끄러워진 사이인 한국 정부에서 협조해 주지 않을 것 같았다. 이은 부부는 《서울신문》 동경 특파원으로 동경에 주재하고 있는 김을한에게 자신들의 여권을 내주도록 한국 정부에 교섭해 줄 것을 부탁했다. 당시는 외국에 나가는 사람들의 수효가 아주 적고 외환 사용도 극도로 제한적이던 때라서, 국민들의 여권 발급을 경무대(대통령 집무처 겸 거처, 뒷날 '청와대'로 호칭이 변경됨)가 일일이 통제하던 시절이었기 때문이다.

김을한은 곧 한국으로 들어가서 관계자들을 접촉한 결과 이은 부부의 우려가 지극히 현실성 있는 것임을 알았다. 그는 평소 알고 지내던 변영태 외무부장관과 이기붕 국회의장까지 만나 부탁했으나 돌아오는 반응은 한결같았다.

"김 선생. 그 일에는 너무 깊이 관계하지 마시오. 아무래도 그 일은 성사되기 어렵소!"

이승만 대통령이 저택 문제로 '이은은 욕심쟁이인 비애국자'라는 인식을 강하게 갖고 있기 때문에 여권 발급이 매우 어렵다는 이야기였다.

김을한은 우선 그런 사연과 경과를 적고 "미국에 가시는 일은 중지하는 것이 좋겠습니다"라고 쓴 편지를 이은에게 보낸 뒤 동경으로 돌아갔다. 이은을 만나서 어떻게 위로해야 할까, 걱정하면서 전원조포의 저택을 찾아갔는데, 뜻밖에도 집 지키는 노파가 나와서 그들 부부는 미국에 갔다고 말했다.

김을한은 황급히 우사미 다카시 일본 궁내청 장관을 찾아가서 만났다. 예상과 같았다. 장관은 "영친왕 내외분이 오셔서 아드님의 졸업식에 가시겠다고 여권을 해내라고 졸라서 정말 땀을 뺐습니다"라면서 경과를 설명했다. "양 전하의 말씀이 한국 정부에서 여권을 안 내주니 일본 여권이라도 마련해 주시오"라고 하시기에 "여권을 일본 것으로 낸다는 것은 일본에 귀화하여 국적을 일본으로 고친다는 것으로서, 매우 중대한 일입니다. 아무리 아드님이 보고 싶으시더라도 다시 한 번 깊이 생각해 보시기 바랍니다"라고 만류했으나 왕 전하는 아무 말씀이 없고 비 전하께서 "나도 일본 사람인데 그거야 상관있습니까. 어쨌든 졸업식에 늦지 않게 속히 만들어주시오!"라고 독촉해서 어쩔 수 없이 외무성에 말해서 여권을 만들어 드렸다는 것이었다.

김을한은 회고록에서 그런 전말을 소개한 뒤에 "우사미 씨의 말이 아니더라도 일은 매우 중대하였다. 아드님 졸업식에 참가하는 것은 좋지만, 그렇다고 일본 국민이 되시다니……. 나는 야속한 생각과 함께 영친왕을 그와 같은 궁지에 몰아넣는 경무대의 처사가 원망스러웠다"라고 기술했다. 본전절자는 이 문제에 대해서도 김을한을 직접 만나 취재한 뒤, 자신의 책에 이렇게 기술했다.

김을한이 억울하다고 나에게 말했던 그 뜻은, 조선 민족 누구나가 다 8월 15일의 일본 패망을 해방이라고 부르며 조선 국민으로 복귀한 것을 기뻐하고 있을 때, 이은이 자기 의지로 일본 국민으로 되돌아갔다는 것이 슬

평민이 된 왕 이은의 천하

프다는 것이었다. 김은 이은의 이 행위가 한국 국민에 미치는 영향을 두려워했다. 예측대로 그때까지 한국 국민의 대다수가 가졌던 이은에 대한 동정심이 이 일로 완전히 사라지고 말았다. 뿐만 아니라 분노의 감정을 갖는 자도 있었다.

"일본인으로서의 이왕 전하란 아무런 가치가 없습니다."

김을한은 내뱉듯이 말하고 침묵했다. 깊은 침묵 속에서 "원래가 일본인인 방자 비 전하는 더 그렇습니다"라고 소리 없이 내뱉는 김의 목소리가 내 마음에 울려오는 듯했다(본전절자, 《비련의 황태자비 이방자》).

일제 36년 동안 잃은 나라를 되찾기 위해서 가족을 버리고 고향을 버리고 자기 몸을 처절하게 희생한 독립운동가들이 한두 사람이 아니었다. 그러나 그 긴 세월 동안 이은은 나라를 되찾기 위한 독립운동에 힘쓴 일이 전혀 없었을 뿐만 아니라, 고국이 겨우 독립된 이후에도 그런 사실을 미안하게 생각하지도 않았다. '일본인'으로서의 생활을 너무나 호사스럽게 너무나 오래 누린 결과, '조선인'으로서의 정체성을 잃었기 때문이다. 당연히 그에게는 어렵게 되찾은 나라를 소중하게 여기는 마음 역시 없었다. 그래서 그처럼 쉽게 일본으로 귀화한 것이다.

그는 새로 일본 국민이 되고도 불편한 마음이 전혀 없었다. 일본 국민이라고 표기된 여권을 가지고 이은 부부는 1957년 5월 18일에 하네다 공항에서 미국으로 출발했다. 생전 처음으로 수행원이 전혀 없는 두 사람만의 여행이었다. 그들은 6월 8일에 열린 MIT 졸업식에 참석했고, 아들 구가 너무도 대견하고 자랑스러워서 감격의 눈물을 흘렸다.

이구는 뉴욕에 있는 중국계인 I. M. 페이 씨의 건축사무소에 취직해 6

월 10일부터 출근했다. 그들은 이구의 숙소와 가까운 곳에 있는 호텔에 들었고, 이구의 근무시간이 끝나면 같이 저녁 식사를 했다. 몇 달이 지난 뒤에는 뉴욕 교외에 있는 시골 아파트를 얻어 세 사람이 같이 살기 시작했다. 구는 줄리아 뮤록이란 여자를 데려와서 "현재 사귀고 있는데 결혼하고 싶은 상대"라고 소개했다. 할아버지대에 우크라이나에서 미국으로 이주해 온 가정 출신의 부친과 독일계인 모친 사이에서 태어난 여성으로 가정적이고 수수하고 어딘지 동구라파적인 분위기가 있었다. 때로 그들 네 명은 함께 산책과 식사를 나누며 즐기기도 했다. 그러면서 이은 부부는 매우 행복하고 즐거워했다.

그런데 돌연 비상 상황이 발생했다. 이은 부부는 1958년 4월 말에 귀국하려고 준비하고 있었는데, 3월 26일 밤에 이은이 뇌혈전 증세로 갑자기 쓰러진 것이다. 처음에는 보행이 어려울 정도였으나 4월 한 달 동안 치료하고 휴양한 결과 다행히 거의 회복되었고, 그들은 5월 17일에 귀국길에 올랐다. 이은 부부는 햇수로는 2년, 실제로는 꼬박 만 1년 동안을 미국에서 살았다.

그들이 샌프란시스코에서 배를 타고 미국을 떠나 일본의 횡빈 항에 도착한 것은 6월 8일, 다시 일본 생활이 시작되었다. 이은은 다시 우울하고 무기력한 모습으로 돌아갔다. 그는 주로 멍하니 앉아서 텔레비전을 시청할 뿐, 찾아오는 손님을 만나는 것조차 피곤하게 여겼다고 한다.

김을한은 돌아온 이은을 찾아갔다. 그는 이은에게 "전하께서 일본 국적을 취해서 일본 국민이 된 것이 얼마나 잘못된 큰일인가" 하는 문제를 조선 역사를 거론하면서 누누이 설명하고 진심을 쏟아 탄식하며 나무랐다.

"나라가 있었으면 제28대 왕이 되셨을 전하께서 마지막 판에 이르러 일본에 귀화하여 일본 국민이 되신 것을 아신다면 태조대왕 이하 열성조의 임금들이 얼마나 슬퍼하시겠으며, 또 현재 살아있는 일반 국민, 그 중에도 향교의 유림들은 또 얼마나 통분하게 생각하겠습니까!"

이은은 그제서야 자신이 일 처리를 잘못했다고 납득하고 되물었다.

"그러면 어떻게 했으면 좋겠소?"

그 또한 듣는 이의 마음을 쓰라리게 하는, 많이 모자라는 질문이었다. 김을한은 "자신이 제일 걱정하고 또 창피하게 생각한 것은 문제의 여권 때문에 '일본인 이은'이 탄생한 것인 바, 만일 이은이 한 사람의 일본 국민으로 세상을 떠난다면 천추만대에 그런 치욕이 또 어디 있겠는가!"라고 생각했다고 한다. 그래서 "백 가지 일을 다 제쳐두고 가장 먼저 이은의 국적을 하루바삐 한국으로 고쳐놓는 일부터 해야 되겠다"고 결심하고 그 일에 적극 뛰어들었다.

그러나 알고 보니 이은의 경우, 그가 처한 정황상 국적을 회복하는 일이 전혀 쉬운 것이 아니었다. 국적 회복에 대해서 국적법 제14조에 이렇게 규정되어 있기 때문이다.

"대한민국의 국적을 상실한 사람이 대한민국의 주소를 가질 때는 법무장관의 허가에 의해 대한민국의 국적을 회복할 수 있다."

그런데 방자의 친정 사람들은 "이왕 일본 국적을 가졌는데 일본인으로 그냥 살라!"고 권유하고 있었고, 이은 자신도 한국으로 갈 생각이 전혀 없었다. 따라서 '대한민국의 주소를 가질 때'라는 조건을 도저히 충족할 수가 없기 때문에 한국 국적으로 회복한다는 것은 불가능했다.

아무튼 이은 부부의 국적 회복 문제로 애를 태우며 이리저리 뛴 건 한

평민이 된 왕 이은의 천하

1958년 이은 부부와 아들 이구

이은 부부와 이구 부부

이구와 줄리아

국인인 김을한이었지, 당사자인 이은 부부는 애태우는 일 전혀 없이 금세 포기하고 말았다. 그들은 그 뒤로도 아무런 심적 고통이나 미련 없이 일본인으로서 일본 여권을 가지고 이구를 만나러 미국에 다녔다.

이은 부부는 미국 첫 방문에서 돌아온 지 2년 뒤인 1960년에 미국에 다시 갔다. 그들은 6월 6일에 횡빈 항구에서 배를 타고 미국에 가서 이구가 있는 뉴욕에 머물렀다. 이구는 1957년 10월 25일에 줄리아 뮤록과 결혼했는데, 결혼식에 참여하지 못한 이은 부부는 아들 이구 부부를 이때 처음으로 만난 것이다. 줄리아는 '한 살 연상' 또는 '네 살 연상'으로 알려져 왔으나 실제로는 1923년생으로 이구보다 여덟 살 연상이었다고 한다. 뉴욕에서 그들은 이구 부부의 거처 가까운 곳에 자리 잡고 생활을 함께했다. 이은과 방자는 이구와 같이 지낼 때 가장 행복을 느꼈고, 부족한 생활비 문제로 일본으로 돌아가야 했을 때 매우 불행했다. 오직 이구와 헤어지는 것이 너무도 마음 아플 뿐, 자신들의 국적이 일본인 것은 아무런 아픔이 되지 않았다. 일본 속담에 "한 치 벌레에도 오 푼의 혼이 있다"는 말이 있다는데, 이때의 이은에게는 그 '오 푼의 혼' 조차 없었던 것이다. 그들은 8월 6일에 뉴욕을 출발해 동경으로 돌아왔다.

고독과 고통과
가난의 나날

한 가지 이상한 일이 있다. 부유하고 호사스럽게 살아온 높은 신분의 사람일 경우, 대체로 남에게 궁한 소리를 하거나 자신이 전혀 도움 준 일 없는 사람에게 도와 달라고 손 벌리는 일을 하는 것을 죽기보다 수치스럽게 알고 차마 하지 못한다. 그러나 이은은 왕족으로 태어나 호사스럽게 평생을 보낸 자답지 않게 남에게 손 벌리는 일을 쉽게 했다. 재정적으로 어렵다 해서 김을한을 불러서 "재일동포 갑부인 서갑호 씨에게 말해서 돈을 좀 얻고 싶다"는 의논을 했을 정도였다.

워낙 살아가는 자세가 그러했기에, 일본이 패전한 이래 이은 부부는 위로는 천황으로부터 아래로는 저택 근무자들의 모임에서까지 이런저런 도움을 받으면서 살아갔다. 아들을 만나러 두 번째로 미국에 갔다가 1960년 8월에 돌아올 때는 "뉴욕에서 동경으로 돌아갈 비행기표를 살 돈이 없으니 주선해 달라"고 한국에 있는 김을한에게 편지를 보내 구원을 요청하기도 했다. 그래서 당시로는 거액이던 1,000여 달러에 이르는 비행기표를 화신백화점의 박흥식 사장이 사서 보내주었을 정도였다.

이은이 처한 경제 사정을 딱하게 여겨 도움을 준 사람들에 대해 김을한은 자세하게 적고 있다. 이은에게 경제적 도움을 준 사람들은 다양했고 도움을 준 방식도 다양했다.

앞에서 언급한 대로 일본 정부에서 저택 일부를 참의원 의장 공관으로 쓰면서 월세 지불 형식으로 매달 30만 엔을 지불했다. 그 월세가 들어오지 않게 된 후 그들이 매우 궁색하게 지낸다는 소식을 들은 소화천황이 자신의 친용금에서 매달 '10만 엔' 씩 보내 주었는데, 그것은 그들 부부가 뉴욕에 만 1년 동안 머물고 있을 때 끊어졌던 모양이다.

그들이 일본으로 돌아온 뒤 다시 몹시 궁색하게 지내고 있다는 소문이 나자, 이번에는 야전묘일野田卯一이라는 정치인이 나서서 그의 보스인 길전吉田 일본 수상에게 "무슨 방법으로든지 영친왕을 구원해야 됩니다!"라고 호소했다고 한다. 이에 길전 수상은 전국은행연합회 관계자를 불러 "그 단체의 교제비에서 매달 10만 엔을 영친왕에게 드리라"고 지시했다. 그래서 이은 부부는 한국으로 귀국할 때까지 그 돈을 받아 생활했다.

또 이은과 직접 아는 사이도 아닌 사람으로서 예전 내무성 고위 관료였던 상촌건태랑上村健太郎이란 사람이 자기가 고문으로 있는 회사에서 매달 지불하는 고문료를 자기 대신 이은에게 보내주도록 주선해 주어 여러 해 동안 그 돈을 받기도 했다. 얼굴 한 번 본 적 없는 영화사 대표가 5,000달러를 기증한 돈을 받기도 했다. 남들의 그런저런 도움을 받아서 살아가는 형편을 '인덕이 있는 증거'라고도 하지만, 고맙기는 하나 구차하고 불명예스러운 일이었다.

현재 이은이나 이방자에 관한 저서들 중에서 김을한의 저서 이외의 책들에는 패전 이후 이은 부부가 받았던 원조나 후원의 주체와 내용이 뒤죽박죽으로 뒤엉켜서 부정확하게 서술되어 있다. 살펴보면 그 원인이 금세 드러난다. 당시 그들의 경제 사정을 가장 잘 파악하고 있던 김을한의 저서에 명확하게 설명되어 있는데도 불구하고, 본전절자는 자신의 저서에서 그것을 부정확하게 인용해 놓았다. 한글을 제대로 해득하지 못한 까닭으로 보인다. 그런데 한국인 저술가들이 대부분 본전절자의 저서에 잘못 기술된 부분을 그대로 인용하는 바람에 따라서 부정확한 기술이 되었다.

아무튼 이은 부부가 그처럼 경제적 고통을 겪고 있어도 그들에게 막무가내로 손을 벌리는 사람이 따로 있었다. 의친왕의 장남 이건의 가족이었다. 이건의 가정 역시 일본의 멸망과 함께 처절하게 몰락했다. 그의 가정은 일본의 패전 이후 이건의 신분이 평민이 되면서 크게 금이 갔다. 이건의 부인 이성자李誠子(송평가자, 광교성자)는 일본의 패전 이전에는 '비 전하'로 불리면서 큰 대우를 받고 매우 풍요롭게 살았다. 패전 이후에는 타고난 활달한 성품대로 '비 전하'라는 경칭을 지닌 채 '이건 공 전하'와 함께 장사에 나서기도 했다. 팥죽집, 산양 젖 판매, 양갱 제조, 트럭운송회사, 문방구 경영, 농장 경영, 생강과자점, 각종 문서 작성과 번역 등등, 그들 부부가 시도한 사업은 다양했다. 그러나 모두 하나같이 실패했다.

신적강하로 평민이 되면서 일본에 귀화하고 이름도 도산건일로 창씨개명한 이건을 따라 도산가자桃山佳子로 다시 개명한 부인은 가난이 심화되면서부터는 가정을 일절 돌보지 않고 밖으로만 나돌았다. 노래 잘 부르고 사교적인 성품의 그녀는 은좌에 있는 사교 클럽의 사장으로 고용되어 일하게 되면서 물 만난 물고기 같이 살았다. 이건은 그런 부인에 대한 불만이 쌓여가고 있는 중에 홍등가紅燈街에 나가던 여성인 전전미자前田美子를 만나 사귀게 되었다. 그래서 부인에게 이혼을 제의하자 부인은 "좀 더 빨리 이혼했더라면 좋았을 걸 그랬다. 그간 여자인 내가 먼저 그런 말을 꺼내기가 어려워서 잠자코 있었다"면서 흔쾌하게 동의했다.

1951년 5월에 이건은 부인과 이혼했다. 슬하의 3남매 중 장남은 부인이 데려가고 자신은 차남과 딸을 맡은 뒤, 홍등가 출신 여성과 재혼했다. 그들의 이혼은 사회적으로 큰 화젯거리가 되어 각종 매스컴에 "황·왕공족 출신 이혼 제1호!"라고 떠들썩하게 보도되었다. 새 부인이 홍등가 출신이라는 점도 사람들의 흥미를 부추겼을 것이다.

그런데 대체 무슨 취향인가? 이건은 자신의 이혼과 새 부인을 만나게 된 경위 등을 밝힌 수기를 책으로 펴냈다. 그 책에는 새 부인이 조신하고 다소곳하고 내성적이고 욕심 없고 효심 많은 여성인 양 그려져 있다. 그런데 바로 그 새 부인이 툭 하면 아이를 데리고 이은의 집에 찾아와서 "그래, 명색이 왕 전하라면서 조카 하나 못 봐주는 거냐!"고 거칠게 큰소리를 치면서 돈을 뜯어가고는 했다는 것이다. 그래서 돈이 없을 때는 그 부인을 피해서 이은 부부가 그 부인이 갈 때까지 집에 들어가지 않고 외부에서 기다리기도 했다고 한다. 이건은 재혼으로 2남 1녀를 더 낳았다.

덕혜옹주도 더욱 불행해졌다. 덕혜옹주는 세월이 갈수록 정신분열증이 더욱 심해져서 외출을 전혀 하지 않고 집 안에만 머물러 있게 되었다. 전쟁 말기인 1945년 4월 28일에 공습경보 속에서 치러졌던 이은 부부의 간소한 은혼식 행사에 장인인 이본궁 수정왕 부부와 조카인 이건 공 부부와 방자의 여동생네인 광교 백작 부처 등이 모두 참석했으나, 덕혜옹주는 참석하지 못하고 남편인 종무지 백작만 참석했을 정도였다.

예전에는 이왕직에서 덕혜옹주 몫의 세비를 지불했기에 그들 부부는 매우 부유하게 지냈으나, 일본의 패전으로 한국이 독립한 뒤에는 세비가 즉각 끊어졌다. 종무지는 종전 직후 11개월 정도 귀족원 의원으로 활약한 것 외에는 주로 예술 활동을 계속하면서 때로 전문학교 교수와 학원 강사로 일했을 뿐 뚜렷한 경제활동이 없었다. 그래서 대저택도 고용인도 전처럼 유지할 수 없어서 집을 줄여서 이사했다고 한다.

화족제가 폐지되어 귀족들이 모두 평민이 된 뒤, 덕혜옹주는 동경에 있는 유명한 송택松澤정신병원에 입원했다. 이제는 시대가 바뀌어서 종무지도 직접 활동해서 가정경제를 책임져야 했는데, 덕혜옹주가 마냥 조용하고 얌전한 환자이기는 했으나 돌보는 사람 없이 혼자 있도록 방치할 수 없었기 때문에 입원시킨 것으로 보인다고 한다. 그의 경제 사정으로는 입원비를 부담할 수 없었기 때문에 덕혜옹주의 입원비 매월 1만 엔은 이은이 부담했다.

덕혜옹주 부부는 결국 이혼했고 종무지는 곧 일본 여성과 재혼했다. 자료에 따라 그들의 이혼 시기는 1951년설, 1953년설, 1955년설, 세 가지로 뒤엉켜 있다. 1951년 설은 신뢰도가 희박하고, 1953년 설과 1955년설이 대립하고 있다. 1962년 1월 26일에 덕혜옹주가 귀국했을 때 한국의 각 보도기관에서는 관련 기사를 보도하면서 일제히 "덕혜옹주는 1953년에 이혼했다"고 보도했다. 그러나 방자의 회고록에 "덕혜옹주는

1955년에 이혼하고 호적에 (어머니 성을 따라서) 일가를 창립하여 양덕혜 梁德惠가 되었다"고 기술되어 있는데다, '1955년설'을 지지하는 《덕혜옹주》의 저자 본마공자가 여러 정황적 증거들을 거론한 뒤 "《구화족가계대성舊華族家系大成》에 이혼 일자가 1955년 6월이라고 기록되어 있는 것을 보았다"고 서술하고 있는 것으로 보아서 '1955년설'이 확실한 것으로 보인다.

덕혜옹주가 낳은 유일한 딸 종정혜宗正惠는 조도전대학에서 영문학을 전공하고(현재 자료상 '명치대학 출신'이라는 설이 많은데, 실제로는 '조도전대학' 출신이라고 함), 대학 시절부터 사귄 중학교 교사 영목욱鈴木旭과 1955년 가을에 결혼했다. 뒤이어 종무지도 재혼했다. 그러나 정혜는 결혼한 지 미처 1년도 지나지 않은 1956년 8월 26일, 유서를 남기고 집을 나간 뒤 영영 행방불명이 되었다. 종무지는 재혼한 뒤 2남 1녀를 더 낳았다.

이강의 가문도 지리멸렬하게 몰락했다. 해방이 되어 이왕직에서 나오던 세비가 끊어지자 다른 생계 수단이 없던 이강은 즉각 경제적인 타격을 받았다. 게다가 "정부가 수립되면 사동궁이 국가에 환수될 것이니 빨리 처분하라"는 협잡배의 꼬드김에 넘어가서 사동궁을 헐값에 팔아치운 뒤 그는 제멋대로 가족을 이끌고 가서 안동 별궁을 차지했다. 그것은 도저히 용인될 수 없는 행태였다. 본래 궁중법도로는 왕의 아들로 태어났다 해도 일단 분가해 독립한 뒤에는 마음대로 궁궐 재산에 손을 댈 수 없었다. 하물며 왕조 자체가 폐지되어 모든 궁궐이 국가 소유가 된 뒤인데도 불구하고, 이강은 자기 사유재산을 팔아치운 뒤 부당하게 궁궐 일부를 차지한 것이다.

1950년에 한국전쟁이 발발하자 이강의 가족들은 남쪽으로 피난 갔다가 안동 별궁으로 돌아와서 살았는데, 나중에는 안동 별궁도 팔아서 없앴다. 이강은 1955년 8월 17일에 별세했다. 그 뒤 이강의 아들 중 일부가 청와대 옆에 있는 칠궁七宮을 차지하고 살았는데 전두환 정권 때인 1983년에 정부에서 소송까지 벌여 승소한 결과 1984년에 국가에 환수되었다. 강용자가 쓴 《왕조의 후예》에 의하면, 작은 아파트를 대신 주었어도 환수 조치에 크게 분개한 이강의 후손이 칠궁에 있던 살림살이들을 친지들에게 가져가게 하여 열세 트럭이나 실어가면서 모두 골동품이라면서 아주 좋아했다고 한다. 이강의 아들들 중 일부는 왕족의 후손이라는 신분을 내세워 각지에 있는 능의 제각에 있던 유물들을 빼내어 팔기도 했다. 그러면서도 후손들 대부분 가난하게 살았다.

일본이 세심하게 신경 쓰면서 관리하던 조선 왕공족들은 모두 일본제국의 운명의 흐름에 그대로 일치하는 삶을 살았다. 일본이 성세를 누릴 때는 부유하고 호사스럽게 살았고, 일본이 패전으로 멸망하자 다 같이 가난해지고 초라해지고 불쌍해졌다.

다만 그들 중에서 오직 한 사람, 민족의식이 강하고 일본의 조종에 그대로 따르지 않으려고 크게 노력했던 이우는 오히려 일본을 응징한 원자탄에 남 먼저 희생되어 조국의 독립을 보지 못했으니 말 그대로 비극이었다. 그러나 이우의 가문만은 그가 일본의 혼혈 결혼정책에 반항해서 유일하게 한국 여성과 결혼했고 결혼 뒤에도 가족을 자주 한국에서 살도록 조치한 것이 한국인들에게 높게 평가되고 좋은 영향을 미쳤다. 그래서 해방된 뒤 국회의 의결에 의해서 운현궁 재산은 이우 가문에 속한 사유재산이라고 결정되었다. 그리하여 유족은 이우 가문의 재산과 명성을 그대로 보존하면서 체면과 품격을 유지했으니, 그 또한 후세에 시사하는 바가 크다.

평민이 된 왕 이은의 천하

따뜻한 화해

☷ ☶ ☵ ☴   1960년 4월, 여기저기서 주는 후원금으로 구차하게 살아가고 있던 이은 부부에게 돌연 새로운 전망과 희망이 생겼다. 그들을 몹시도 싫어했던 자유당 정부의 이승만 대통령이 그간 쌓인 부정부패와 3·15부정선거에 대한 반발로 일어난 4·19혁명에 의해 하야한 것이다. 허정許政 과도내각을 거쳐 7월에 수립된 민주당 정부는 대통령 윤보선尹潽善, 총리 장면張勉으로 구성되었다. 이은은 두 사람에게 축하 편지를 보냈고 장면에게서 친절한 답장을 받았다.

"어릴 때 인질로 끌려가서 평생을 일본에서 보내신 대한제국 마지막 황태자 이은 씨와 그 분의 누이동생 덕혜옹주가 조국이 해방된 지금도 일본에 계십니다. 이제는 귀국하시도록 조치해 주셔야 되겠습니다."

민주당 정부를 상대로 신문기자 김을한은 이은과 덕혜옹주의 환국을 교섭하기 시작했다. 건강 상태가 나쁜 이은이 일본에서 '일본인 이은'으로 죽기 전에 귀국하도록 서두르려는 충정에서였다. 이은의 환국 요청에 장면은 큰 호의를 표시하는 동시에 이은이 주영대사를 맡아줄 것을 제의했다고 한다. 그러나 이은은 남북이 통일되기 전에는 어느 한쪽으로 휩쓸려 정치적으로 이용당하지 않겠다는 소신이 있었기 때문에 즉각 거절했다.

한편 창덕궁 낙선재에서 살고 있던 순종의 황후 윤씨의 거취에도 변화가 있었다. 황후 윤씨, 곧 윤대비는 해방 이전에는 이왕직에서 지불하는 세비로 매우 여유 있게 살았다. 해방 이후에도 나라에서 주는 생활비를 받아 상궁들을 거느리고 낙선재에서 살았다. 그러나 한국전쟁 때 부산으로 피난 갔다가 환도한 후에는 낙선재로 돌아가지 못했다. 이승만 대통령이 윤대비의 낙선재 입주를 불허하고 정릉에 있는 별장 인수재에 거주하도록 조치했기 때문이다. 왕조가 폐지됐으니, 국가 재산인 궁궐에 들어가서 사는 사람이 없도록 하겠다는 의도에서 단행된 조치였다. 예전처럼 생활비를 지불하고 별장에 상주하는 경호 경찰도 파견했으나 궁궐 밖에서 몇 안 되는 상궁들과 살고 있는 윤대비의 설움은 컸다.

그러나 이승만 정권이 무너진 후 새로 들어선 허정 과도정부는 구황실에 대한 정책을 전면적으로 바꿨다. 윤대비가 예전처럼 낙선재에 살도록 조치함으로써 궁궐 밖에서 산 지 10년 만인 1960년 5월에 낙선재로 환궁했다. 허정 내각에 이은 민주당 정부의 구황실 정책도 이승만 정권과 달라서 이은 부부와 덕혜옹주의 환국에 대해서 매우 긍정적인 반응을 보였다.

환국 날짜 등 의논이 미처 확정되기 전인 1961년 3월에 이은 부부는 세 번째로 미국에 갔다. 이번에는 민주당 정부에서 보낸 100만 환을 받아 가지고 갔다. 그들은 3월 26일에 일본을 출발해 이구가 있는 하와이로 갔다. 당시 이구는 하와이대학의 동서센터 건축 작업에 참여하고 있었다.

평민이 된 왕 이은의 천하

이은 부부는 하와이에서 40여 일 동안 이구·줄리아 부부와 같은 호텔에서 지내다가 5월 7일에 동경으로 돌아갔다. 그런데 동경으로 돌아온 지 열흘 만인 5월 17일에 이은이 다시 쓰러졌다. 뇌혈전에 의한 뇌연화증 증세로, 몸을 움직이기 힘들고 말하는 것도 힘들 정도로 심각한 상태였다. 방자는 서울에 있는 김을한에게 편지를 보내 사정을 알리고 "입원시키려 해도 돈도 없고 사람도 없으니 와서 도와 달라!"고 호소했다.

이때 한국에서는 정정政情이 다시 크게 변한 상태였다. 1961년 5월 16일에 군사 쿠데타가 일어나서 민주당 정권이 무너졌다. 김을한은 한때 망연자실했다가 정권을 잡은 군사정부를 상대로 다시 이은과 덕혜옹주의 환국에 관한 교섭을 시도했다. 이은의 건강이 날로 악화되어 가고 있었기 때문에 그로서는 절박했다. 김을한이 선을 대어 교섭한 결과 군사정부의 수장인 국가재건최고회의 박정희 의장으로부터 전적인 협조를 약속받았다. 김을한의 부탁을 받고 이은에 관한 이야기를 전한 민병기 교수에게 박 의장은 대뜸 말했다고 한다.

"그거 참 안됐군. 그렇지 않아도 그 어른의 일이 늘 마음에 걸렸었는데. 만일 영친왕이 일본에서 병원에 입원도 못하고 거리에서 돌아가신다면 우리 민족 전체의 수치요. 곧 주일대표부에 연락해서 동경에서 제일 좋은 병원에 입원시켜 드리고 그 비용은 정부에서 지급할 터이니 그리 알라고 하시오."

그리고 문병을 위한 '특사'를 보내기로 하고, 이은의 죽마고우인 엄주명과 그간 이은을 위해서 여러 가지로 애쓴 김을한을 특사로 정했다. 엄주명은 이은의 생애 초기인 열 살 때 이은의 공부 동무로 뽑혀서 일본에서 함께 유년군사학교와 육군사관학교를 거쳐 육군 장교로 복무하다

가 대위 때 예편하고 고국으로 돌아왔다. 그는 해방 뒤에 국군에 들어가서 복무하다가 준장으로 퇴역했다. 그리고 이은의 생애 말기인 이때 특사로 뽑혀서 일본에 파견되어 이은을 다시 만나게 된 것이니 실로 기이한 인연이었다.

 이튿날 아침부터 중앙방송국에서는 '최고회의 공보실 발표'라 하여 하루 종일 이은에 대한 군사정부의 배려와 특사 파견 이야기를 되풀이 방송했다. '특사' 이야기는 즉각 일본에도 알려졌다. 박 의장의 말은 즉시 시행되었다. 주일대표부를 통해서 한국 군사정부의 지원 의사를 들은 방자는 주위 사람들과 의논해서 이은을 동경에 있는 가톨릭계 병원인 성노가聖路可병원 특등실에 입원시켰다. 일이 그렇게 진전되어 가자 이은은 몹시 기뻤던 듯하다. 김을한이 오기 전날만 해도 "특사는 언제 오느냐? 특사는 언제 오느냐?"고 자꾸 물었다고 한다.

두 명의 특사 중에서, 엄주명은 여권이 없어 수속 절차를 밟아야 했기 때문에 여권 있는 김을한이 먼저 출발하기로 해 1961년 8월 6일에 동경으로 갔다. 하네다 공항에 도착하니 박 의장의 특사가 온다는 것이 널리 알려져 있어 수많은 기자들이 나와서 기다리고 있었다. 그러나 이은은 그 사이에 병세가 더욱 악화되어 정작 김을한이 도착했을 때는 전혀 말을 하지 못했다. 결국 그가 생애 최후로 한 말은 "특사는 언제 오느냐?"가 되었다. 그렇게 시작된 실어증은 그가 환국해서 별세할 때까지 계속되었다. 2주 뒤에 여권과 비자를 갖춘 엄주명이 동경에 도착해 해방 후에 처음으로 다시 만난 이은을 붙들고 끝없이 울었다. 그러나 이은은 이미 아무런 반응도 보이지 않았다.

이때부터 한국 정부에서 이은의 치료비와 생활비를 전부 부담했다. 박 의장이 이은 문제에 대해 이렇듯 시원시원하게 대응한 것에는 인도적 배려 외에 정치적 계산도 크게 작용했다. 군사 쿠데타로 정권을 잡은 지 불과 2개월여밖에 되지 않았기에, 국민들에게 무언가 새롭고 기발한 현안을 제시해 주목과 호감을 끌어내고 싶었던 것이다.

환국은 먼저 덕혜옹주부터 실시되었다. 박찬주와 그녀의 차남 종이 일본에 가서 1962년 1월 26일에 덕혜옹주를 모시고 입국했다. 1925년에 일본에 간 덕혜옹주로서는 37년 만의 귀환이었다. 유모였던 변복동 상

↖ **이은과 공부 동무들.** 1907년 당시 대한제국 황실에서는 만 10세에 불과한 황태자 이은 혼자 일본에 보내는 것이 마음 놓이지 않아 같이 공부할 아이들을 뽑아 함께 보낸다. 조대호, 서병갑, 엄주명과 일본 아이 증아만 모두 네 명이 이은을 따라 일본으로 건너갔다. 사진은 일본에 인질로 끌려간 이은과 한국 고관, 함께 건너간 공부 동무들과 기념 촬영한 것이다. 그 중 한 명인 엄주명이 이은의 생애 마지막 고비에서 그의 환국을 추진하는 특사로 선정되어 일본에 파견되었다.

궁이 살아 있어 눈물로 덕혜옹주를 맞았다. 덕혜옹주는 먼저 낙선재로 가서 윤대비에게 인사드린 후 서울대학병원으로 직행해서 입원했다.

그런데 과연 덕혜옹주는 머리 좋은 사람다웠다. 정신분열증을 앓으면서도 한국에 왔다는 것을 명확하게 인식한 모양이었다. 그녀는 입원 중인 서울대학병원에서 귀국한 지 6일째인 2월 1일에 이은에게 보내는 한글 문안편지를 쓰고, 사흘 뒤인 4일 아침에는 윤대비에게 보내는 한글 문안편지를 써서 사람들을 크게 놀라게 했다. 고어체 한글로 쓴 간단한 편지인데, 필체도 반듯하고 당당했다. 그녀가 윤대비에게 보낸 문안편지를 찍은 사진이 《동아일보》에 실려 사람들의 눈시울을 뜨겁게 했다.

"날이 좃습니다 딕궐마마 침슈 알녕히 허우셧슴니가."

정신분열증을 앓는 그 오랜 세월 동안 한글을 어찌 그대로 기억하고 있었는가. 그리고 웃전에 문안드릴 때 쓰는 예전 우리말 궁중용어를 어찌 그대로 기억하고 있었는가. 실로 놀랍고도 애처로운 일이었다. 덕혜옹주는 서울대학병원에 5년 동안 입원해 있다가 퇴원해 낙선재 안에 있는 전각인 수강재에서 노 상궁들의 보호를 받으며 살았다.

이은 부부는 1963년 11월 22일에 귀국했다. 호랑이도 자기 굴에 있을 때라야 위엄을 지닌다. 이은이 한국 정부의 주선으로 고국으로 돌아가게 되자, 일본 사회에서 이은을 바라보는 시선이 일변했다. 일본 정부는 황급히 임시각의를 열어 이은에게 5만 달러(1,800만 엔)의 전별금을 증정하기로 의결했다. 일본 정부가 마련한 전별금 중에서 이은 부부가 타고 갈 일본 항공 특별전세기의 대금 200만 엔을 제외한 나머지 1,600만 엔이 이구에게 전해졌다. 이은 부부, 이구 부부, 이은 부부의 친지인 안동安東 전 중장中將 부부, 조카 이수길 씨 부부, 한국에서 모시러 간 의

료진 두 명, 일본인 간호사 두 명 등이 한국행 비행기에 올랐다.

이날 김포공항에는 정부 대표와 종친들과 숙명·진명·양정 학교의 학생들을 비롯한 많은 환영객이 나왔다. 비행기가 공항에 착륙하자 환영객들의 꽃다발이 방자에게 몰렸다. 이동침대에 누운 채 비행기에서 내린 이은을 실은 앰블런스는 곧장 명동 성모병원으로 갔다. 많은 사람들이 연도에 늘어서서 이은의 귀국행렬을 기꺼운 마음으로 맞았다.

이때 국민들 사이에서 이승만 정권 때 이은에 대해 갖고 있던 악감정은 거의 사라지고 없었다. 그러나 정권 교체에 따라 변화된 반응은 결코 아니었다. "마지막 황태자 이은이 늙고 가난하고 병든 몸으로 고국에 돌아온다!"는 소식이 한국인들이 그에 대해 갖고 있던 모든 부정적인 감정을 일시에 가라앉힌 것이다. 그가 최상류층 일본인과 같은 위치에서 풍요롭고 건강하게 잘 살고 큰 재산을 갖고 있을 때는 그를 향해 반감과 증오가 치솟았지만, 그가 초라하고 가난하고 깊은 병이 든 불쌍한 신세가 되어 돌아오게 되자 그 반감과 증오가 가뭇없이 사라진 것이다. 외지에 나갔다가 죽을병에 걸려 빈손 들고 고향에 돌아온 가엾은 자식을 맞는 어미처럼, 한국인들은 이은을 너그럽게 맞아들였다. 이미 그에 대해 떠돌던 나쁜 평판과 질시와 증오는 사라졌고 그를 크게 가엾어하는 정서가 대세가 되었다.

이은은 이동침대에 누워서 들어간 성모병원을 끝내 자기 발로 나오지 못했다. 그는 한마디 말도 하지 못하고 움직이지도 못한 채 그저 병실에 고요히 누워서 날을 보냈다. 그렇게 무정한 세월이 흐르는 동안 이은과 깊은 인연을 맺었던 사람들이 하나둘 세상을 버렸다.

1962년 1월 26일 낙선재에 도착한 덕혜옹주

1962년 덕혜옹주를 맞으러 일본에 간 박찬주와 아들 이종

평민이 된 왕 이은의 천하

《동아일보》 1962년 2월 5일자 덕혜옹주 기사

1970년 이은을 간호하는 이방자

1966년 병실에서 70회 생일을 맞은 이은

1966년 2월 3일에 윤대비가 72세로 별세했다. 이은이 귀국했어도 말도 못하고 사람도 못 알아보는 상태라서 윤대비가 너무 충격을 받을까 봐 염려해 주위에서 두 분이 만나는 것을 막았다. 그래서 윤대비는 이은이 귀국한 이래 3년이 흘렀어도 단 한 번도 만나지 못한 채 별세했다.

1968년 2월 19일에 이은의 한국인 약혼녀였던 민갑완이 별세했다. 민갑완은 '대한제국 황태자의 약혼녀'였다는 사실을 최고의 긍지로 삼아 평생을 수절하고 지냈다. 끊어진 인연이 연결된 인연보다 더 강력하게 운명의 고리를 움켜쥐고 삶의 방향을 결정한 것이다.

그녀의 일생은 기구했다. "다른 남자와 결혼하라"는 일제의 압력을 견디다 못해 그녀는 1921년에 상해로 망명했다. 기다리고 기다리던 해방을 맞아 고통 속의 망명생활을 끝내고 귀국한 뒤에도 그녀는 아무도 알아주지 않는 수절을 계속하면서 슬픔과 고뇌의 세월을 살았다. 그녀의 존재가 다시 세상에 널리 알려진 것은 1958년 6월이었다. 동아일보사에서 창간호부터 1928년까지 발행된 신문의 지면을 원본의 반으로 줄여서 찍은 축쇄판을 책으로 묶어 발행했는데, 그녀를 아는 사람이 그 축쇄판에서 이은의 결혼날인 1920년 4월 28일자 신문에 실린 그녀에 관한 기사를 보고 신문사에 그녀의 근황에 대해 제보했다.

동아일보 기자가 민갑완을 찾아가서 취재해 1958년 6월 29일 지면에 다시 크게 보도했다. 그녀의 소식에 국민들은 놀라고 감동했고, 그 뒤로 여러 매스컴에서 경쟁적으로 그녀를 취재해 널리 보도했다. 그녀의 생애는 영화로도 만들어져서 1962년 8월에 전국 각지의 영화관에서 상영되었다. 영화 제목은 〈백년한百年恨〉, 그녀가 평생 지녔던 심사를 그대로 대변한 것이었다. 그녀는 회고록을 조카에게 구술해 역시 《백년한》이란 제목을 붙여 그해 11월에 펴내었다. 책은 널리 읽혔고, 그녀의 존재는 더욱 뚜렷하게 세상에 부각되었다. 조선왕조를 음지에서 붙들고 있던 보이지 않는 힘이 홀연히 그 존재를 드러낸 듯했다.

1963년 11월에 이은이 귀국하자, 그녀의 집에서는 '한 번 방문해 주지 않을까' 하고 크게 기대했다고 한다. 그러나 그가 말도 못하고 움직이지도 못하는 중태로 귀국한 것을 알고 기대를 버렸다. 그녀는 부산에서 남동생 가족과 함께 살다가 71세로 별세했다.

그녀를 전통의 희생양이라고 할 수 있을까? 그녀의 생애에서 느껴지는 것은 이성의 매서움과 이데올로기의 거대한 힘이다. 그녀 자신 '황태자의 약혼녀였다'는 이유만으로 홀로 평생을 수절하며 사는 삶이 지닌 모순과 비애와 불합리성을 누구보다도 처절하게 인식하고 있었을 것이다. 그럼에도 그녀는 완전히 자의에 의해 그 길을 갔다. 매우 불합리한 전통일망정 자신의 인생을 모두 바쳐서 그 전통을 완벽하게 지켜내고 완성하려 했던 사납고도 슬픈 기개가 역사 위에 큰 붓으로 무서운 방점을 찍었다.

민갑완은 그의 전 생애를 대낮의 햇살 아래 날것으로 환히 드러내며 우리 앞에 서 있다. 합리와 타협과 순응이라는 방식으로 세상과 쉽게 어우러져서 살아가는 대다수 사람들 인생의 대척점에 그녀는 오늘도 꼿꼿이 서 있다. 그리고 그녀의 전 존재로서 우리에게 묻는다.

진정한 삶이란 과연 어떻게 살아가는 것인가!

다시 생각하니, 그녀는 무한히 자유롭게 살았던 사람으로 보이기도 한다. 그렇다! 상식의 편리함과 중용의 안전함과 타협의 이익……, 사람의 삶을 안온하게 보듬어주는 그런 것들을 모두 무시하고, 오로지 '전통에 따라 수절하는 것' 하나만을 생의 목적으로 삼고 온갖 핍박과 고통을 겪으면서도 세워놓은 칼의 끝과 같은 생의 높고 가파른 정점에서 자신이 선택한 방식으로 사는 자유를 맘껏 누린 사람, 그녀야말로 진정한 의미에서 천의무봉한 자유인 중 한 사람이 아니었을까!

1970년 5월 1일에 이은이 73세로 별세했다. 사흘 전인 4월 28일은 이은 부부의 결혼 50주년 기념일이었다. 그날 이은은 의식 없는 상태로 병원에 누운 채, 방자와 이구 내외와 소수의 친지들이 YMCA에 모여서 금혼 축하 만찬을 가졌다. 그런데 5월 1일에 이은의 용태가 갑자기 악화되어 더 이상 희망이 없자 병원에서 운명하지 않도록 황급하게 낙선재로 옮겨졌다. 이동침대에 누워서 의식 없이 낙선재로 돌아온 이은은 이내 숨을 멈췄다. 유언 한마디 없는 고요한 운명이었다.

귀국한 지 6년 5개월여 만에 그의 생애는 그렇게 막을 내렸다. 이은의 장례식은 성대했다. 그를 대한제국 마지막 황태자로 예우한 장례식에 국무총리와 문화부장관을 비롯한 사회 각계각층의 인사들이 대거 참여했다. 이은에게 '의민懿愍'이라는 시호가 주어져서 묘비에 "대한 의민 황태자"라고 표기되었다. '의민'은 '일생 동안 고난의 길을 걸은 사람'이라는 뜻을 가졌다고 한다.

일본에서도 황족 3인을 비롯한 여러 조문객들이 건너왔다. 소화천황의 사절로 온 천황의 둘째 동생 고송궁高松宮 부부 및 방자의 친척 대표로 온 소화천황 첫째 동생 질부궁의 미망인인 세진자비勢津子妃(방자의 이종 사촌 동생)와 방자의 친정동생인 광교규자와 왕년의 친지들이 이은

↑ **이은의 장례 행렬(1970).** 4월 28일은 이은 부부의 결혼 50주년 기념일이었다. 사흘 뒤인 5월 1일에 갑자기 이은의 건강이 악화되어 더 이상 희망이 없자 황급히 낙선재로 옮겨졌다. 이동침대에 누워서 의식 없이 낙선재로 돌아온 이은은 이내 숨을 멈췄다. 귀국한 지 6년 5개월여 만에 그의 생애는 그렇게 막을 내렸다.

의 장례식에 참석해 명복을 빌었다.

그러나 조문대열의 대세를 이룬 것은 수만 명에 이르는 한국의 이름 없는 시민들이었다. 그들은 과거 이은에게 가졌던 섭섭함, 증오, 멸시, 무관심…… 그런 것들을 모두 버리고 애잔한 마음으로 그가 가는 마지막 길을 배웅했다. 한국인들은 삶의 가장 비참한 자리에까지 끌어내려져서 많은 고통을 겪고 가는 이은과 화해한 것이다. 이은은 부친 고종과 형 순종이 묻힌 경기도 금곡의 홍유릉의 뒤편 언덕에 묻혔다. 왕의 무덤은 '능'이라 부르고 왕세자의 무덤은 '원'이라 부르는 법, 그의 묘소는 '영원英園'이라고 명명되었다.

애처로운 일은 하나뿐인 동생 덕혜옹주가 이은이 별세했다는 소리를 듣고서도 그 말의 의미를 알아차리지 못하더라는 것, 그래서 주위 사람들이 매우 마음 아파했다.

1989년은 이은이 별세한 지 19년이 지난 해였다. 이해는 조선왕조에 직결된 인물들이 마지막으로 사라진 해로서, 덕혜옹주와 방자가 9일 사이를 두고 나란히 별세했다.

그해 4월 21일에 덕혜옹주가 77세로 세상을 버렸다. 실로 한스런 평생이었다. 말년의 그녀가 보낸 외로운 나날의 모습이 김명길 상궁의 회고록에 들어 있다.

1962년 옹주는 38년 만에 고국에 돌아왔다. 귀국하자마자 서울대학병원에 입원하셨는데 정신이 맑아지면 가끔 낙선재로 나들이 나오시곤 했다. 병원이 집 같아서인지 해만 기울면 병원에 돌아가겠다고 조르시곤 했다.

병원에서 5년을 지내다 낙선재의 수강재로 거처를 옮긴 지 10년. 1주일에 한 번씩 정신과 의사의 치료를 받지만 아직도 병세는 별 차도가 없다. 입는 것, 먹는 것을 모두 잊으신 옹주는 하루 종일 우두커니 앉아 있다. 무료하게 고운 손만 만지작거리거나 혼자서 화투놀이를 즐기신다.
오라버니댁이나 아는 사람을 봐도 전혀 무표정하시고 지나치게 기분이 거슬렸을 때만 "싫어!"라는 불평 한마디뿐, 다른 의사표시는 없으시다. 다만 계절이 바뀔 때마다 손뼉을 치시며 "마사에! 마사에!"(따님 정혜正惠의 일본이름)라고 외치며 슬픈 얼굴을 짓는다(김명길, 《낙선재 주변》).

덕혜옹주에 대한 김명길 상궁의 증언은 듣는 사람의 마음을 아리게 찢는다. 덕혜옹주는 열세 살의 어린 나이에 일본으로 간 뒤, 귀국할 때까지 37년 동안 일본인들 사이에서 또 일본인과 함께 살면서 일본말만 썼다. 게다가 오랜 정신질환으로 의사표시도 제대로 못하는 처지였다. 그런데도 '지나치게 기분이 거슬렸을 때'는 "싫어!"라는 한국말을 했다니, 사람에게 '모국어'가 어떤 것인지를 새삼 생각하게 한다.
그리고 무엇보다도 딸의 이야기가 아프다. 덕혜옹주가 정신병원에 들어간 것은 정혜가 10여 세 때였다. 그런데도 "입는 것, 먹는 것을 모두 잊으신 옹주"라 불린 그녀, 그렇게 세상을 모두 버린 그녀의 무의식 속에 오직 하나 일찍 헤어진 어린 딸의 존재만 아련하게 살아남아 있었던가 보다. 왜 그녀는 하필 계절이 바뀔 때마다 손뼉을 치면서 "마사에! 마사에!"를 외치며 슬퍼했던 것일까! '계절이 바뀔 때마다'라는 말이 몹시 아프다. 계절이 바뀔 때면 변화하는 대기의 수런거리고 일렁이는 수상한 흐름이 의식 없는 그녀의 영혼 어딘가를 흔들어서 무의식의 깊은 물 밑에 가라앉아있던 어린 딸의 존재와 이름을 수면 위로 떠올리게 만드는가? 정신병을 지닌 분에게 환절기라는 시기가 그처럼 깊은 영향을 끼친다는 이야기는 신비롭다.

  그해 4월 30일, 방자가 88세로 별세했다. 1963년 11월 22일에 귀국한 이래, 방자는 자신의 남은 생애를 빛나고 꿋꿋하게 이끌어갔다. 그녀가 이은과 한국에 와서 정착하는 과정을 보면 얼마나 긍정적이고 활동적인 성품을 가진 인물인지 감탄하게 된다.

  정착하려고 한국에 온 초기에 그녀는 매우 큰 상처를 받았다. 정부에서 이은 가족에게 엄귀비가 세운 학교 중 하나인 숙명여대의 운영권을 넘겨주기로 결정한 데 따라서 1964년 초부터 숙대 운영권을 확보하려고 움직인 것이 문제의 발단이었다. 기득권을 가진 이들이 거세게 반발했고, 그에 자극된 숙명여대 학생들이 "쪽발이는 물러가라!"는 원색적인 비난을 퍼부으며 반대 데모까지 하고 나섰다. 사회적으로 큰 물의가 일어났고, 여러 차례에 걸친 소송에서도 지는 바람에 빈손으로 물러설 수밖에 없었다. 그간 이은의 가문에서는 '숙명'이라면 엄귀비가 설립한 학교라 해서 늘 친밀하고 귀하게 생각해 왔던 것인데, 그처럼 냉혹하고 불명예스럽게 떠밀려 물러나면서 흡사 철퇴를 맞은 것 같았을 것이다.

  귀국 초기에 그처럼 심한 상처를 받았으니 당장 모든 것을 포기하고 일본으로 돌아갈 마음이 치솟을 만했다. 그러나 방자는 그렇지 않았다. 낙심해 집 안에 웅크리고 들어앉아서 서러워하고 있지도 않았다. 그녀는 오히려 몸을 크게 떨치고 일어서서 장애인 복지사업과 정박아 교육 사업에 헌신적으로 뛰어들었다.

당시 한국에서는 아직 장애인이나 정박아 문제가 사회공론화되지 못했고 그런 아이들을 위한 교육시설도 거의 없었다. 그런 아이들을 가진 집에서는 그저 수치스럽게 여겨서 집 안에 가두고 숨기는 것이 고작인 때였다. 그러나 이미 1960년에 일본에서 장애인 아동을 지원하는 복지단체인 찬행회贊行會를 조직해 활동한 경험이 있었던 그녀는 같은 사업이 한국에도 필요하다고 확신하고 자신을 거기 던진 것이다.

그녀는 항상 마음에 중심이 서있는 사람이었다. 바로 그 점이 귀국한 이후 이은 부부의 나머지 생애의 틀과 모양을 만들고 그들 자신을 구원했다. 마음에 중심이 서있다는 것은 사람을 사람답게 만드는 중요한 힘이면서 사람이 가는 길을 올바르게 인도하는 이정표이다. 그것을 방자는 자신의 삶을 통해 보여주었다.

방자는 한국이 해방된 뒤에 한국에 가기를 몹시 꺼렸다. 일본에 영주할 결심으로 가족 묘지를 마련했고, 자신이 1921년 4월에 조선에서 순종을 뵙는 근현식을 치를 때 입었던 역사적인 대례복도 일본 박물관에 기증했다. 그들 부부가 일제시대 내내 한국을 위해서 베푼 것이 거의 없었음을 생각하면 한국 귀국을 그토록 꺼렸던 정서를 충분히 이해할 수 있다.

그러나 경제적으로 몹시 궁박해져서 남의 후원금에 의지해서 살아가는 너무도 구차스러운 지경에 이르고, 이은은 중병이 든 데다가, 그들을 몹시 싫어하던 이승만 정권이 무너지는 등 한국의 정치 환경도 변화하면서 조국에서 기꺼이 맞아들이겠다고 나오자, 그들 부부는 귀국을 결심했다. 그리하여 1963년 11월, 귀국을 앞두고 그녀는 마음으로 굳게 다짐했다고 한다.

"한국인이기는 하나 일본의 피를 받고 있는 나로서는 나 나름대로 마음속에 가지고 있는 빚에 대한 보상을 조금씩이라도 하지 않으면 안 된다. 한국에서 한 사람의 국민으로서 사회의 일원으로서 살아가면서, 한국 사회가 조금이라도 더 밝게 되도록 만드는 일에, 불행한 사람이 한 사람이라도 더 구원받도록 만드는 일에, 작은 돌을 하나씩 쌓아올리듯이 내가 가진 조그만 힘을 다 바치겠다."

아마도 그런 마음을 갖고 있었기에 '숙명여대 사건'에서 받은 충격과 절망과 상처를 그처럼 쉽게 이겨냈을 것이다.

1966년 1월, 그녀는 동교동에 방 하나를 얻어서 정신지체아 복지사업을 추진할 단체인 한국 자행회慈行會를 설립했다. 신문에 심신장애아를 모집한다는 광고도 내었다. 단 한 명이 응했다. 그녀는 그 아이를 데리고 정신지체아 교육사업을 시작했다. 아이를 가르칠 교사를 구하고 연세대 강의실을 빌려 교실로 사용했다. 1년이 지나는 동안 학생이 열 명 가까이 늘었다. 그녀는 사업추진자금을 마련하기 위해 일본에서 배운 칠보기술을 발휘해 작품을 만들어 팔고 주부들에게 무료강습도 했다. 독자적인 교육관 건물을 마련하기 위한 기금도 모았다.

1967년 10월 20일, 이은의 70회 생일을 기념해 YMCA 산하 빈민지원단체였던 보린회를 장애인 교육기관으로 확대 개편하고 명칭도 이은의 아호를 따서 명휘원明暉園으로 변경한 뒤 방자가 이사장으로 취임했다.

이은이 1970년 5월에 별세한 뒤로도 그녀의 헌신은 변하지도 멈추지도 않았다. 1971년 3월에 정신지체아 교육기관인 자행학원을 개원했고, 독지가들의 기부와 박정희 대통령 부인 육영수 여사의 후원으로 자혜학교를 지어 1972년 10월 17일에 낙성식과 개교식을 거행했다.

방자는 마음과 힘을 모두 쏟아서 정신지체아 교육기관인 자혜학교와 장애아 교육기관인 명휘원을 키우고 운영했다. 두 단체를 운영할 자금을 만들기 위해서 방자는 할 수 있는 한 모든 일을 다 했다. 칠보작품 판매로는 한계가 있어서 몸소 쓴 서예작품을 팔기도 하고 도예그릇을 만들어 팔기도 했다. 국내외 각지를 다니면서 궁중의상 발표회도 열었다. 일본 각지를 순회하는 모금여행도 실시했다.

마음을 울리는 것은 방자가 자신의 사업에 진심을 모두 쏟아서 전력투구했다는 사실이다. 주위의 일관된 증언에 의하면, 그녀가 운영하고 있는 교육기관들을 방문했을 때 아동들이 방자에게 스스럼없이 달려들어 매달리며 좋아하더라고 한다. 심지어 기숙사를 방문했을 때 그녀가 목욕탕을 들여다보자 목욕하고 있던 장애 아동들이 비눗물이 뚝뚝 떨어지는 몸으로 달려와서 그녀에게 매달렸고 그녀는 옷이 버려지는 걸 전혀 개의치 않고 한 아이 한 아이 따뜻하게 안아주더라는 것이다. 마침 그 모습을 본 독지가가 눈물을 금치 못하면서 "이 분이 하는 일이라면 끝까지 돕겠다!"고 다짐했다고 전해진다. 장애와 정신지체로 마음 상한 아이들이 그녀를 그처럼 따랐다는 것은 방자에게 위선이나 사邪된 기운이 전혀 없었기 때문이리라. 큰 뜻을 품고 박애사업을 한다 해도 그런 정도에까지 이른다는 것은 정말 어려운 일이다.

그녀는 1989년 4월 30일에 세상을 버렸다. 이은의 경우처럼 9일장으로 장례를 치렀다. 한국 사회 각계각층의 인물들이 창덕궁 낙선재에서 열린 장례식에 참석했다. 일본에서는 황족인 소화천황의 막내 동생 삼립궁三笠宮이 황실 사절로 조문하러 왔다. 그리고 수만 명에 이르는 민중들이 장례 행렬이 지나가는 연도에서 그녀가 가는 마지막 길을 지켜

낙선재 앞뜰에서

1980년대 이방자의 서예 작품

1962년 박정희 의장을 만난 이방자

1980년대 낙선재 조선왕실 패션쇼

평민이 된 왕 이은의 천하

이은 부부가 합장된 영원

1989년 이방자의 장례식

보며 조의를 표했다.

"사람은 죽어서 관 뚜껑이 닫힌 뒤라야 그 진가가 드러난다"라는 말이 있다. 방자의 장례식에 참석한 사람들은 그녀가 생전에 정신지체아와 장애아 교육사업을 위해서 전심전력 헌신했던 노력과 선의가 발휘하는 큰 빛이 그녀의 관을 환하게 빛나게 만들고 있음을 느꼈다. 그녀의 일생이 새롭게 부각되고 칭송되었다. 같은 대한제국 황실의 여성들로서, 윤대비의 일생과 방자의 일생이 새삼 대조적으로 돌아보아졌다.

윤대비는 낙선재 안에서 오롯이 자기만의 삶을 살다가 갔다. 사회와 전혀 아무런 관계도 갖지 않은 삶, 사회에 아무런 해도 끼치지 않고 아무런 기여도 없었던 생애였다.

반면 방자는 생전에 "구걸 인생이냐!"는 지탄을 받을 정도로 박애사업을 위해 체면도 위상도 돌아보지 않고 기금을 모으러 다녔고, 불우한 아동들에게 보다 나은 환경을 만들어주기 위해 극력 헌신했다. 그리하여 그녀는 자신의 노력으로 한국 사회의 일각을 밝게 만들었고 불행한 사람들의 일부를 행복하게 만들었다. 그녀의 그런 헌신은 한국 사회 구성원들이 갖고 있는 정신지체인들과 장애인들에 대한 인식을 새롭고 긍정적으로 변화시키는 동력의 하나가 되었고, 그런 사업들이 사회적으로 보편화될 수 있는 중요한 계기를 만들었다. 그녀의 경우는 "선의를 가진 한 사람의 힘이 사회를 어떻게 변화시키고 개선시킬 수 있는가"를 보여주는 좋은 사례에 해당했다.

그녀의 시신은 1989년 5월 8일에 금곡 홍유릉 경내에 있는 남편 이은의 묘소 영원에 합장되었다. 비록 일본인이기는하지만 훌륭한 삶의 모범을 보여준 그녀를 '대한제국 마지막 황태자비'라는 칭호를 사용해 장사지내면서, 한국인들은 그녀가 지녔던 일본인 피와도 화해했다. 그 화해는 신실하고 따뜻하고 정다웠다. 그래서 이제 한국인들은 그녀의 일본인 피에 대해서 아무런 거부감 없이 그녀를 이야기한다. 이은과 방자가 합장되어 묻힌 묘소 앞에는 "대한 의민 황태자, 황태자비"라고 쓰인 커다란 비석이 서 있다. 한국인들이 마음으로부터 이은과 방자를 받아들였음을 입증하는 역사의 돌이다.

대한제국 마지막 황태자 이은 부부의 죽음 이후에도 이야기가 하나, 아직 남아 있다.

한국인들이 조선왕조의 마지막 후예들이 드러낸 못남과 모자람을 모두 용서하고 그들과 진심으로 화해함으로써 편하고 넉넉한 마음으로 그들을 그들의 조상에게로 보내주었음을 가장 가시적으로 극명하게 드러낸 것이, 바로 이은과 방자의 외아들 이구의 죽음이었다.

2005년 7월 18일에 이구가 동경에서 죽었다. 그가 19세의 나이에 미국에 유학하여 MIT 건축과를 나온 것을 보면 머리는 좋은 사람이었다. 1963년 11월에 부모 따라 아내 줄리아와 함께 귀국한 뒤, 초기에는 연세대와 서울대에서 잠시 건축학 관련 강의를 해서 호평도 듣기도 하고 숙명여대 경영에 큰 의욕을 드러냈다가 좌절하기도 했다.

그러나 그는 근본적으로 부모인 이은과 방자의 단점만 모아놓은 것 같은 사람이었다. 그의 부친 이은은 평생 의무를 중시했으나 의지력이 박약하고 돈에 민감했다. 그에 비해 이구는 의무를 헌신짝처럼 취급한 반면, 그의 부친보다 더 돈에 집착해서 부당한 방법을 써서라도 돈을 챙기려고 들었다. 그의 모친 방자는 세상에 헌신하고 명예를 중시하는 능동적인 삶을 살았으나, 한국이 해방된 뒤에 여러 해 동안이나 한국에 정착해 한국인으로서 뿌리 내리는 것을 몹시 꺼렸다. 그러나 일단 귀국한 뒤에는 어떤 한국인 못지않은 긍지를 갖고 한국 사회를 위해서 일했다. 그에 비해 이구는 세상을 위해 희생할 생각이 없었고 명예에 대한 관념도 없어서 사기, 횡령과 같은 범죄에 손을 대었다. 한국인으로서의 자긍심도 없어서, 말년에는 스스로 일본인으로 살아가는 삶을 선택한 끝에 한 사람의 구차하고 불쌍한 일본인으로 죽었다.

이구가 불미스러운 일로 한국 신문에 처음 이름이 오른 것은 1967년 1월이었다. 《동아일보》(1967.1.9.)와 《조선일보》(1967.1.10.) 등의 신문에, "문화재관리국은 성모병원에 입원 중인 이은 씨의 입원비로 매달 15만 원, 서울대학병원에 입원중인 덕혜옹주의 입원비로 매달 6만 5,000원을 이구 씨에게 지불해 왔는데, 이구 씨가 이은 씨의 2년간 입원비 231만여 원과 덕혜옹주의 입원비 50여 만 원 등 총 280여 만 원을 납부하지 않아서 문화재관리국에서 조사 중"이라고 보도되었다. 당시 이은의 특등실 하루 입원비는 1,500원이었다. 기사에는, 문화재관리국에서 "이은 씨의 입원비로 매달 15만 원을 이구 씨에게 지불했지만 실제 입원비는 월 5만 원에서 12만 원 사이여서 넉넉한 것이었다"고 밝혔다는 이야기가 실렸고, "병원 측에서 앞으로는 입원비를 문화재관리국에서 병원에 직접 지불해 줄 것을 요청했다"는 말도 들어 있었다. 그래서 이구가 중병 든 부친과 고모의 병원비를 횡령했음을 세상이 모두 알게 되었다.

당시 정부에서 이은 가족에게 거액의 생활비를 따로 지불하고 있었기 때문에 이구의 횡령은 도무지 납득하기 어려운 일이었다. 《조선일보》 1963년 11월 22일자 보도에 따르면, 정부에서는 이은 가족이 귀국하면 그들에게 병원비 지급은 물론 별도의 생활비로 '매월 11만 3,000원'을 지불하기로 의결해 놓고 귀국을 기다리고 있었다. 이은 가족이 귀국한 뒤 그 돈은 물가 상승에 따라 계속 증액되었다. 그래서 방자가 별세했을 무렵에는 '월 1천 20만 원'이 지불되고 있었다. 이은과 이방자의 생애를 다룬 서적들에서 "이은 부부가 귀국한 뒤 정부에서 주는 '월 10만 원의 생활비'에서 이은과 덕혜옹주의 병원비까지 지불했기 때문에 힘들었다"고 기술한 책이 많은데, 실상과 크게 다르다.

문제의 1967년에도 1963년처럼 '생활비 매월 11만 3,000원'이 지불되었다고 치고, 그 돈이 요즘 가치로는 얼마나 될까? 당시 물가를 보면, 신문 한 달 구독료가 80원이었고, 서울대 한 학기 등록금이 1만 원 내외였다. 따라서 2012년 2월 현재 1만 5,000원인 신문 구독료를 기준으로 계산하면 '2,100만 원' 정도이고, 300만 원 내외인 서울대 등록금을 기준으로 계산하면 '3,400만 원' 정도라고 할 수 있다. 국력이 몹시 미약했던 당시 정황으로 봐서 정부에서 이은 가족의 생활비를 매우 후하게 지급한 것이다.

이구는 일본인들 사이에서도 돈 문제에서 전혀 신용이 없었던 듯하다. 1989년 4월에 방자가 별세했을 때, 일본 천황의 금일봉과 일본 정부가 내는 300만 엔을 조위금으로 가져온 주한 일본대사는 그 돈을 상주인 이구가 아니라 장례위원회에 자신이 직접 전달하겠다고 요청해 그렇게 처리되었다. 일본 황실과 정부에서 이구를 전혀 신뢰하지 않았음을 드러낸다.

방자는 그가 한국에 정착해 자신이 벌여놓은 장애아와 정신지체아에 대한 복지사업과 교육사업을 이어주기를 간절하게 바라고 요구했다.

그러나 그는 자신을 희생해야 하는 박애사업에는 전혀 뜻이 없었다. 그는 한국에서 돈벌이가 되는 사업을 하고 싶어서 여러 번 시도했다가 실패하고 부도까지 낸 끝에 1979년 6월에 한국과 한국인들을 원망하면서 거주지를 일본으로 옮겨버렸다.

그는 1974년부터 시작한 긴 별거 끝에 이혼소송까지 제기한 결과 1982년에 줄리아와 이혼했다. 이때 그의 나이 51세, 결혼한 지 25년 만에 완전히 파탄 난 것이다. 두 사람 사이에 아이는 없었다. 그들이 이혼하게 된 원인으로는 조선 왕가가 속한 전주 이씨 종친회인 대동종약원 측에서 이구에게 후사를 얻기 위해서 줄리아와 이혼하고 새로 한국 여자와 결혼해야 한다고 강요한 것과 그의 여러 명에 달하는 여자 문제가 겹쳤던 것이 꼽힌다.

이구는 판단력도 없고 자존심도 없었다. 1979년에 일본으로 돌아간 직후에 그는 일본 무속인으로 사기 전과와 이혼 경력과 아이 셋이 있고 "나는 천조대신天照大神(일본을 개국했다는 신화의 여신)의 화신"이라고 자처하는 네 살 연하의 유전견자有田絹子라는 여자에게 깊이 빠졌다. 그는 평판이 나쁜 그녀와 동경에서 동거하면서 그녀가 시키고 조종하는 대로 행동했다. 둘이서 함께 재일 한국인 사업가에게 사기를 쳤다가 고소당한 결과 1984년 6월에 일본 법정에 나란히 서게 되어 일본 매스컴에 시끄럽게 보도된 일이 있은 뒤, 오히려 한발 더 나아가 일본 행정 당국에 혼인신고까지 하고 같이 살았다.

그럼에도 불구하고 이구는 그 혈통과 신분 때문에 1996년에 대동종약원 총재로 추대되었다. 그러나 그는 최소한의 의무도 감당하지 않았고 대한제국 황실 후손으로서의 긍지도 없었다. 그는 늘 일본에서 살기

평민이 된 왕 이은의 천하

를 원했다. 그래서 끊임없는 귀국 요구를 거부하고 별다른 생계수단 없이 대동종약원에서 주는 생활비로 동경에서 살면서 1년에 한 차례 종묘대제宗廟大祭 때나 잠깐 들어와서 제사를 지내고 도로 가버렸다.

그는 74세인 2005년 여름에 자신의 옛집이었던 구관이 내려다보이는 적판 프린스 호텔의 신관 19층에 투숙했다가 목욕실 세면대 앞에 쓰러져 있는 시신으로 발견되었다. 사인은 심장마비로 추정되었다.

이구의 죽음의 이면에는 '귀국'을 둘러싼 답답한 줄다리기가 있었다. 대동조약원은 이구의 영구 귀국을 강요하다 못해 귀국 독촉 수단으로 1996년 이래 '월 100만 엔(한화 996만~1,300만 원)'씩 송금하던 이구의 생활비 지불을 중단했다. 그래서 이구는 거주하던 맨션의 임대료를 지불하지 못해 더 이상 맨션에 살 수 없게 되었다. 오갈 데 없이 된 그는 한국으로 귀국하는 대신 지인의 후원을 받아 적판 프린스 호텔 신관에 투숙했는데, 호텔 생활 한 달 만에 갑자기 죽은 것이다. 대종종약원이 이구의 생활비 지불을 중단한 지 반년 만의 일이었다.

이구는 그처럼 평균 이하의 못난 사람이었다. 그의 행적이나 마음 씀씀이를 보면, 한국인들은 죽은 그를 일본에 내버려두고 아예 외면해도 상관없었다. 그러나 한국인들은 그렇게 하지 않았다. 그의 시신을 서울 창덕궁으로 운구해다가 대한제국 마지막 황손에 대한 예우를 갖추어 성대한 장례식을 치러주고, 고종과 순종이 묻혀 있는 홍유릉 경내 뒤쪽 언덕, 그의 부모가 묻혀있는 영원 근처에 터를 잡아 큰 묘를 만들어주었다. 그의 장례 행렬을 수천 명의 군중이 배웅했다. 이구 개인의 모습은 전혀 보지 않고 오로지 그의 혈통에 들어 있는 600년 내려온 조선왕실의 피에 대해 마지막 경의를 표시한 것이다. 그것은 한국인들이 크게 열린 마음으로 조선왕조의 마지막 후예를 따뜻하게 그의 선조에게로 보내주었음을 의미한다. 이리하여 한 왕조가 그 문을 닫고 초라한 그늘과 못난 그림자까지 완전히 거두었다.

이제 이 긴 이야기를 마치면서 돌아보니, 조선왕조의 마지막 계단에 있던 사람들이 한 사람 한 사람 새롭게 다가온다. 그들의 고통과 슬픔과 소망과 기쁨이 날것처럼 생생하다. 그들을 사로잡은 운명의 힘에 의해 그들은 한 시대의 역사를 만들었다. 역사는 만드는 사람을 닮는 법, 그래서 오늘도 우리는 대한제국의 역사 앞에서 웃고 울고 탄식한다.

그런데 사람의 마지막 모습과 뜻은 그의 전 생애에 대해 어떤 의미와 빛깔을 갖는가. 생각하면 기이한 일이다. 민갑완, 이은, 이방자. 이 세상의 억센 인연으로 연결되어 있던 그 세 사람 모두 말년에 가톨릭에 귀의해 가톨릭 신자로서 죽었다. 남달리 모질고 기구하고 특별한 운명으로 점철된 생애를 살았던 그들, 가톨릭의 어떤 것이 그들의 마지막 마음을 붙잡았을까. 역사의 창공에 불어 예는 바람이 그 답을 알 것이다.

평민이 된 왕 이은의 천하

참고문헌

《고종실록》, 《순종실록》, 《순종실록부록》.
《璿源寶鑑》, 《官報》, 《日省錄》, 《承政院日記》, 《各司謄錄》.
《十八史略》, 《春秋左傳》.
《연행록 선집》 IV, 〈燕行日記〉.
《연행록 선집》 IX, 〈赴燕日記〉.
《연행록 선집》 X, 〈燕轅直指 卷之一 出彊錄〉.
《駐韓日本公使館記錄》.

《獨立新聞》, 《皇城新聞》, 《大韓每日申報》, 《신한민보》, 《공립신보》, 《每日新報》, 《경향신문》, 《동아일보》, 《조선일보》.
잡지 《서우》 제3호.

權藤四郎介, 《李王宮秘史》, 朝鮮新聞社, 大正十五年(1926).
小田部雄次, 《梨本宮 伊都子妃の 日記》, 小學館, 1992.
李王垠傳記刊行會, 《英親王 李垠傳》, 共榮書房, 1978.
梨本宮 伊都子, 《三代の 天皇と 私》, 講談社, 1975.
日本 宮內廳, 《明治天皇紀》, 吉川弘文館, 1968.

강덕상, 김동수·박수철 공역, 《학살의 기억, 관동대지진》, 역사비평사, 2005.
姜東鎭, 《日帝의 韓國侵略政策史》, 한길사, 1980.
＿＿＿, 《日本言論界와 朝鮮》, 지식산업사, 1987.
강용자, 《왕조의 후예》, 삼인행, 1991.
宮崎市定, 《中國史》, 역민사, 1983.
김구, 《백범일지》, 서문당, 1980.
金命吉, 《樂善齋 周邊》, 중앙일보 동양방송, 1977.
金用淑, 《朝鮮朝 宮中風俗 硏究》, 일지사, 1987.
김영곤, 《영친왕 전하》(1~3권), 성문사, 1970.
김을한, 《人間 李垠》, 한국일보사, 1971.
김정동, 《일본을 걷는다》, 한양출판, 1997.
까를로 로제티, 《꼬레아 꼬레아니》, 숲과나무, 1996.
多胡吉郞, 〈'비극의 공주'가 남긴 혼의 외침―알려지지 않은 '천재 동시 작가' 덕혜옹주〉, 《문학사상》통권 466호, 2011년 8월호.
도널드 킨, 김유동 옮김, 《명치천황》, 상·하권, 다락원, 2002.
레너드 모즐리, 팽원순 옮김, 《일본천황 히로히토》, 깊은샘, 1994.
릴리어스 호톤 언더우드, 김철 옮김, 《상투잽이와 함께 보낸 십오년 세월》, 뿌리깊은나무, 1984.
민갑완, 《백년한》, 문선각, 1962.
민두기, 《日本의 歷史》, 지식산업사, 1989.
박미정, 〈英親王이 그린 누드작품 첫 공개〉, 《주간조선》 제1178호(1991. 11. 24.).
本田節子, 서석연 옮김, 《비련의 황태자비 李方子》, 범우사, 1989.
버튼 홈즈, 전종숙 옮김, 《전차표 사셨어요?》, 미완, 1987.
비숍, 신복룡 역주, 《조선과 그 이웃 나라들》, 집문당, 1999.
숙명대학교사 편찬위원회, 《숙명대학교사》, 1968.
샌즈, 김훈 옮김, 《조선의 마지막 날》, 미완, 1986.
小田部雄次, 황경성 역, 《낙선재의 마지막 여인》, 동아일보사, 2009.

小早川秀雄, 《閔后弑害事件의 眞相》, 민우사, 1946.

스즈키 마사유키, 《근대 일본의 천황제》, 이산, 1998.

S. 시그레이브 · P. 시그레이브 공저, 강만진 옮김, 《일본인도 모르는 천황의 얼굴》, 신영미디어, 2000.

안중근 의사 숭모회, 《안중근 의사 자서전》, 1986.

안천, 《황실은 살아 있다》 상 · 하권, 도서출판 인간사랑, 1994.

원호택 · 이훈진, 《정신분열증》, 학지사, 2002.

尹炳奭, 《李相卨傳》, 一潮閣, 1984.

윤치호, 김상태 편역, 《윤치호일기》, 역사비평사, 2001.

이광수, 《나의 고백》, 《이광수 전집》 7권, 삼중당, 1971.

이경석, 《壬辰戰亂史》, 임진전란사 간행위원회, 1974.

이기동, 《비극의 군인들—일본 육사 출신의 역사—》, 일조각, 1982.

이방자, 《비운의 왕비》, 신태양사, 단기 4293.

_____, 《세월이여 왕조여》, 정음사, 1985.

_____, 《지나온 歲月》, 여원사, 1967.

_____, 《지나온 歲月》(비매품), 남영문화사, 1980.

_____, 《바람부는 대로 물결치는 대로》, 한진출판사, 1980.

이방자 · 이건, 《영친왕비의 수기/이건공의 수기》, 신태양사, 단기 4293.

이해경, 《나의 아버지 義親王》, 도서출판 眞, 1997.

朝鮮硏究會 편, 《朝鮮貴族列傳》, 朝鮮硏究會, 1910.

朝鮮總督府 편찬, 이충호 · 홍금자 공역, 《朝鮮統治秘話》, 형설출판사, 1993.

좌목융삼佐木隆三, 《이등박문伊藤博文과 안중근安重根》, 문예춘추, 1992.

전택부, 《人間 申興雨》, 대한기독교서회, 1971.

정교, 《대한계년사》, 국사편찬위원회, 1957.

정진석, 《한국언론사》, 나남출판, 1995.

中村菊男, 강창일 옮김, 《이등박문》, 중심, 2000.

진단학회, 《한국사(현대편)》, 을유문화사, 1981.

진명여자중·고등학교,《진명75년사進明七十五年史》, 1980.
총무처 정부기록보존소 편,《일제문서해제선집》, 총무처 정부기록보존소, 1992.
친일문제연구회,《조선총독 10인》, 가람기획, 1996.
친일반민족행위진상규명위원회 편,《친일반민족행위관계사료집》, 친일반민족행위진상 규명위원회, 2007.
韓相一,《일본제국주의의 한 연구》, 까치, 1985.
헐버트, 신복룡 옮김,《대한제국사 서설》, 탐구당, 1973.
본마공자, 이훈 옮김,《대한제국 마지막 황녀 덕혜옹주》, 역사공간, 2008.
황현黃玹,《매천야록》, 문학과지성사, 2005.
후지무라 미치오, 허남린 옮김,《청일전쟁》, 소화, 1997.